Ein Band aus der Reihe der Tusculum-Bücher

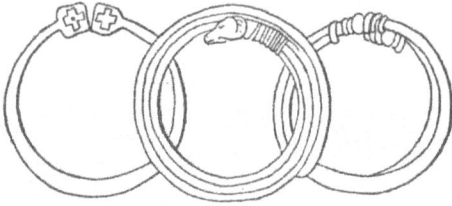

PLUTARCH: ÜBER LIEBE UND EHE

Eine Auswahl aus den Moralia

Herausgegeben von Wilhelm Sieveking

Griechisch und deutsch

Im Ernst Heimeran Verlag in München

1.–3. Tausend. Umschlag: Grabstele der Ampharete · Athen, Kerameikosmuseum.

Inhaltsverzeichnis:

# ΓΑΜΙΚΑ ΠΑΡΑΓΓΕΛΜΑΤΑ

Πλούταρχος Πολλιανῷ καὶ Εὐρυδίκῃ εὖ πράττειν.

Μετὰ τὸν πάτριον θεσμόν, ὃν ὑμῖν ἡ τῆς Δήμητρος ἱέρεια συνειργνυμένοις ἐφήρμοσεν, οἶμαι καὶ τὸν λόγον ὁμοῦ συνεφαπτόμενον ὑμῶν καὶ συνυμεναιοῦντα χρήσιμον ἄν τι ποιῆσαι καὶ τῷ νόμῳ προσῳδόν. ἐν μὲν γὰρ τοῖς μουσικοῖς ἕνα τῶν αὐλητικῶν νόμων ἱππόθορον ἐκάλουν μέλος τι τοῖς ἵπποις ὁρμῆς ἐπεγερτικὸν ὡς ἔοικεν ἐνδιδόντα πρὸς τὰς ὀχείας· φιλοσοφίᾳ δὲ πολλῶν λόγων καὶ καλῶν ἐνόντων οὐδενὸς ἧττον ἄξιος σπουδῆς ὁ γαμήλιός ἐστιν οὗτος, ᾧ κατάδουσα τοὺς ἐπὶ βίου κοινωνίᾳ συνιόντας εἰς ταὐτὸ πράους τε παρέχει καὶ χειροήθεις ἀλλήλοις. ὧν οὖν ἀκηκόατε πολλάκις ἐν φιλοσοφίᾳ παρατρεφόμενοι κεφάλαια συντάξας ἔν τισιν ὁμοιότησι βραχείαις, ὡς εὐμνημόνευτα μᾶλλον εἴη, κοινὸν ἀμφοτέροις πέμπω δῶρον, εὐχόμενος τῇ Ἀφροδίτῃ τὰς Μούσας παρεῖναι καὶ συνεργεῖν, ὡς μήτε λύραν τινὰ μήτε κιθάραν μᾶλλον αὐταῖς ἢ τὴν περὶ γάμον καὶ οἶκον ἐμμέλειαν ἡρμοσμένην παρέχειν διὰ λόγου καὶ ἁρμονίας καὶ φιλοσοφίας προσῆκον. καὶ γὰρ οἱ παλαιοὶ τῇ Ἀφροδίτῃ τὸν Ἑρμῆν συγκαθίδρυσαν, ὡς τῆς περὶ τὸν γάμον ἡδονῆς μάλιστα λόγου δεομένης, τήν τε Πειθὼ καὶ τὰς Χάριτας, ἵνα πείθοντες διαπράττωνται παρ᾽ ἀλλήλων ἃ βούλονται, μὴ μαχόμενοι μηδὲ φιλονεικοῦντες.

# EHEVORSCHRIFTEN

Plutarch grüßt Pollianus und Eurydike.

Die Priesterin der Demeter hat euch die Satzung der Väter, als ihr euch in das Brautgemach einschließen wolltet, vorgelesen; jetzt, glaube ich, wird auch ein gesprochenes Wort, das euch beide betrifft und euren Ehebund feiert, nützlich und dem Gesetze entsprechend wirken. Denn in der Musik nennt man eine Flötenweise den Stutenbespringer, weil sie den Hengsten eine anscheinend den Trieb zur Begattung weckende Melodie angibt; von den vielen schönen Reden aber, die zur Philosophie gehören, ist die am Hochzeitstage so ernst zu nehmen wie nur eine, denn durch sie bannt die Philosophie diejenigen, die zum Ehebund zusammentreten, an eine Stelle und macht sie gegeneinander milde und gefällig. Ich habe daher das Wichtigste dessen, was ihr bei eurer Erziehung in der Philosophie oft gehört habt, in einigen kurzen Gleichnissen zusammengefaßt, damit ihr es leichter behalten könnt, und schicke es euch beiden als gemeinsames Geschenk. Mein Gebet ist aber, daß zu Aphrodite sich die Musen gesellen und ihr helfen, denn es ist nicht so sehr die Aufgabe dieser Göttinnen, eine Leier oder Zither in guter Stimmung zu erhalten, wie die Eintracht in der Ehe und im Hause mit Hilfe der Rede, der Harmonie und der Philosophie zu bewahren. Schon die Alten stellten ja neben Aphrodite den Hermes auf, weil die ehelichen Freuden besonders der Besinnung bedürfen; außer-

## γαμικὰ παραγγέλματα

1. Ὁ Σόλων ἐκέλευε τὴν νύμφην τῷ νυμφίῳ συγκατακλί-
νεσθαι μήλου κυδωνίου κατατραγοῦσαν, αἰνιττόμενος ὡς
ἔοικεν ὅτι δεῖ τὴν πρώτην ἀπὸ στόματος καὶ φωνῆς χάριν
εὐάρμοστον εἶναι καὶ ἡδεῖαν.
2. Ἐν Βοιωτίᾳ τὴν νύμφην κατακαλύψαντες ἀσφαραγωνιᾷ
στεφανοῦσιν· ἐκείνη τε γὰρ ἥδιστον ἐκ τραχυτάτης ἀκάνθης
καρπὸν ἀναδίδωσιν, ἥ τε νύμφη τῷ μὴ φυγόντι μηδὲ δυσχερά-
ναντι τὴν πρώτην χαλεπότητα καὶ ἀηδίαν αὐτῆς ἥμερον καὶ
γλυκεῖαν παρέξει συμβίωσιν. οἱ δὲ τὰς πρώτας τῶν παρθένων
διαφορὰς μὴ ὑπομείναντες οὐδὲν ἀπολείπουσι τῶν διὰ τὸν
ὄμφακα τὴν σταφυλὴν ἑτέροις προϊεμένων. πολλαὶ δὲ καὶ τῶν
νεογάμων δυσχεράνασαι διὰ τὰ πρῶτα τοὺς νυμφίους ὅμοιον
ἔπαθον πάθος τοῖς τὴν μὲν πληγὴν τῆς μελίττης ὑπομείνασι,
τὸ δὲ κηρίον προεμένοις.

3. Ἐν ἀρχῇ μάλιστα δεῖ τὰς διαφορὰς καὶ τὰς προσκρού-
σεις φυλάττεσθαι τοὺς γεγαμηκότας, ὁρῶντας ὅτι καὶ τὰ συν-
αρμοσθέντα τῶν σκευῶν κατ᾽ ἀρχὰς μὲν ὑπὸ τῆς τυχούσης
ῥᾳδίως διασπᾶται προφάσεως, χρόνῳ δὲ τῶν ἁρμῶν σύμπηξιν
λαβόντων μόγις ὑπὸ πυρὸς καὶ σιδήρου διαλύεται.

4. Ὥσπερ τὸ πῦρ ἐξάπτεται μὲν εὐχερῶς ἐν ἀχύροις καὶ
θρυαλλίδι καὶ θριξὶ λαγῴαις, σβέννυται δὲ τάχιον, ἂν μή
τινος ἑτέρου δυναμένου στέγειν ἅμα καὶ τρέφειν ἐπιλάβηται,
οὕτω τὸν ἀπὸ σώματος καὶ ὥρας ὀξὺν ἔρωτα τῶν νεογάμων
ἀναφλεγόμενον δεῖ μὴ διαρκῆ μηδὲ βέβαιον νομίζειν, ἂν μὴ

dem Peitho und die Chariten, damit die Ehegatten durch
Überredung und nicht durch Kampf und Streit ihre Wünsche beieinander durchsetzen.

1. Solon läßt die junge Frau, wenn sie sich zum Lager
des Mannes begibt, erst eine Quitte essen. Er spielt offenbar
darauf an, daß die erste Gunst der Lippen und Worte wohl-
abgestimmt und lieblich sein muß.

2. Die Boioter bekränzen die junge Frau im Brautschleier
mit einem Spargelzweige, denn diese Pflanze läßt aus rauhen
Dornen eine liebliche Frucht hervorgehen, und die junge
Frau wird einem Manne, der vor ihrer anfänglichen Schwie-
rigkeit und Herbheit nicht wegläuft und ihr deswegen nicht
zürnt, ein sanftes und liebliches Zusammenleben schenken.
Männer dagegen, die die ersten Streitigkeiten mit jungen
Mädchen nicht ertragen, sind wie Leute, die wegen der
Herlinge die reifen Trauben andern überlassen. Aber auch
viele jungverheiratete Frauen, die ihren Männern wegen
der ersten Erlebnisse in der Ehe zürnen, erleben Ähnliches
wie diejenigen, die zwar den Stich der Biene ertragen, aber
dann ihr Wachs aufgeben.

3. Im Anfang besonders müssen sich die Neuvermählten
vor Zwist und Ärgernis hüten und darauf achten, daß auch
zusammengefügte Geräte im Anfang bei jedem Anlaß leicht
entzwei gehen, mit der Zeit aber, wenn die Verbindungs-
glieder sich festigen, nur mit Mühe durch Feuer und Eisen
getrennt werden.

4. Das Feuer flammt durch Spreu, einen Docht oder
Hasenhaare rasch auf, erlischt aber noch schneller, wenn
es nicht einen andern Stoff ergreift, der es gleichzeitig bewahren und nähren kann. So darf man auch die Liebe der
jungen Eheleute, die körperlicher Reiz und Schönheit heftig

περὶ τὸ ἦθος ἱδρυθεὶς καὶ τοῦ φρονοῦντος ἁψάμενος ἔμψυχον λάβῃ διάθεσιν.

5. Ἡ διὰ τῶν φαρμάκων θήρα ταχὺ μὲν αἱρεῖ καὶ λαμβάνει ῥᾳδίως τὸν ἰχθύν, ἄβρωτον δὲ ποιεῖ καὶ φαῦλον· οὕτως αἱ φίλτρα τινὰ καὶ γοητείας ἐπιτεχνώμεναι τοῖς ἀνδράσι καὶ χειρούμεναι δι' ἡδονῆς αὐτοὺς ἐμπλήκτοις καὶ ἀνοήτοις καὶ διεφθαρμένοις συμβιοῦσιν. οὐδὲ γὰρ τὴν Κίρκην ὤνησαν οἱ καταφαρμακευθέντες, οὐδ' ἐχρήσατο πρὸς οὐδὲν αὐτοῖς ὑσὶ καὶ ὄνοις γενομένοις, τὸν δ' Ὀδυσσέα νοῦν ἔχοντα καὶ συνόντα φρονίμως ὑπερηγάπησεν.

6. Αἱ βουλόμεναι μᾶλλον ἀνοήτων κρατεῖν ἀνδρῶν ἢ φρονίμων ἀκούειν ἐοίκασι τοῖς ἐν ὁδῷ βουλομένοις μᾶλλον ὁδηγεῖν τυφλοὺς ἢ τοῖς γιγνώσκουσιν ἀκολουθεῖν καὶ βλέπουσι.

7. Τὴν Πασιφάην ἀπιστοῦσι βοὸς ἐρασθῆναι βασιλεῖ συνοῦσαν, ἐνίας ὁρῶσαι τοὺς μὲν αὐστηροὺς καὶ σώφρονας βαρυνομένας, τοῖς δ' ἐξ ἀκρασίας καὶ φιληδονίας κεκραμένοις ὥσπερ κυσὶν ἢ τράγοις ἥδιον συνούσας.

8. Οἱ τοῖς ἵπποις ἐφάλλεσθαι μὴ δυνάμενοι δι' ἀσθένειαν ἢ μαλακίαν αὐτοὺς ἐκείνους ὀκλάζειν καὶ ὑποπίπτειν διδάσκουσιν· οὕτως ἔνιοι τῶν λαβόντων εὐγενεῖς ἢ πλουσίας γυναῖκας οὐχ ἑαυτοὺς ποιοῦσι βελτίους ἀλλ' ἐκείνας περικολούουσιν, ὡς μᾶλλον ἄρξοντες ταπεινῶν γενομένων. δεῖ δ' ὥσπερ ἵππου τὸ μέγεθος φυλάττοντα καὶ τὸ ἀξίωμα τῆς γυναικὸς χρῆσθαι τῷ χαλινῷ.

uflodern lassen, nicht für ausreichend und zuverlässig hal-
en, wenn sie sich nicht auf den Charakter gründet und
durch Teilnahme am Denken eine lebensvolle Haltung annimmt.

5. Ein Fang mit Hilfe von Giften erreicht den Fisch
schnell und gewinnt ihn leicht, macht ihn aber ungenieß-
bar und verdorben. So ist es mit den Frauen, die Liebes-
und Zaubertränke für die Männer brauen und sie sich durch
die Lust hörig machen; sie müssen mit verstörten, törichten
und verdorbenen Gatten ihr Leben teilen. Auch der Kirke
nützten die Verzauberten nichts, und wenn sie Schweine
und Esel geworden waren, konnte sie sie zu nichts gebrauchen; den Odysseus aber, der Verstand hatte und sie vernünftig behandelte, liebte sie über alle Maßen.

6. Frauen, die lieber unvernünftigen Männern gebieten
als vernünftigen gehorchen wollen, sind wie Leute, die auf
der Reise lieber Blindenführer sein als den Erkennenden
und Sehenden folgen wollen.

7. Die Frauen wollen nicht glauben, daß Pasiphae, die
Gattin eines Königs, sich in einen Stier verliebt habe, und
doch sehen sie, wie einige von ihnen die ernsten und vernünftigen Leute ablehnen und wie mit Hunden oder Böcken
mit denen verkehren, die aus Maßlosigkeit und Lüsternheit
zusammengesetzt sind.

8. Wer Pferde aus Schwäche oder Weichlichkeit nicht im
Sprunge besteigen kann, der lehrt sie selbst, sich auf die
Knie niederzulassen oder sich hinzuwerfen. So vervoll-
kommnen einige von denen, die edle oder reiche Frauen
genommen haben, nicht sich selbst, sondern lassen die
Frauen verkümmern, um sie, wenn sie erst demütig sind,
besser beherrschen zu können. Man muß aber wie bei einem

# γαμικὰ παραγγέλματα

9. Τὴν σελήνην, ὅταν ἀποστῇ τοῦ ἡλίου, περιφανῆ καὶ λαμπρὰν ὁρῶμεν, ἀφανίζεται δὲ καὶ κρύπτεται πλησίον γενομένη· τὴν δὲ σώφρονα γυναῖκα δεῖ τοὐναντίον ὁρᾶσθαι μάλιστα μετὰ τοῦ ἀνδρὸς οὖσαν, οἰκουρεῖν δὲ καὶ κρύπτεσθαι μὴ παρόντος.

10. Οὐκ ὀρθῶς Ἡρόδοτος εἶπεν ὅτι ἡ γυνὴ ἅμα τῷ χιτῶνι ἐκδύεται καὶ τὴν αἰδῶ· τοὐναντίον γὰρ ἡ σώφρων ἀντενδύεται τὴν αἰδῶ, καὶ τοῦ μάλιστα φιλεῖν τῷ μάλιστα αἰδεῖσθαι συμβόλῳ χρῶνται πρὸς ἀλλήλους.

11. Ὥσπερ, ἂν φθόγγοι δύο σύμφωνοι ληφθῶσι, τοῦ βαρυτέρου γίγνεται τὸ μέλος, οὕτω πᾶσα πρᾶξις ἐν οἰκίᾳ σωφρονούσῃ πράττεται μὲν ὑπ' ἀμφοτέρων ὁμονοούντων, ἐπιφαίνει δὲ τὴν τοῦ ἀνδρὸς ἡγεμονίαν καὶ προαίρεσιν.

12. Ὁ ἥλιος τὸν βορέαν ἐνίκησεν. ὁ γὰρ ἄνθρωπος τοῦ μὲν ἀνέμου βιαζομένου τὸ ἱμάτιον ἀφελέσθαι καὶ λαμπρὸν καταπνέοντος μᾶλλον ἔσφιγγε καὶ συνεῖχε τὴν περιβολήν· τοῦ δ' ἡλίου μετὰ τὸ πνεῦμα θερμοῦ γενομένου θαλπόμενος εἶτα καυματιζόμενος καὶ τὸν χιτῶνα τῷ ἱματίῳ προσαπεδύσατο. τοῦτο ποιοῦσιν αἱ πλεῖσται γυναῖκες· ἀφαιρουμένοις τοῖς ἀνδράσι βίᾳ τὴν τρυφὴν καὶ τὴν πολυτέλειαν διαμάχονται καὶ χαλεπαίνουσιν· ἂν δὲ πείθωνται μετὰ λόγου, πράως ἀποτίθενται καὶ μετριάζουσιν.

13. Ὁ Κάτων ἐξέβαλε τῆς βουλῆς τὸν φιλήσαντα τὴν ἑαυτοῦ γυναῖκα τῆς θυγατρὸς παρούσης. τοῦτο μὲν οὖν ἴσως

Pferde nur unter Beachtung der Größe und Würde einer
Frau den Zügel anwenden.

9. Den Mond sehen wir in der Entfernung von der Sonne
rund und leuchtend, aber je näher er ihr kommt, um so
weniger hell wird er und um so mehr verbirgt er sich. Aber
die verständige Frau muß man im Gegenteil am besten in
Gegenwart ihres Mannes sehen können; ist er aber nicht
da, so soll sie das Haus hüten und sich verbergen.

10. Herodot sagt ohne Berechtigung, daß das Weib zugleich mit dem Gewand auch die Scham ablege; im Gegenteil, die verständige legt statt des Gewandes die Scham an,
und Ehegatten bedienen sich beieinander der größten Scham
zum Zeichen der größten Liebe.

11. Wenn zwei Stimmen im Einklang verlaufen, so führt
die tiefere; so geschieht in einem geordneten Haushalt alles
nach dem einträchtigen Willen der Gatten, zeigt aber Füh-
rung und Entscheidung des Mannes.

12. Die Sonne ist stärker als der Nordwind. Denn wenn
der Wind den Menschen zwingen will, das Gewand ab-
zulegen, und schneidig daherbläst, dann schnürt der Mensch
den Mantel noch fester und hält ihn noch enger um sich
zusammen; kommt aber warme Sonne nach dem Wind,
dann wird der Mensch zuerst warm, dann heiß und wirft
mit dem Gewand auch noch das Hemd ab. So verhalten
sich die meisten Frauen; wenn die Männer ihnen mit Gewalt Wohlleben und Verschwendung nehmen wollen, so
widersetzen sie sich und werden böse; überreden sie sie
aber mit Vernunftgründen, dann verzichten sie ruhig und
schränken sich ein.

13. Cato stieß einen Mann aus dem Senat, weil er seine
Frau vor den Augen seiner Tochter geküßt hatte. Dies

σφοδρότερον· εἰ δ᾽ αἰσχρόν ἐστιν, ὥσπερ ἐστίν, ἑτέρων παρόντων ἀσπάζεσθαι καὶ φιλεῖν καὶ περιβάλλειν ἀλλήλους, πῶς οὐκ αἴσχιον ἑτέρων παρόντων λοιδορεῖσθαι καὶ διαφέρεσθαι πρὸς ἀλλήλους, καὶ τὰς μὲν ἐντεύξεις καὶ φιλοφροσύνας ἀπορρήτους πρὸς τὴν γυναῖκα ποιεῖσθαι, νουθεσία δὲ καὶ μέμψει σὺν παρρησία χρῆσθαι φανερᾷ καὶ ἀναπεπταμένῃ;

14. Ὥσπερ ἐσόπτρου κατεσκευασμένου χρυσῷ καὶ λίθοις ὄφελος οὐδέν ἐστιν, εἰ μὴ δείκνυσι τὴν μορφὴν ὁμοίαν, οὕτως οὐδὲ πλουσίας γαμετῆς ὄνησις, εἰ μὴ παρέχει τὸν βίον ὅμοιον τῷ ἀνδρὶ καὶ σύμφωνον τὸ ἦθος. εἰ γὰρ χαίροντος μὲν εἰκόνα σκυθρωπὴν ἀποδίδωσι τὸ ἔσοπτρον, ἀχθομένου δὲ καὶ σκυθρωπάζοντος ἱλαρὰν καὶ σεσηρυῖαν, ἡμαρτημένον ἐστὶ καὶ φαῦλον· οὐκοῦν καὶ γυνὴ φαῦλος καὶ ἄκαιρος ἢ παίζειν μὲν ὡρμημένου καὶ φιλοφρονεῖσθαι τοῦ ἀνδρὸς ἐσκυθρωπακυῖα, σπουδάζοντος δὲ παίζουσα καὶ γελῶσα· τὸ μὲν γὰρ ἀηδίας, τὸ δ᾽ ὀλιγωρίας. δεῖ δέ, ὥσπερ οἱ γεωμέτραι λέγουσι τὰς γραμμὰς καὶ τὰς ἐπιφανείας οὐ κινεῖσθαι καθ᾽ ἑαυτὰς ἀλλὰ συγκινεῖσθαι τοῖς σώμασιν, οὕτω τὴν γυναῖκα μηδὲν ἴδιον πάθος ἔχειν, ἀλλὰ κοινωνεῖν τῷ ἀνδρὶ καὶ σπουδῆς καὶ παιδιᾶς καὶ συννοίας καὶ γέλωτος.

15. Οἱ τὰς γυναῖκας μὴ ἡδέως βλέποντες ἐσθιούσας μετ᾽ αὐτῶν διδάσκουσιν ἐμπίπλασθαι μόνας γενομένας. οὕτως οἱ μὴ συνόντες ἱλαρῶς ταῖς γυναιξὶ μηδὲ παιδιᾶς κοινωνοῦντες αὐταῖς καὶ γέλωτος ἰδίας ἡδονὰς χωρὶς αὐτῶν ζητεῖν διδάσκουσιν.

16. Τοῖς τῶν Περσῶν βασιλεῦσιν αἱ γνήσιαι γυναῖκες παρακάθηνται δειπνοῦσι καὶ συνεστιῶνται· βουλόμενοι δὲ παίζειν

geht wohl etwas zu weit; wenn es aber eine Schande ist (und das ist es wirklich), in Gegenwart anderer einander vertraulich zu begrüßen, zu küssen und zu umarmen, dann ist es doch bestimmt noch schimpflicher, in Gegenwart anderer zu schelten und miteinander zu zanken, und Unterhaltung und Freundlichkeit, was die Frau betrifft, zu verbergen, aber Zurechtweisung und Tadel mit offenen Worten deutlich und unverhüllt anzuwenden.

14. Wie ein mit Gold und Edelsteinen geschmückter Spiegel wertlos ist, wenn er nicht die Gestalt treu wiedergibt, so nützt auch eine reiche Frau nichts, wenn sie nicht ihr Leben dem Manne angleicht und ihr Wesen ihm anpaßt. Denn wenn ein Spiegel von einem vergnügten Menschen ein verdrießliches, von einem ärgerlichen und verdrossenen aber ein heiteres und die Zähne lächelnd entblößendes Bild zeigt, dann ist er fehlerhaft und schlecht; also ist auch eine Frau schlecht und ungehörig, die, wenn der Mann zu Scherz und Fröhlichkeit bereit ist, finster blickt, aber scherzt und lacht, wenn er ernst ist; denn jenes ist unliebenswürdig und dieses rücksichtslos. Wie aber die Geometer sagen, daß Linien und Ebenen sich nicht selbst bewegen, sondern nur mit den Körpern bewegt werden, so darf die Frau kein eigenes Empfindungsleben haben, sondern muß sich mit dem Manne in Ernst und Scherz, Besinnung und Gelächter teilen.

15. Wer nicht gern sieht, daß seine Frau mit ihm speist, der bringt sie dazu, sich den Leib zu füllen, wenn sie allein ist. So bringen diejenigen, die nicht fröhlich sind mit ihren Weibern und sie am Scherz nicht teilnehmen lassen, sie dazu, eigene Vergnügungen ohne sie aufzusuchen.

16. Wenn die Könige der Perser tafeln, so sitzen ihre rechtmäßigen Gemahlinnen neben ihnen und erhalten ihr

καὶ μεθύσκεσθαι ταύτας μὲν ἀποπέμπουσι, τὰς δὲ μουσουργοὺς καὶ παλλακίδας καλοῦσιν, ὀρθῶς τοῦτό γ' αὐτὸ ποιοῦντες, ὅτι τοῦ συνακολασταίνειν καὶ παροινεῖν οὐ μεταδιδόασι ταῖς γαμεταῖς. ἂν οὖν ἰδιώτης ἀνήρ, ἀκρατὴς δὲ περὶ τὰς ἡδονὰς καὶ ἀνάγωγος, ἐξαμάρτῃ τι πρὸς ἑταίραν ἢ θεραπαινίδα, δεῖ τὴν γαμετὴν μὴ ἀγανακτεῖν μηδὲ χαλεπαίνειν, λογιζομένην ὅτι παροινίας καὶ ἀκολασίας καὶ ὕβρεως αἰδούμενος αὐτὴν ἑτέρᾳ μεταδίδωσιν.

17. Οἱ φιλόμουσοι τῶν βασιλέων πολλοὺς μουσικοὺς ποιοῦσιν, οἱ φιλόλογοι λογίους, οἱ φιλαθληταὶ γυμναστικούς. οὕτως ἀνὴρ φιλοσώματος καλλωπίστριαν γυναῖκα ποιεῖ, φιλήδονος ἑταιρικὴν καὶ ἀκόλαστον, φιλάγαθος καὶ φιλόκαλος σώφρονα καὶ κοσμίαν.

18. Λάκαινα παιδίσκη, πυνθανομένου τινὸς εἰ ἤδη ἀνδρὶ προσελήλυθεν 'οὐκ ἔγωγ' εἶπεν 'ἀλλ' ἐμοὶ ἐκεῖνος'. οὗτος ὁ τρόπος, οἶμαι, τῆς οἰκοδεσποίνης, μήτε φεύγειν μήτε δυσχεραίνειν τὰ τοιαῦτα τοῦ ἀνδρὸς ἀρχομένου μήτ' αὐτὴν κατάρχεσθαι· τὸ μὲν γὰρ ἑταιρικὸν καὶ ἰταμόν, τὸ δ' ὑπερήφανον καὶ ἀφιλόστοργον.

19. Ἰδίους οὐ δεῖ φίλους κτᾶσθαι τὴν γυναῖκα, κοινοῖς δὲ χρῆσθαι τοῖς τοῦ ἀνδρός· οἱ δὲ θεοὶ φίλοι πρῶτοι καὶ μέγιστοι. διὸ καὶ θεοὺς οὓς ὁ ἀνὴρ νομίζει σέβεσθαι τῇ γαμετῇ καὶ γιγνώσκειν μόνους προσήκει, περιέργοις δὲ θρησκείαις καὶ ξέναις δεισιδαιμονίαις ἀποκεκλεῖσθαι τὴν αὔλειον. οὐδενὶ γὰρ θεῶν ἱερὰ κλεπτόμενα καὶ λανθάνοντα δρᾶται κεχαρισμένως ὑπὸ γυναικός.

Teil; wenn sie aber ausgelassen sein und sich betrinken wollen, so schicken sie sie weg und rufen ihre Musikantinnen und Nebenfrauen herbei. Sie tun recht daran, daß sie ihre Ehefrauen an Ausschweifung und Trunkenheit nicht teilnehmen lassen wollen. Wenn also ein gewöhnlicher Mensch, der in der Lust unbeherrscht und schwer zu lenken ist, sich mit einer Hetäre oder Sklavin einen Fehltritt gestattet, so soll die Ehefrau nicht ärgerlich oder zornig sein, sondern bedenken, daß er aus Rücksicht gegen sie eine andere an Trunkenheit, Ausgelassenheit und Übermut teilnehmen läßt.

17. Von den Königen machen die musikliebenden viele zu Musikern, die Freunde der Rede zu Rednern, die Freunde körperlicher Kämpfe zu Athleten. So macht ein körperlichem Reiz ergebener Mann die Frau zur Zierpuppe, ein lüsterner zur zügellosen Dirne, ein Freund des Schönen und Guten zum verständigen und feinen Weibe.

18. Ein Mädchen aus Sparta wurde gefragt, ob sie sich schon einem Manne genähert habe. Sie sagte: „Ich nicht, er hat sich mir genähert." Dies ist, wie ich meine, die Haltung einer Hausfrau, nicht auszuweichen und ungehalten zu sein, wenn der Mann mit solchen Dingen beginnt, aber auch nicht selbst anzufangen; denn das eine ist Dirnenart und keck, das andere hochmütig und wenig liebevoll.

19. Eigene Freunde darf die Frau nicht haben, sondern nur die des Mannes gemeinsam mit ihm; die ersten und größten Freunde aber sind die Götter. Deshalb muß auch die Ehefrau nur die Götter, an die der Mann glaubt, verehren und anerkennen, aber überflüssigem Gottesdienst und ausländischem Aberglauben die Tür verschließen. Denn kein Gott nimmt verstohlene und heimliche Opfer von einem Weibe gnädig an.

## γαμικὰ παραγγέλματα

20. Ὁ Πλάτων φησὶν εὐδαίμονα καὶ μακαρίαν εἶναι πόλιν, ἐν ᾗ ʻτὸ ἐμὸν καὶ τὸ οὐκ ἐμόνʼ ἥκιστα φθεγγομένων ἀκούουσι διὰ τὸ κοινοῖς ὡς ἔνι μάλιστα χρῆσθαι τοῖς ἀξίοις σπουδῆς τοὺς πολίτας. πολὺ δὲ μᾶλλον ἐκ γάμου δεῖ τὴν τοιαύτην φωνὴν ἀνηρῆσθαι. πλὴν ὥσπερ οἱ ἰατροὶ λέγουσι τὰς τῶν εὐωνύμων πληγὰς τὴν αἴσθησιν ἐν τοῖς δεξιοῖς ἀναφέρειν, οὕτω τὴν γυναῖκα τοῖς τοῦ ἀνδρὸς συμπαθεῖν καλὸν καὶ τὸν ἄνδρα τοῖς τῆς γυναικός, ἵν᾽ ὥσπερ οἱ δεσμοὶ κατὰ τὴν ἐπάλλαξιν ἰσχὺν δι᾽ ἀλλήλων λαμβάνουσιν, οὕτως ἑκατέρου τὴν εὔνοιαν ἀντίστροφον ἀποδιδόντος ἡ κοινωνία σῴζηται δι᾽ ἀμφοῖν. καὶ γὰρ ἡ φύσις μίγνυσι διὰ τῶν σωμάτων ἡμᾶς, ἵν᾽ ἐξ ἑκατέρων μέρος λαβοῦσα καὶ συγχέασα κοινὸν ἀμφοτέροις ἀποδῷ τὸ γεννώμενον, ὥστε μηδέτερον διορίσαι μηδὲ διακρῖναι τὸ ἴδιον ἢ τὸ ἀλλότριον. τοιαύτη τοίνυν καὶ χρημάτων κοινωνία προσήκει μάλιστα τοῖς γαμοῦσιν εἰς μίαν οὐσίαν πάντα καταχεαμένοις καὶ ἀναμείξασι μὴ τὸ μέρος ἴδιον καὶ τὸ μέρος ἀλλότριον ἀλλὰ πᾶν ἴδιον ἡγεῖσθαι καὶ μηδὲν ἀλλότριον. ὥσπερ γὰρ τὸ κρᾶμα καίτοι ὕδατος μετέχον πλείονος οἶνον καλοῦμεν, οὕτω τὴν οὐσίαν δεῖ καὶ τὸν οἶκον τοῦ ἀνδρὸς λέγεσθαι, κἂν ἡ γυνὴ πλείονα συμβάλληται.

21. Φιλόπλουτος ἡ Ἑλένη, φιλήδονος ὁ Πάρις· φρόνιμος ὁ Ὀδυσσεύς, σώφρων ἡ Πηνελόπη. διὰ τοῦτο μακάριος γάμος ὁ τούτων καὶ ζηλωτός, ὁ δ᾽ ἐκείνων Ἰλιάδα κακῶν Ἕλλησι καὶ βαρβάροις ἐποίησεν.

22. Ὁ Ῥωμαῖος ὑπὸ τῶν φίλων νουθετούμενος ὅτι σώφρονα γυναῖκα καὶ πλουσίαν καὶ ὡραίαν ἀπεπέμψατο, τὸν κάλτιον αὐτοῖς προτείνας ʻκαὶ γὰρ οὗτοςʼ ἔφη ʻκαλὸς ἰδεῖν

18

20. Platon sagt, der Staat sei glücklich und selig, in dem man die Worte „mein und nicht mein" am seltensten hört, weil die Bürger, soweit es möglich ist, das Wertvolle als gemeinsames Gut benutzen. Weit mehr noch müssen in einer Ehe diese Worte ungültig sein. Nur, wie die Ärzte sagen, daß die Schläge auf der linken Seite ein entsprechendes Gefühl auf der rechten hervorrufen, so schickt es sich, daß die Frau mit dem Manne und der Mann mit der Frau empfinde. Denn wie Fesseln durch Verschränkung gegenseitig gewinnen, so wird, wenn jeder von beiden Zuneigung als Entgelt erweist, die Gemeinschaft durch beide bewahrt. Denn die Natur vereint uns körperlich, um aus Weib und Mann einen Teil zu nehmen, zu vereinigen und das Erzeugte beiden als gemeinsames Geschenk so zu geben, daß sie das Eigene und das Fremde nicht bestimmen oder absondern können. Daher schickt sich besonders für Eheleute eine solche Gemeinschaft auch im Besitz; sie sollen alles zu einem Vermögen zusammentun und verbinden und nicht einen Teil für ihr Eigentum und einen andern für das des andern, sondern das Ganze für ihr Eigentum halten und kein Stück für das des andern. Denn wie wir den Mischtrank, auch wenn das Wasser überwiegt, Wein nennen, so muß Vermögen und Haus nach dem Manne heißen, auch wenn die Frau das Meiste beisteuert.

21. Reichtum liebte Helena, Sinnenlust Paris; verständig war Odysseus, klug Penelope. Daher war diese zweite Ehe selig und beneidenswert, die erste aber schuf Griechen und Barbaren eine Ilias von Leiden.

22. Ein Römer wurde von seinen Freunden zur Rede gestellt, weil er sich von einer braven, reichen und schönen Frau hatten scheiden lassen; da zeigte er ihnen seinen Schuh

καὶ καινός, ἀλλ' οὐδεὶς οἶδεν ὅπου με θλίβει'. δεῖ τοίνυν μὴ
προικὶ μηδὲ γένει μηδὲ κάλλει τὴν γυναῖκα πιστεύειν, ἀλλ'
ἐν οἷς ἅπτεται μάλιστα τοῦ ἀνδρός, ὁμιλίᾳ τε καὶ ἤθει καὶ
συμπεριφορᾷ, ταῦτα μὴ σκληρὰ μηδ' ἀνιῶντα καθ' ἡμέραν
ἀλλ' εὐάρμοστα καὶ ἄλυπα καὶ προσφιλῆ παρέχειν. ὥσπερ
γὰρ οἱ ἰατροὶ τοὺς ἐξ αἰτιῶν ἀδήλων καὶ κατὰ μικρὸν συλλεγομένων γεννωμένους πυρετοὺς μᾶλλον δεδοίκασιν ἢ τοὺς
ἐμφανεῖς καὶ μεγάλας προφάσεις ἔχοντας, οὕτω τὰ λανθάνοντα
τοὺς πολλοὺς μικρὰ καὶ συνεχῆ καὶ καθημερινὰ προσκρού-
ματα γυναικὸς καὶ ἀνδρὸς μᾶλλον διίστησι καὶ λυμαίνεται
τὴν συμβίωσιν.

23. Ὁ βασιλεὺς Φίλιππος ἤρα Θεσσαλῆς γυναικὸς αἰτίαν
ἐχούσης καταφαρμακεύειν αὐτόν. ἐσπούδασεν οὖν ἡ Ὀλυμ-
πιὰς λαβεῖν τὴν ἄνθρωπον ὑποχείριον. ὡς δ' εἰς ὄψιν ἐλθοῦσα
τό τ' εἶδος εὐπρεπὴς ἐφάνη καὶ διελέχθη πρὸς αὐτὴν οὐκ ἀγεν-
νῶς οὐδ' ἀσυνέτως, 'χαιρέτωσαν' εἶπεν ἡ Ὀλυμπιάς 'αἱ δια-
βολαί· σὺ γὰρ ἐν σεαυτῇ τὰ φάρμακα ἔχεις'. ἄμαχον οὖν τι
γίγνεται πρᾶγμα γαμετὴ γυνὴ καὶ νόμιμος, ἂν ἐν αὑτῇ πάντα
θεμένη, καὶ προῖκα καὶ γένος καὶ φάρμακα καὶ τὸν κεστὸν
αὐτόν, ἤθει καὶ ἀρετῇ κατεργάσηται τὴν εὔνοιαν.

24. Πάλιν ἡ Ὀλυμπιάς, αὐλικοῦ τινος νεανίσκου γήμαντος
εὐπρεπῆ γυναῖκα κακῶς ἀκούουσαν, 'οὗτος' εἶπεν 'οὐκ ἔχει
λογισμόν· οὐ γὰρ ἂν τοῖς ὀφθαλμοῖς ἔγημε'. δεῖ δὲ μὴ τοῖς
ὄμμασι γαμεῖν μηδὲ τοῖς δακτύλοις, ὥσπερ ἔνιοι ψηφίσαντες
πόσα φέρουσαν λαμβάνουσιν, οὐ κρίναντες πῶς συμβιωσο-
μένην.

25. Ὁ Σωκράτης ἐκέλευε τῶν ἐσοπτριζομένων νεανίσκων

und sagte: „Auch dieser Schuh ist schön anzusehen und neu, aber niemand weiß, wo er mich drückt." Die Frau darf also nicht auf Mitgift, Abstammung und Schönheit ihr Vertrauen setzen, sondern muß sich in dem, womit sie den Mann am nächsten berührt, im Umgang, im Wesen und im Verkehr, täglich weder hart noch lästig, sondern gefügig, zuvorkommend und freundlich zeigen. Denn wie die Ärzte ein Fieber aus dunklem und allmählich wachsendem Ursprung mehr fürchten als eins mit klarem und starkem Anlaß, so trennen die den meisten Menschen verborgenen, kleinen, anhaltenden und täglichen Reibereien zwischen Mann und Frau am meisten und gefährden das Zusammenleben am stärksten.

23. König Philipp war verliebt in eine Thessalierin, die man beschuldigte, ihn bezaubert zu haben. Daher wünschte Olympias, diese Frau in die Hand zu bekommen. Als sie ihr nun vor Augen kam, eine schöne Erscheinung, und recht gebildet und verständig mit ihr redete, sagte Olympias: „Schluß mit den Verleumdungen; du trägst den Zauber in dir selber." Also wird eine rechtmäßige Ehefrau unüberwindlich, wenn sie alles in sich selber trägt, Mitgift, Abkunft, Zauber und den Gürtel der Liebesgöttin selbst, und so durch Charakter und Wert Zuneigung erwirbt.

24. Ein andermal sagte Olympias, als ein junger Höfling eine schöne, aber übel beleumundete Frau heiratete: „Dieser Mann hat keinen Verstand, sonst hätte er nicht mit den Augen geheiratet." Man darf aber weder mit den Augen heiraten noch mit den Fingern wie einige, die abzählen, wieviel ihnen ihre Frau einbringt, ohne zu ergründen, wie sie mit ihnen leben wird.

25. Sokrates sagte, wenn junge Männer sich im Spiegel

τοὺς μὲν αἰσχροὺς ἐπανορθοῦσθαι τῇ ἀρετῇ, τοὺς δὲ καλοὺς μὴ καταισχύνειν τῇ κακίᾳ τὸ εἶδος. καλὸν οὖν καὶ τὴν οἰκοδέσποιναν, ὅταν ἐν ταῖς χερσὶν ἔχῃ τὸ ἔσοπτρον, αὐτὴν ἐν ἑαυτῇ διαλαλεῖν, τὴν μὲν αἰσχράν 'τί οὖν, ἂν μὴ σώφρων γένωμαι'; τὴν δὲ καλήν 'τί οὖν, ἂν καὶ σώφρων γένωμαι'; τῇ γὰρ αἰσχρᾷ σεμνὸν εἰ φιλεῖται διὰ τὸ ἦθος, τῇ καλῇ δ' εἰ μᾶλλον διὰ τὸ ἦθος ἢ τὸ κάλλος.

26. Ταῖς Λυσάνδρου θυγατράσιν ὁ τύραννος ὁ Σικελικὸς ἱμάτια καὶ πλόκια τῶν πολυτελῶν ἔπεμψεν· ὁ δὲ Λύσανδρος οὐκ ἔλαβεν εἰπών 'ταῦτα τὰ κόσμια καταισχυνεῖ μου μᾶλλον ἢ κοσμήσει τὰς θυγατέρας'. πρότερος δὲ Λυσάνδρου Σοφοκλῆς τοῦτ' εἶπεν

'οὐ κόσμος, οὔκ, ὦ τλῆμον, ἀλλ' ἀκοσμία
φαίνοιτ' ἂν εἶναι σῶν τε μαργότης φρενῶν'.

'κόσμος γάρ ἐστιν', ὡς ἔλεγε Κράτης, 'τὸ κοσμοῦν'· κοσμεῖ δὲ τὸ κοσμιωτέραν τὴν γυναῖκα ποιοῦν. ποιεῖ δὲ τοιαύτην οὔτε χρυσὸς οὔτε σμάραγδος οὔτε κόκκος, ἀλλ' ὅσα σεμνότητος εὐταξίας αἰδοῦς ἔμφασιν περιτίθησιν.

27. Οἱ τῇ γαμηλίᾳ θύοντες Ἥρᾳ τὴν χολὴν οὐ συγκαθαγίζουσι τοῖς ἄλλοις ἱεροῖς, ἀλλ' ἐξελόντες ἔρριψαν παρὰ τὸν βωμόν, αἰνιττομένου τοῦ νομοθέτου τὸ μηδέποτε δεῖν χολὴν μηδ' ὀργὴν γάμῳ παρεῖναι. δεῖ γὰρ εἶναι τῆς οἰκοδεσποίνης ὥσπερ οἴνου τὸ αὐστηρὸν ὠφέλιμον καὶ ἡδύ, μὴ πικρὸν ὥσπερ ἀλόης μηδὲ φαρμακῶδες.

beschauten, die Häßlichen sollten sich an ihrer Tüchtig-
keit wieder aufrichten, die Schönen aber ihr Aussehen
nicht durch Schlechtigkeit schänden. So gehört es sich,
daß auch die Hausfrau, wenn sie den Spiegel in der Hand
hält, zu sich selber spricht, und zwar die häßliche: „Was
geschieht, wenn ich keine gute Frau werde?", die schöne: „Was geschieht, wenn ich auch gut werde?" Denn
für die häßliche ist es eine Auszeichnung, wenn man sie
wegen des Charakters liebt, für die schöne aber, wenn man
sie mehr wegen des Charakters als wegen der Schönheit
liebt.

26. Der Tyrann von Sizilien schickte den Töchtern Ly-
sanders kostbare Gewänder und Locken; Lysander aber
nahm sie nicht an, sondern sagte: „Diese Zier wird meine
Töchter eher entstellen als zieren." Schon vor Lysander
hatte Sophokles folgendes gesagt:

'Nicht Zierde, Unglückseliger, nein, Häßlichkeit
Ist solch ein Tun und deiner Sinne Raserei.'

Denn Zierde ist, wie Krates sagt, das Zierende. Es ziert
aber, was eine Frau ziervoller macht. Das tut aber weder
Gold noch Smaragd noch Scharlach, sondern alles, was den
Eindruck der Würde, Ordnung und Scham verleiht.

27. Diejenigen, die der Hera als Schützerin der Ehe opfern, bringen die Galle nicht mit den übrigen Gaben gemeinsam dar, sondern nehmen sie heraus und werfen sie
neben den Altar. Damit deutet der Gesetzgeber an, daß
Galle und Zorn niemals in einer Ehe vorkommen dürfen.
Denn die Herbheit einer Hausfrau soll wie die des Weines
nützlich und angenehm, nicht aber bitter und medizinisch
wie die der Aloe sein.

*γαμικὰ παραγγέλματα*

28. Ὁ Πλάτων τῷ Ξενοκράτει βαρυτέρῳ τὸ ἦθος ὄντι τἆλλα δὲ καλῷ κἀγαθῷ παρεκελεύετο θύειν ταῖς Χάρισιν. οἶμαι δὴ καὶ τῇ σώφρονι μάλιστα δεῖν πρὸς τὸν ἄνδρα χαρίτων, ἵν᾽, ὡς ἔλεγε Μητρόδωρος, ἡδέως συνοικῇ καί ῾μὴ ὀργιζομένη ὅτι σωφρονεῖ᾽. δεῖ γὰρ μήτε τὴν εὐτελῆ καθαριότητος ἀμελεῖν μήτε τὴν φίλανδρον φιλοφροσύνης· ποιεῖ γὰρ ἡ χαλεπότης ἀηδῆ τὴν εὐταξίαν τῆς γυναικός, ὥσπερ ἡ ῥυπαρία τὴν ἀφέλειαν.


29. Ἡ φοβουμένη γελάσαι πρὸς τὸν ἄνδρα καὶ παῖξαί τι, μὴ φανῇ θρασεῖα καὶ ἀκόλαστος, οὐδὲν διαφέρει τῆς ἵνα μὴ δοκῇ μυρίζεσθαι τὴν κεφαλὴν μηδ᾽ ἀλειφομένης, καὶ ἵνα μὴ φυκοῦσθαι τὸ πρόσωπον μηδὲ νιπτομένης. ὁρῶμεν δὲ καὶ ποιητὰς καὶ ῥήτορας, ὅσοι φεύγουσι τὸ περὶ τὴν λέξιν ὀχλικὸν καὶ ἀνελεύθερον καὶ κακόζηλον, τοῖς πράγμασι καὶ ταῖς οἰκονομίαις καὶ τοῖς ἤθεσιν ἄγειν καὶ κινεῖν τὸν ἀκροατὴν φιλοτεχνοῦντας. διὸ δεῖ καὶ τὴν οἰκοδέσποιναν ὅτι πᾶν τὸ περιττὸν καὶ ἑταιρικὸν καὶ πανηγυρικὸν εὖ ποιοῦσα φεύγει καὶ παραιτεῖται, μᾶλλον φιλοτεχνεῖν ἐν ταῖς ἠθικαῖς καὶ βιωτικαῖς χάρισι πρὸς τὸν ἄνδρα, τῷ καλῷ μεθ᾽ ἡδονῆς συνεθίζουσαν αὐτόν. ἂν δ᾽ ἄρα φύσει τις αὐστηρὰ καὶ ἄκρατος γένηται καὶ ἀνήδυντος, εὐγνωμονεῖν δεῖ τὸν ἄνδρα, καὶ καθάπερ ὁ Φωκίων, τοῦ Ἀντιπάτρου πρᾶξιν αὐτῷ προστάττοντος οὐ καλὴν οὐδὲ πρέπουσαν, εἶπεν ῾οὐ δύνασαί μοι καὶ φίλῳ χρῆσθαι καὶ κόλακι᾽, οὕτω λογίζεσθαι περὶ τῆς σώφρονος καὶ αὐστηρᾶς γυναικός ῾οὐ δύναμαι τῇ αὐτῇ καὶ ὡς γαμετῇ καὶ ὡς ἑταίρᾳ συνεῖναι᾽.

28. Platon riet dem Xenokrates, da er zu ernsten Wesens, im übrigen aber vortrefflich war, den Chariten zu opfern. Ich glaube nun, daß auch die verständige Frau dem Manne gegenüber besonders der Chariten bedarf, um, nach dem Wort des Metrodoros, in freundlicher Weise sein Leben zu teilen, nicht aber „zornig, weil sie verständig ist". Auch darf es weder der einfachen Frau an Sauberkeit fehlen noch der liebevollen an freundlicher Bewirtung; denn Unliebenswürdigkeit macht die Ordnungsliebe einer Frau unangenehm wie Schmutz die Einfachheit.

29. Eine Frau, die sich scheut, vor ihrem Manne zu lachen und einen Scherz zu machen, weil sie nicht frech und ausschweifend erscheinen will, ist ebenso töricht wie eine, die sich nicht salbt, weil sie den Kopf nicht mit Wohlgerüchen behandeln will, oder sich nicht wäscht, damit man nicht glaubt, sie schminke sich das Gesicht. Wir sehen aber auch Dichter und Redner, soweit sie Plumpheit, Gewöhnlichkeit und üble Angewohnheiten in der Rede vermeiden, sich besonders bemühen, durch den Stoff, die Anordnung und die Charakterzeichnung den Hörer zu fesseln und Eindruck auf ihn zu machen. Darum muß auch die Frau des Hauses, weil sie alles Übertriebene, Unanständige und Auffällige, wenn sie gut beraten ist, meidet und umgeht, sich dem Manne gegenüber in der Anmut ihres Wesens und Wandels um so mehr bemühen und ihn auf angenehme Weise an das Schöne gewöhnen. Ist eine aber von Natur herbe, unnachgiebig und ungefällig, dann muß der Mann ein Einsehen haben. Wie Phokion, als Antipatros ihm eine schlechte und ungebührliche Aufgabe stellte, sprach: „Du kannst mich nicht zum Freunde und zum Schmeichler haben", so muß ein solcher Mann sich von einer guten und

30. Ταῖς Αἰγυπτίαις ὑποδήμασι χρῆσθαι πάτριον οὐκ ἦν, ὅπως ἐν οἴκῳ διημερεύωσι. τῶν δὲ πλείστων γυναικῶν ἂν ὑποδήματα διάχρυσα περιέλῃς καὶ ψέλια καὶ περισκελίδας καὶ πορφύραν καὶ μαργαρίτας, ἔνδον μενοῦσιν.

31. Ἡ Θεανὼ παρέφηνε τὴν χεῖρα περιβαλλομένη τὸ ἱμάτιον. εἰπόντος δέ τινος 'καλὸς ὁ πῆχυς', 'ἀλλ' οὐ δημόσιος' ἔφη. δεῖ δὲ μὴ μόνον τὸν πῆχυν ἀλλὰ μηδὲ τὸν λόγον δημόσιον εἶναι τῆς σώφρονος, καὶ τὴν φωνὴν ὡς ἀπογύμνωσιν αἰδεῖσθαι καὶ φυλάσσεσθαι πρὸς τοὺς ἐκτός· ἐνορᾶται γὰρ αὐτῇ καὶ πάθος καὶ ἦθος καὶ διάθεσις λαλούσης.

32. Τὴν Ἠλείων ὁ Φειδίας Ἀφροδίτην ἐποίησε χελώνην πατοῦσαν, οἰκουρίας σύμβολον ταῖς γυναιξὶ καὶ σιωπῆς. δεῖ γὰρ ἢ πρὸς τὸν ἄνδρα λαλεῖν ἢ διὰ τοῦ ἀνδρός, μὴ δυσχεραίνουσαν εἰ δι' ἀλλοτρίας γλώσσης ὥσπερ αὐλητὴς φθέγγεται σεμνότερον.

33. Οἱ πλούσιοι καὶ οἱ βασιλεῖς τιμῶντες τοὺς φιλοσόφους αὑτούς τε κοσμοῦσι κἀκείνους, οἱ δὲ φιλόσοφοι τοὺς πλουσίους θεραπεύοντες οὐκ ἐκείνους ποιοῦσιν ἐνδόξους ἀλλ' αὑτοὺς ἀδοξοτέρους. τοῦτο συμβαίνει καὶ περὶ τὰς γυναῖκας. ὑποτάττουσαι μὲν γὰρ ἑαυτὰς τοῖς ἀνδράσιν ἐπαινοῦνται, κρατεῖν δὲ βουλόμεναι μᾶλλον τῶν κρατουμένων ἀσχημονοῦσι. κρατεῖν δὲ τὸν ἄνδρα τῆς γυναικὸς οὐχ ὡς δεσπότην κτήματος ἀλλ' ὡς ψυχὴν σώματος συμπαθοῦντα καὶ συμπεφυκότα τῇ εὐνοίᾳ δίκαιόν ἐστιν. ὥσπερ οὖν σώματος ἔστι κήδεσθαι μὴ δουλεύοντα ταῖς ἡδοναῖς αὐτοῦ καὶ ταῖς ἐπιθυμίαις, οὕτω γυναικὸς ἄρχειν εὐφραίνοντα καὶ χαριζόμενον.

herben Frau sagen: „Ich kann nicht dasselbe Weib zur Ehefrau und zur Hetäre haben."

30. Die Ägypterinnen durften nach alter Sitte keine Schuhe tragen; sie sollten den Tag im Hause verbringen. Aber die Mehrzahl der Frauen wird schon im Hause bleiben, wenn man ihnen vergoldete Schuhe, Arm- und Beinspangen, Purpur und Perlen entzieht.

31. Theano zeigte ihren Arm in das Gewand gehüllt. Als aber jemand sagte: „Ein schöner Arm", sagte sie: „Aber nicht für die Allgemeinheit." Es darf aber nicht nur der Arm, sondern auch die Rede einer guten Frau nicht öffentlich sein; vor dem Reden muß sie sich gegenüber den Außenstehenden wie vor einer Entblößung scheuen und hüten, denn in ihm erkennt man Empfindung, Wesen und Stimmung der Sprecherin.

32. Die Aphrodite von Elis ließ Pheidias auf einer Schildkröte stehen als ein Sinnbild der Häuslichkeit und des Schweigens für die Weiber. Denn sie sollen nur zum Manne oder durch den Mann reden, ohne Ärger, wenn sie wie ein Flötenspieler durch eine fremde Zunge feierlicher reden.

33. Reiche Leute und Könige zeichnen, wenn sie die Philosophen ehren, diese und sich selbst aus; die Philosophen aber mehren nicht den Ruhm der Reichen, wenn sie ihnen schmeicheln, sondern vermindern nur den eigenen. Entsprechendes trifft auch auf die Frauen zu. Wenn sie sich den Männern unterordnen, ernten sie Lob; wollen sie die Herren sein, so erscheinen sie noch unziemlicher als die Männer, die sich beherrschen lassen. Es gehört sich aber, daß der Mann der Frau befehle nicht wie der Herr dem Vieh, sondern wie die Seele dem Körper, nämlich mitempfindend und mitwachsend in Zuneigung. Wie man nun

γαμικὰ παραγγέλματα

34. Τῶν σωμάτων οἱ φιλόσοφοι τὰ μὲν ἐκ διεστώτων λέγουσιν εἶναι καθάπερ στόλον καὶ στρατόπεδον, τὰ δ' ἐκ συναπτομένων ὡς οἰκίαν καὶ ναῦν, τὰ δ' ἡνωμένα καὶ συμφυῆ καθάπερ ἐστὶ τῶν ζῴων ἕκαστον. σχεδὸν οὖν καὶ γάμος ὁ μὲν τῶν ἐρώντων ἡνωμένος καὶ συμφυής ἐστιν, ὁ δὲ τῶν διὰ προῖκας ἢ τέκνα γαμούντων ἐκ συναπτομένων, ὁ δὲ τῶν ἡδονῆς ἕνεκα συγκαθευδόντων ἐκ διεστώτων, οὓς συνοικεῖν ἄν τις ἀλλήλοις οὐ συμβιοῦν νομίσειε. δεῖ δέ, ὥσπερ οἱ φυσικοὶ τῶν ὑγρῶν λέγουσι δι' ὅλων γενέσθαι τὴν κρᾶσιν, οὕτω τῶν γαμούντων καὶ σώματα καὶ χρήματα καὶ φίλους καὶ οἰκείους ἀναμιχθῆναι δι' ἀλλήλων. καὶ γὰρ ὁ Ῥωμαῖος νομοθέτης ἐκώλυσε δῶρα διδόναι καὶ λαμβάνειν παρ' ἀλλήλων τοὺς γεγαμηκότας, οὐχ ἵνα μηδενὸς μεταλαμβάνωσιν, ἀλλ' ἵνα πάντα κοινὰ νομίζωσιν.

35. Ἐν Λέπτει τῆς Λιβύης πόλει πάτριόν ἐστι τῇ μετὰ τὸν γάμον ἡμέρᾳ τὴν νύμφην πρὸς τὴν τοῦ νυμφίου μητέρα πέμψασαν αἰτεῖσθαι χύτραν· ἡ δ' οὐ δίδωσιν οὐδέ φησιν ἔχειν, ὅπως ἀπ' ἀρχῆς ἐπισταμένη τὸ τῆς ἑκυρᾶς μητρυιῶδες, ἢν ὕστερόν τι συμβαίνῃ τραχύτερον, μὴ ἀγανακτῇ μηδὲ δυσκολαίνῃ. τοῦτο δεῖ γιγνώσκουσαν τὴν γυναῖκα θεραπεύειν τὴν πρόφασιν· ἔστι δὲ ζηλοτυπία τῆς μητρὸς ὑπὲρ εὐνοίας πρὸς αὐτήν. θεραπεία δὲ μία τοῦ πάθους ἰδίᾳ μὲν εὔνοιαν τῷ ἀνδρὶ ποιεῖν πρὸς ἑαυτήν, τὴν δὲ τῆς μητρὸς μὴ περισπᾶν μηδ' ἐλαττοῦν.

28

für den Körper sorgen muß, ohne seinen Lüsten und Begierden zu dienen, so muß man fröhlich und gefällig eine Frau regieren.

34. Die Philosophen sagen, daß einige Körper aus getrennten Teilen bestehen wie ein Heer oder ein Lager, andere aus zusammenhängenden wie ein Haus oder ein Schiff; eine dritte Gruppe ist einheitlich und in sich verbunden wie ein jedes Lebewesen. Ähnlich ist auch eine Liebesehe einheitlich und in sich verbunden; die Ehe derer, die der Mitgift oder der Kinder wegen heiraten, besteht aus zusammenhängenden Teilen, die derer, die um der Lust willen zusammen schlafen, aus getrennten: bei ihnen kann man denken, sie wohnten, nicht aber, sie lebten zusammen. Wie aber die Naturkundigen sagen, daß die Vermischung flüssiger Stoffe eine völlige ist, so müssen auch Leiber, Geld, Freunde und Verwandte der Eheleute miteinander vereinigt werden. Denn auch der römische Gesetzgeber verbietet, daß die Eheleute sich gegenseitig etwas schenken; nicht, damit sie nichts bekommen, sondern damit sie alles für gemeinsames Gut halten.

35. In der libyschen Stadt Leptis besteht die alte Sitte, daß die junge Frau am Tage nach der Hochzeit zur Mutter des Mannes schickt und um einen Topf bittet; die Mutter aber gibt keinen her und sagt, sie habe keinen, damit die Frau von Anfang an die stiefmütterliche Art der Schwiegermutter erkennt und, wenn später etwas Unangenehmeres geschieht, nicht ärgerlich oder zornig wird. Das Weib muß diesen Zustand verstehen und den Grund dafür achten; es ist Eifersucht der Mutter auf sie wegen der Zuneigung des Sohnes. Ein Mittel gegen diesen Schmerz ist es, dem Manne nur ganz im geheimen Liebes zu erwei-

36. Τοὺς υἱοὺς δοκοῦσι μᾶλλον ἀγαπᾶν αἱ μητέρες ὡς δυναμένους αὐταῖς βοηθεῖν, οἱ δὲ πατέρες τὰς θυγατέρας ὡς δεομένας αὐτῶν βοηθούντων· ἴσως δὲ καὶ τιμῇ τῇ πρὸς ἀλλήλους ὁ ἕτερος τὸ μᾶλλον οἰκεῖον τῷ ἑτέρῳ βούλεται μᾶλλον ἀσπαζόμενος καὶ ἀγαπῶν φανερὸς εἶναι. καὶ τοῦτο μὲν ἴσως ἀδιάφορόν ἐστιν, ἐκεῖνο δ' ἀστεῖον, ἂν ἡ γυνὴ μᾶλλον ἀποκλίνασα τῇ τιμῇ πρὸς τοὺς γονεῖς τοῦ ἀνδρὸς ἢ τοὺς ἑαυτῆς βλέπηται, κἄν τι λυπῆται, πρὸς ἐκείνους ἀναφέρουσα, τοὺς δ' ἑαυτῆς λανθάνουσα. ποιεῖ γὰρ καὶ τὸ πιστεύειν δοκεῖν πιστεύεσθαι καὶ τὸ φιλεῖν φιλεῖσθαι.

37. Τοῖς περὶ τὸν Κῦρον Ἕλλησι παρήγγειλαν οἱ στρατηγοὶ τοὺς πολεμίους, ἐὰν μὲν βοῶντες ἐπίωσι, δέχεσθαι μετὰ σιωπῆς, ἐὰν δ' ἐκεῖνοι σιωπῶσιν, αὐτοὺς μετὰ βοῆς ἀντεξελαύνειν. αἱ δὲ νοῦν ἔχουσαι γυναῖκες ἐν ταῖς ὀργαῖς τῶν ἀνδρῶν κεκραγότων μὲν ἡσυχάζουσι, σιωπῶντας δὲ προσλαλοῦσα καὶ παραμυθούμεναι καταπραΰνουσιν.

38. Ὀρθῶς ὁ Εὐριπίδης αἰτιᾶται τοὺς τῇ λύρᾳ χρωμένους παρ' οἶνον· ἔδει γὰρ ἐπὶ τὰς ὀργὰς καὶ τὰ πένθη μᾶλλον τὴν μουσικὴν παρακαλεῖν ἢ προσεκλύειν τοὺς ἐν ταῖς ἡδοναῖς ὄντας. νομίζετε οὖν ὑμεῖς ἁμαρτάνειν τοὺς ἡδονῆς ἕνεκα συγκαθεύδοντας ἀλλήλοις, ὅταν δ' ἐν ὀργῇ τινι γένωνται καὶ διαφορᾷ χωρὶς ἀναπαυομένους καὶ μὴ τότε μάλιστα τὴν Ἀφροδίτην παρακαλοῦντας ἰατρὸν οὖσαν τῶν τοιούτων ἀρίστην. ὥς που καὶ ὁ ποιητὴς διδάσκει τὴν Ἥραν ποιῶν λέγουσαν

sen, die Liebe der Mutter aber nicht zu hindern oder zu
verkleinern.

36. Es scheint, daß die Mütter mehr die Söhne lieben,
weil diese ihnen helfen können, die Väter mehr die Töchter,
weil diese ihrer Hilfe bedürfen; vielleicht aber wollen auch
Mann und Frau um der Achtung voreinander willen zeigen,
daß jeder das, was dem andern ähnlich ist, am meisten begrüßt und liebt. Dies ist vielleicht unwichtig; hübsch dagegen ist es, wenn die Frau sich in der Verehrung mehr
zu den Eltern des Mannes neigt und mehr auf sie blickt,
als auf ihre eigenen, und wenn etwas sie bekümmert, es
den Schwiegereltern mitteilt, den eigenen aber vorenthält.
Denn der Anschein des Vertrauens erweckt Vertrauen und
die Liebe Gegenliebe.

37. Den Griechen im Heer des Kyros befahlen ihre Feld-
herren, die Feinde, wenn sie sich mit Geschrei näherten,
schweigend zu empfangen; wenn sie dagegen schwiegen,
ihnen mit Geschrei entgegenzurücken. So sind die verständigen Frauen ruhig, wenn die Männer im Zorn schreien;
wenn sie aber schweigen, so reden sie ihnen zu, trösten sie
und beruhigen sie dadurch.

38. Mit Recht tadelt Euripides die Leute, die beim Wein
die Leier spielen; denn nötiger ist es, gegen Zorn und
Trauer die Musik zu Hilfe zu rufen, als ausgelassene Leute
noch zügelloser zu machen. So glaubt denn auch, daß
diejenigen verkehrt handeln, die um der Lust willen beieinander schlafen, wenn sie sich aber in Zorn und Uneinigkeit befinden, getrennt ruhen und nicht gerade dann
Aphrodite zu Hilfe rufen, die solche Zustände am besten
heilt. So lehrt ja doch auch Homer, wenn er die Hera
sagen läßt:

*γαμικὰ παραγγέλματα*

'καί σφ' ἄκριτα νείκεα λύσω
εἰς εὐνὴν ἀνέσασα ὁμωθῆναι φιλότητι'.

39. Ἀεὶ μὲν δεῖ καὶ πανταχοῦ φεύγειν τὸ προσκρούειν τῷ ἀνδρὶ τὴν γυναῖκα καὶ τῇ γυναικὶ τὸν ἄνδρα, μάλιστα δὲ φυλάττεσθαι τοῦτο ποιεῖν ἐν τῷ συναναπαύεσθαι καὶ συγκαθεύδειν. ἡ μὲν γὰρ ὠδίνουσα καὶ δυσφοροῦσα πρὸς τοὺς κατακλίνοντας αὐτὴν ἔλεγε 'πῶς δ' ἂν ἡ κλίνη ταῦτα θεραπεύσειεν οἷς ἐπὶ τῆς κλίνης περιέπεσον'; ἃς δ' ἡ κλίνη γεννᾷ διαφορὰς καὶ λοιδορίας καὶ ὀργάς, οὐ ῥᾴδιόν ἐστιν ἐν ἄλλῳ τόπῳ καὶ χρόνῳ διαλυθῆναι.

40. Ἡ Ἑρμιόνη δοκεῖ τι λέγειν ἀληθὲς λέγουσα
'κακῶν γυναικῶν εἴσοδοί μ' ἀπώλεσαν'.

τοῦτο δ' οὐχ ἁπλῶς γιγνόμενόν ἐστιν, ἀλλ' ὅταν αἱ πρὸς τοὺς ἄνδρας διαφοραὶ καὶ ζηλοτυπίαι ταῖς τοιαύταις γυναιξὶ μὴ τὰς θύρας μόνον ἀλλὰ καὶ τὰς ἀκοὰς ἀνοίγωσι. τότ' οὖν δεῖ μάλιστα τὴν νοῦν ἔχουσαν ἀποκλείειν τὰ ὦτα καὶ φυλάττεσθαι τὸν ψιθυρισμόν, ἵνα μὴ πῦρ ἐπὶ πῦρ γένηται, καὶ πρόχειρον ἔχειν τὸ τοῦ Φιλίππου. λέγεται γὰρ ἐκεῖνος ὑπὸ τῶν φίλων παροξυνόμενος ἐπὶ τοὺς Ἕλληνας ὡς εὖ πάσχοντας καὶ κακῶς αὐτὸν λέγοντας εἰπεῖν 'τί οὖν, ἂν κακῶς ποιῶμεν αὐτούς'; ὅταν οὖν αἱ διαβάλλουσαι λέγωσιν ὅτι 'λυπεῖ σε φιλοῦσαν ὁ ἀνὴρ καὶ σωφρονοῦσαν', 'τί οὖν, ἂν καὶ μισεῖν αὐτὸν ἄρξωμαι καὶ ἀδικεῖν;'

41. Ὁ τὸν δραπέτην ἰδὼν διὰ χρόνου καὶ διώκων, ὡς κατέφυγε φθάσας εἰς μυλῶνα, 'ποῦ δ' ἂν' ἔφη 'σὲ μᾶλλον

‘Schlichten will ich ihr bitteres Streiten,
Wenn ich zum Lager sie führe, sich dort in Liebe zu einen.’

39. Immer und überall müssen Mann und Frau vermeiden, einander zu verletzen, besonders aber müssen sie sich davor hüten, wenn sie beieinander ruhen und schlafen. Eine Frau in Wehen, der es sehr schlecht ging, sagte zu denen, die sie auf ein Bett legen wollten: „Wie sollte das Bett dem abhelfen können, was mir auf dem Bett zustieß?“ Aber Uneinigkeit, Schmähungen und Zornesausbrüche, die ihren Ursprung im Bett haben, sind wirklich nicht leicht an anderem Orte und zu anderer Zeit zu schlichten.

40. Hermione hat recht mit ihrem Wort:
‘Besuche böser Weiber waren mein Verderb.’

Ein solcher Fall tritt aber nicht ohne weiteres ein, sondern nur, wenn Streit mit den Männern und Eifersucht solchen Weibern nicht nur die Tür, sondern auch das Gehör öffnen. Dann muß eine verständige Frau ihre Ohren besonders fest schließen und sich vor Einflüsterungen hüten, damit sich nicht Feuer mit Feuer verbinde, und sich einen Ausspruch Philipps von Makedonien vorhalten. Dieser, so heißt es, wurde von seinen Freunden gegen die Griechen aufgereizt; sie sagten, er behandle sie gut und sie beschimpften ihn dafür; da sagte er: „Und was wird geschehen, wenn wir sie schlecht behandeln?“ Wenn nun die Verleumderinnen sagen: „Dein Mann tut dir, einer liebevollen und verständigen Frau, weh“, dann soll eine solche Frau sagen: „Und was wird geschehen, wenn auch ich anfange zu hassen und Unrecht zu tun?“

41. Ein Mann sah einen seiner Sklaven, der vor langer Zeit entlaufen war, und verfolgte ihn; als es dem Sklaven

*γαμικὰ παραγγέλματα*

εὑρεῖν ἐβουλήθην ἢ ἐνταῦθα;' γυνὴ τοίνυν διὰ ζηλοτυπίαν ἀπόλειψιν γράφουσα καὶ χαλεπῶς ἔχουσα λεγέτω πρὸς ἑαυτήν 'ποῦ δ' ἂν ἡ ζηλοῦσά με μᾶλλον ἠσθείη θεασαμένη καὶ τί ποιοῦσαν ἢ λυπουμένην καὶ στασιάζουσαν πρὸς τὸν ἄνδρα καὶ τὸν οἶκον αὐτὴν καὶ τὸν θάλαμον προϊεμένην';

42. Ἀθηναῖοι τρεῖς ἀρότους ἱεροὺς ἄγουσι, πρῶτον ἐπὶ Σκίρῳ, τοῦ παλαιοτάτου τῶν σπόρων ὑπόμνημα, δεύτερον ἐν τῇ Ῥαρίᾳ, τρίτον ὑπὸ πόλιν τὸν καλούμενον Βουζύγιον. τούτων δὲ πάντων ἱερώτατός ἐστιν ὁ γαμήλιος σπόρος καὶ ἄροτος ἐπὶ παίδων τεκνώσει· καὶ καλῶς τὴν Ἀφροδίτην ὁ Σοφοκλῆς 'εὔκαρπον Κυθέρειαν' προσηγόρευσε. διὸ δεῖ μάλιστα τούτῳ χρῆσθαι μετ' εὐλαβείας τὸν ἄνδρα καὶ τὴν γυναῖκα τῶν ἀνιέρων καὶ παρανόμων πρὸς ἑτέρους ἁγνεύοντας ὁμιλιῶν, καὶ μὴ σπείροντας ἐξ ὧν οὐδὲν αὐτοῖς φύεσθαι θέλουσιν ἀλλὰ κἂν γένηται καρπὸς αἰσχύνονται καὶ ἀποκρύπτουσι.

43. Γοργίου τοῦ ῥήτορος ἀναγνόντος ἐν Ὀλυμπίᾳ λόγον περὶ ὁμονοίας τοῖς Ἕλλησιν ὁ Μελάνθιος 'οὗτος ἡμῖν' ἔφη 'συμβουλεύει περὶ ὁμονοίας, ὃς αὐτὸν καὶ τὴν γυναῖκα καὶ τὴν θεράπαιναν ἰδίᾳ τρεῖς ὄντας ὁμονοεῖν οὐ πέπεικεν;' ἦν γὰρ ὡς ἔοικέ τις ἔρως τοῦ Γοργίου καὶ ζηλοτυπία τῆς γυναικὸς πρὸς τὸ θεραπαινίδιον. εὖ τοίνυν ἡρμοσμένον τὸν οἶκον εἶναι δεῖ τῷ μέλλοντι ἁρμόζεσθαι πόλιν καὶ ἀγορὰν καὶ φίλους· μᾶλλον γὰρ ἔοικε τὰ τῶν γυναικῶν ἢ τὰ πρὸς γυναῖκας ἁμαρτήματα λανθάνειν τοὺς πολλούς.

gelang, in eine Mühle zu fliehen, sagte er: „Wo hätte ich dich lieber finden wollen als da?" So soll eine Frau, die aus Eifersucht einen Scheidebrief schreiben will und sich in schlimmer Lage befindet, bei sich sagen: „Wo und bei welchem Tun würde meine Nebenbuhlerin mich mit größerer Freude erblicken als bekümmert, zerfallen mit dem Mann und selbst Familie und Ehebund preisgebend?"

42. Die Athener führen drei heilige Pflügungen aus, die erste bei Skiros zur Erinnerung an die älteste Aussaat, die zweite auf dem Rarischen Felde, die dritte unterhalb der Burg auf dem Buzygion. Heiliger als alle diese ist Aussaat und Zeugung der Ehe zur Kindergewinnung, und schön hat Sophokles die Aphrodite 'fruchtbare Herrin von Kythera' genannt. Darum müssen Mann und Frau mit besonderer Vorsicht diesen Weg gehen und sich rein halten von unkeuschem und verbotenem Verkehr mit andern und nicht dort säen, wo sie sich keinen Nachwuchs wünschen und wo sie Früchte, wenn sie sich einstellen, beschämt verbergen.

43. Als der Redner Gorgias in Olympia den Griechen seine Rede über die Einigkeit vorgelesen hatte, sagte Melanthios: „Dieser Mann will uns Ratschläge über Einigkeit geben, und doch hat er sich selbst, seine Frau und seine Magd, drei Menschen ganz unter sich, nicht zur Einigkeit überreden können." Denn es scheint, daß eine Liebschaft des Gorgias mit der jungen Magd bestand und die Frau auf sie eifersüchtig war. So muß denn das Haus eines Mannes, der eine Stadt, eine Versammlung oder Freunde sich gefügig machen will, wohlgefügt sein, denn offenbar bleiben der Menge die Fehler der Frauen leichter verborgen als die Fehler gegen die Frauen.

44. Εἰ καθάπερ τὸν αἴλουρον ὀσμῇ μύρων ἐκταράττεσθαι καὶ μαίνεσθαι λέγουσιν, οὕτω τὰς γυναῖκας ἀγριαίνειν καὶ παραφρονεῖν ὑπὸ μύρων συνέβαινε, δεινὸν ἦν μὴ ἀπέχεσθαι μύρου τοὺς ἄνδρας, ἀλλὰ δι' ἡδονὴν αὐτῶν βραχεῖαν οὕτω κακουμένας περιορᾶν. ἐπεὶ τοίνυν ταῦτα πάσχουσιν οὐ μυριζομένων τῶν ἀνδρῶν ἀλλὰ συγγιγνομένων ἑτέραις, ἄδικόν ἐστιν ἡδονῆς ἕνεκα μικρᾶς ἐπὶ τοσοῦτο λυπεῖν καὶ συνταράττειν τὰς γυναῖκας καὶ μή, καθάπερ ταῖς μελίτταις (ὅτι δοκοῦσι δυσχεραίνειν καὶ μάχεσθαι τοῖς μετὰ γυναικῶν γενομένοις), ἁγνοὺς καὶ καθαρεύοντας ἑτέρων συνουσίας προσιέναι ταῖς γυναιξίν.

45. Οἱ προσιόντες ἐλέφασιν ἐσθῆτα λαμπρὰν οὐ λαμβάνουσιν οὐδὲ φοινικίδας οἱ ταύροις· διαγριαίνεται γὰρ ὑπὸ τῶν χρωμάτων τούτων μάλιστα τὰ ζῷα· τὰς δὲ τίγρεις φασὶ περιτυμπανιζομένας ἐκμαίνεσθαι παντάπασι καὶ διασπᾶν ἑαυτάς. ἐπεὶ τοίνυν καὶ τῶν ἀνδρῶν οἱ μὲν ἐσθῆτας κοκκίνας καὶ πορφυρᾶς ὁρῶντες δυσανασχετοῦσιν, οἱ δὲ κυμβάλοις καὶ τυμπάνοις ἄχθονται, τί δεινὸν ἀπέχεσθαι τούτων τὰς γυναῖκας καὶ μὴ ταράττειν μηδὲ παροξύνειν τοὺς ἄνδρας, ἀλλὰ συνεῖναι μετ' εὐσταθείας καὶ πραότητος;

46. Γυνή τις πρὸς τὸν Φίλιππον ἄκουσαν ἐφελκόμενον αὐτὴν 'ἄφες μ' εἶπε· 'πᾶσα γυνὴ τοῦ λύχνου ἀρθέντος ἡ αὐτή ἐστι'. τοῦτο πρὸς τοὺς μοιχικοὺς καὶ ἀκολάστους εἴρηται καλῶς, τὴν δὲ γαμετὴν δεῖ μάλιστα τοῦ φωτὸς ἀρθέντος εἶναι μὴ τὴν αὐτὴν ταῖς τυχούσαις γυναιξίν, ἀλλὰ φαίνεσθαι τοῦ σώματος μὴ βλεπομένου τὸ σῶφρον αὐτῆς καὶ ἴδιον τῷ ἀνδρὶ καὶ τὸ τεταγμένον καὶ φιλόστοργον.

44. Wenn die Frauen durch Myrrhenöl so wild und wahnsinnig würden wie die Katzen durch seinen Geruch in Verstörtheit und Raserei geraten sollen, dann wäre es unerhört, wenn die Männer nicht auf Myrrhenöl verzichteten, sondern um einer so kurzen Lust willen die Frauen ruhig sich quälen ließen. Da ihnen dies jedoch nicht widerfährt, wenn die Männer Myrrhenöl gebrauchen, sondern wenn sie mit andern Frauen umgehen, so ist es ein Unrecht, einer geringen Lust wegen die Frauen so sehr zu bekümmern und zu verstören und sich nicht keusch und ohne den Umgang anderer Frauen den eigenen zu nähern wie den Bienen; denn diese kämpfen offenbar aufgebracht mit denjenigen, die mit Frauen Umgang gehabt haben.

45. Wer zu einem Elefanten geht, der zieht kein weißes Kleid an, und wer zu einem Stier geht, kein rotes, denn von diesen Farben werden diese Tiere besonders gereizt. Vom Tiger heißt es, daß er, von Paukenklängen umtönt, völlig der Raserei verfällt und sich selbst zerfleischt. Da nun auch einige Männer beim Anblick scharlach- und purpurroter Kleider ungehalten werden, und andere sich über Zymbal- und Paukentöne ärgern, ist es da so viel verlangt, daß die Frauen darauf verzichten und die Männer nicht verstören und erbittern, sondern in Ruhe und Sanftmut mit ihnen zusammenleben?

46. Eine Frau sagte zu Philipp, der sie wider ihren Willen an sich ziehen wollte: „Laß mich los; eine Frau ist wie die andere, sobald das Licht gelöscht ist." Dies ist ein schönes Wort für Ehebrecher und unbeherrschte Männer; die Ehefrau dagegen darf vor allem, wenn das Licht gelöscht ist, nicht der ersten besten Frau gleichen, sondern, wenn man ihren Leib nicht sieht, muß ihr Verstand, ihr persönlicher

*γαμικὰ παραγγέλματα*

47. Ὁ Πλάτων τοῖς πρεσβύταις μᾶλλον παρήνει αἰσχύνεσθαι τοὺς νέους, ἵνα κἀκεῖνοι πρὸς αὐτοὺς αἰδημόνως ἔχωσιν·
ὅπου γὰρ ἀναισχυντοῦσι γέροντες, οὐδεμίαν αἰδῶ τοῖς νέοις
οὐδ᾽ εὐλάβειαν ἐγγίγνεσθαι. τούτου δεῖ μεμνημένον τὸν ἄνδρα
μηδένα μᾶλλον αἰδεῖσθαι τῆς γυναικός, ὡς τὸν θάλαμον αὐτῇ
διδασκαλεῖον εὐταξίας ἢ ἀκολασίας γενησόμενον· ὁ δὲ τῶν
αὐτῶν ἡδονῶν αὐτὸς μὲν ἀπολαύων ἐκείνην δ᾽ ἀποτρέπων
οὐδὲν διαφέρει τοῦ κελεύοντος διαμάχεσθαι τὴν γυναῖκα πρὸς
τοὺς πολεμίους, οἷς αὐτὸς ἑαυτὸν παρέδωκε.

48. Περὶ δὲ φιλοκοσμίας σὺ μέν, ὦ Εὐρυδίκη, τὰ πρὸς
Ἀρίστυλλαν ὑπὸ Τιμοξένας γεγραμμένα ἀναγνοῦσα πειρῶ
διαμνημονεύειν· σὺ δέ, ὦ Πολλιανέ, μὴ νόμιζε περιεργίας
ἀφέξεσθαι τὴν γυναῖκα καὶ πολυτελείας, ἂν ὁρᾷ σε μὴ κατα-
φρονοῦντα τούτων ἐν ἑτέροις, ἀλλὰ καὶ χαίροντα χρυσώσεσιν
ἐκπωμάτων καὶ γραφαῖς οἰκηματίων καὶ χλιδῶσιν ἡμιόνων
καὶ ἵππων περιδεραίοις. οὐ γὰρ ἔστιν ἐξελάσαι τῆς γυναι-
κωνίτιδος ἐν μέσῃ τῇ ἀνδρωνίτιδι τὴν πολυτέλειαν ἀναστρε-
φομένην.
.

Καὶ σὺ μὲν ὥραν ἔχων ἤδη φιλοσοφεῖν τοῖς μετ᾽ ἀποδεί-
ξεως καὶ κατασκευῆς λεγομένοις ἐπικόσμει τὸ ἦθος, ἐντυγχά-
νων καὶ πλησιάζων τοῖς ὠφελοῦσι· τῇ δὲ γυναικὶ πανταχόθεν
τὸ χρήσιμον συνάγων ὥσπερ αἱ μέλιτται καὶ φέρων αὐτὸς ἐν
σεαυτῷ μεταδίδου καὶ προσδιαλέγου, φίλους αὐτῇ ποιῶν καὶ
συνήθεις τῶν λόγων τοὺς ἀρίστους. πατὴρ μὲν γάρ ‘ἔσσι’
αὐτῇ ‘καὶ πότνια μήτηρ ἠδὲ κασίγνητος’· οὐχ ἧττον δὲ

38

Wert für ihren Mann, ihre Zucht und ihre Liebe in Erscheinung treten.

47. Platon riet den alten Männern, sich mehr vor den jungen zu schämen, damit auch diese sich mit größerer Scheu gegen sie verhielten, denn wo Greise schamlos seien, da entstehe auch bei den jungen Leuten weder Scheu noch Vorsicht. Hieran muß der Mann denken und niemanden mehr scheuen als seine Frau, denn das Ehegemach kann ihr zu einer Schule der Gesittung, aber auch der Unbeherrschtheit werden. Wer aber sein Weib an den Freuden, die er selbst genießt, zu hindern sucht, der ist wie einer, der seiner Frau befiehlt, den Kampf gegen die Feinde durchzuhalten, denen er selbst sich ergeben hat.

48. Was die Liebe zum Putz betrifft, Eurydike, so lies und versuche zu beherzigen, was Timoxena darüber an Aristylla geschrieben hat; du aber, Pollianus, denke nicht, daß deine Frau auf Neugier und Verschwendung verzichten wird, wenn sie sieht, daß du bei andern Frauen diese Züge nicht verachtest, sondern dich sogar an vergoldeten Bechern, gemalten Zimmern und an üppigem Halsschmuck von Pferden und Mauleseln freust. Denn wenn die Verschwendung mitten in den Männergemächern ihr Wesen treibt, kann man sie aus denen der Frauen schlecht vertreiben.

Du bist schon reif für die Philosophie; so schmücke denn dein Wesen durch Reden, die auf Beweis und Überlegung aufbauen, und begib dich dazu in den vertrauten Verkehr derer, die dich dabei fördern können; trage aber für deine Frau wie die Bienen von überall her das Nutzbringende zusammen, bringe es ihr, teile es ihr in dir selbst mit und sprich dazu mit ihr; mache ihr so die besten Worte lieb

## γαμικὰ παραγγέλματα

σεμνὸν ἀκοῦσαι γαμετῆς λεγούσης 'ἄνερ, 'ἀτὰρ σύ μοί ἐσσι' καθηγητὴς καὶ φιλόσοφος καὶ διδάσκαλος τῶν καλλίστων καὶ θειοτάτων'. τὰ δὲ τοιαῦτα μαθήματα πρῶτον ἀφίστησι τῶν ἀτόπων τὰς γυναῖκας· αἰσχυνθήσεται γὰρ ὀρχεῖσθαι γυνὴ γεωμετρεῖν μανθάνουσα, καὶ φαρμάκων ἐπῳδὰς οὐ προσδέξεται τοῖς Πλάτωνος ἐπᾳδομένη λόγοις καὶ τοῖς Ξενοφῶντος. ἂν δέ τις ἐπαγγέλληται καθαιρεῖν τὴν σελήνην, γελάσεται τὴν ἀμαθίαν καὶ τὴν ἀβελτερίαν τῶν ταῦτα πειθομένων γυναικῶν, ἀστρολογίας μὴ ἀνηκόως ἔχουσα καὶ περὶ Ἀγλαονίκης ἀκηκουῖα τῆς Ἡγήτορος τοῦ Θεσσαλοῦ θυγατρὸς ὅτι τῶν ἐκλειπτικῶν ἔμπειρος οὖσα πανσελήνων καὶ προειδυῖα τὸν χρόνον, ἐν ᾧ συμβαίνει τὴν σελήνην ὑπὸ τῆς σκιᾶς ἁλίσκεσθαι, παρεκρούετο καὶ συνέπειθε τὰς γυναῖκας ὡς αὐτὴ καθαιροῦσα τὴν σελήνην. παιδίον μὲν γὰρ οὐδεμία ποτὲ λέγεται ποιῆσαι δίχα κοινωνίας ἀνδρός, τὰ δ' ἄμορφα κυήματα καὶ σαρκοειδῆ καὶ σύστασιν ἐν ἑαυτοῖς ἐκ διαφθορᾶς λαμβάνοντα μύλας καλοῦσι. τοῦτο δὴ φυλακτέον ἐν ταῖς ψυχαῖς γίγνεσθαι τῶν γυναικῶν· ἂν γὰρ λόγων χρηστῶν σπέρματα μὴ δέχωνται μηδὲ κοινωνῶσι παιδείας τοῖς ἀνδράσιν, αὐταὶ καθ' αὑτὰς ἄτοπα πολλὰ καὶ φαῦλα βουλεύματα καὶ πάθη κύουσι. σὺ δ' ὦ Εὐρυδίκη μάλιστα πειρῶ τοῖς τῶν σοφῶν καὶ ἀγαθῶν ἀποφθέγμασιν ὁμιλεῖν καὶ διὰ στόματος ἀεὶ τὰς φωνὰς ἔχειν ἐκείνας ὧν καὶ παρθένος οὖσα παρ' ἡμῖν ἀνελάμβανες, ὅπως εὐφραίνῃς μὲν τὸν ἄνδρα, θαυμάζῃ δ' ὑπὸ τῶν ἄλλων γυναικῶν, οὕτω κοσμουμένη περιττῶς καὶ σεμνῶς ἀπὸ μηδενός. τοὺς μὲν γὰρ τῆσδε τῆς πλουσίας μαργαρίτας καὶ τὰ τῆσδε τῆς ξένης σηρικὰ λαβεῖν οὐκ ἔστιν οὐδὲ περιθέσθαι μὴ πολλοῦ πριαμένην, τὰ δὲ Θεανοῦς κόσμια καὶ Κλεοβουλίνης καὶ Γοργοῦς τῆς Λεωνίδου γυναικὸς καὶ Τιμοκλείας τῆς Θεογένους ἀδελφῆς καὶ Κλαυδίας τῆς παλαιᾶς καὶ Κορνηλίας τῆς Σκιπίωνος καὶ ὅσαι ἐγένοντο

und vertraut. Denn 'Vater' bist du ihr 'und herrliche Mutter, Bruder auch'; nicht weniger ehrwürdig aber ist es,
wenn die Frau sagt: 'Mann, du bist mir Führer, Philosoph
und Lehrer des Schönen und Göttlichen.' Solche Lehrer
halten in erster Linie Weiber von Geschmacklosigkeiten
fern; eine Frau, die sich mit Geometrie beschäftigt, wird
sich schämen zu tanzen, und sie wird keine Zaubergesänge
zulassen, wenn sie von Platon und Xenophons Worten bezaubert ist. Wenn aber ein Frau sich erbietet, den Mond
vom Himmel herabzuholen, wird sie über den Mangel an
Bildung und die Dummheit der Frauen, die daran glauben,
lachen; denn von Sternkunde hat sie wohl gehört und
weiß, daß Aglaonike, die Tochter des Thessaliers Hegetor,
in Kenntnis der totalen Mondfinsternisse und in Voraus-
sicht der Zeit, in der der Schatten den Mond erreichen
würde, die andern Weiber täuschte und überredete, sie hole
den Mond vom Himmel herab. Es heißt, ein Weib habe
nie ein Kind geboren ohne Gemeinschaft mit einem Manne;
Mißgeburt aber nennt man eine ungestalte, fleischige und
ganz den Zustand des Verderbens vertretende Leibesfrucht.
Solche dürfen nicht in den Seelen der Weiber entstehen.
Wenn sie nämlich die Saat guter Worte nicht annehmen und
an der Bildung der Männer nicht teilhaben, dann gehen
sie für sich mit vielen ungereimten und schlechten Plänen
und Taten schwanger. Du aber, Eurydike, versuche vor
allem mit den Aussprüchen weiser und guter Menschen
umzugehen und immer jene Worte im Munde zu führen,
von denen du auch als Jungfrau einige durch uns erhalten
hast; dann wirst du deinen Mann erfreuen und die andern
Frauen werden dich bewundern, weil du so reichlich und
herrlich ohne alle Unkosten geschmückt bist. Denn die

θαυμασταὶ καὶ περιβόητοι, ταῦτα δ' ἔξεστι περικειμένην προῖκα καὶ κοσμουμένην αὐτοῖς ἐνδόξως ἅμα βιοῦν καὶ μακαρίως. εἰ γὰρ ἡ Σαπφὼ διὰ τὴν ἐν τοῖς μέλεσι καλλιγραφίαν ἐφρόνει τηλικοῦτον ὥστε γράψαι πρός τινα πλουσίαν

ʽκατθάνοισα δὲ κείσεαι, οὐδέ τις μναμοσύνα σέθεν
ἔσεται· οὐ γὰρ πεδέχεις ῥόδων
τῶν ἐκ Πιερίας᾽,

πῶς οὐχί σοι μᾶλλον ἐξέσται μέγα φρονεῖν ἐφ' ἑαυτῇ καὶ λαμπρόν, ἂν μὴ τῶν ῥόδων ἀλλὰ καὶ τῶν καρπῶν μετέχῃς, ὧν αἱ Μοῦσαι φέρουσι καὶ χαρίζονται τοῖς παιδείαν καὶ φιλοσοφίαν θαυμάζουσιν;

## ΠΑΡΑΜΥΘΗΤΙΚΟΣ ΠΡΟΣ ΤΗΝ ΓΥΝΑΙΚΑ

Πλούταρχος τῇ γυναικὶ εὖ πράττειν.

Ὃν ἔπεμψας ἀπαγγελοῦντα περὶ τῆς τοῦ παιδίου τελευτῆς, ἔοικε διημαρτηκέναι καθ' ὁδὸν εἰς Ἀθήνας πορευόμενος· ἐγὼ δ' εἰς Τάναγραν ἐλθὼν ἐπυθόμην παρὰ τῆς θυγατριδῆς. τὰ μὲν οὖν περὶ τὴν ταφὴν ἤδη νομίζω γεγονέναι, γεγονότα δ' ἐχέτω ὥς σοι μέλλει καὶ νῦν ἀλυπότατα καὶ πρὸς τὸ λοιπὸν ἕξειν. εἰ δέ τι βουλομένη μὴ πεποίηκας ἀλλὰ μένεις τὴν ἐμὴν γνώμην, οἴει δὲ κουφότερον οἴσειν γενομένου, καὶ τοῦτ᾽

Perlen einer reichen Frau und die Seide einer Ausländerin kann man ohne viel Geld nicht kaufen oder anlegen; aber den Schmuck der Theano, der Kleobulina, der Gorgo, Leonidas' Frau, der Timokleia, Theogenes' Schwester, der alten Claudia, der Cornelia, Scipios Tochter, und aller derer, die bewundert und berühmt waren, kann man sich kostenlos anlegen und so geschmückt, ruhmvoll und zugleich glückselig leben. Denn wenn Sappho wegen der herrlichen Verse ihrer Lieder so stolz war, daß sie einer reichen Frau schrieb:

'Ruhen wirst du im Tode, doch keine Erinnerung wird Bleiben, denn nicht sind dir Pieriens            [von dir Rosen je ein Besitz',

wie darfst du da nicht ganz besonders stolz sein, wenn du nicht nur die Rosen, sondern auch die Früchte besitzest, die die Musen ernten und denen schenken, die Bildung und Philosophie bewundern?

## TROSTSCHRIFT AN DIE GATTIN

Plutarch wünscht seiner Frau Wohlergehen.

Der Mann, den du mir gesandt hast, um mir den Tod unseres Kindes zu melden, scheint mich während seiner Reise nach Athen auf dem Wege verfehlt zu haben; so erhielt ich die Nachricht von der Enkelin, als ich nach Tanagra kam. Ich vermute, daß das Begräbnis schon stattgefunden hat; ist das der Fall, so möge es sich damit verhalten, wie es dir jetzt und in der Folgezeit am wenigsten

ἔσται δίχα πάσης περιεργίας καὶ δεισιδαιμονίας, ὧν ἥκιστά σοι μέτεστι.

Μόνον, ὦ γύναι, τήρει κἀμὲ τῷ πάθει καὶ σεαυτὴν ἐπὶ τοῦ καθεστῶτος. ἐγὼ γὰρ αὐτὸς μὲν οἶδα καὶ ὁρίζω τὸ συμβεβηκὸς ἡλίκον ἐστίν· ἂν δέ σε τῷ δυσφορεῖν ὑπερβάλλουσαν εὕρω, τοῦτό μοι μᾶλλον ἐνοχλήσει τοῦ γεγονότος. καίτοι οὐδ' αὐτός 'ἀπὸ δρυὸς οὐδ' ἀπὸ πέτρης' ἐγενόμην· οἶσθα δὲ καὶ αὐτὴ τοσούτων μοι τέκνων ἀνατροφῆς κοινωνήσασα, πάντων ἐκτεθραμμένων οἴκοι δι' αὐτῶν ἡμῶν, τοῦτο δέ, ὅτι καὶ σοὶ ποθούσῃ θυγάτηρ μετὰ τέσσαρας υἱοὺς ἐγεννήθη κἀμοὶ τὸ σὸν ὄνομα θέσθαι παρέσχεν ἀφορμήν, οἶδ' ἀγαπητὸν διαφερόντως γενόμενον. πρόσεστι δὲ καὶ δριμύτης ἰδία τις τῷ πρὸς τὰ τηλικαῦτα φιλοστόργῳ τὸ εὐφραῖνον αὐτῶν καθαρόν τε ὂν ἀτεχνῶς καὶ πάσης ἀμιγὲς ὀργῆς καὶ μέμψεως. αὕτη δὲ καὶ φύσει θαυμαστὴν ἔσχεν εὐκολίαν καὶ πραότητα, καὶ τὸ ἀντιφιλοῦν καὶ χαριζόμενον αὐτῆς ἡδονὴν ἅμα καὶ κατανόησιν τοῦ φιλανθρώπου παρεῖχεν· οὐ γὰρ μόνον βρέφεσιν ἄλλοις ἀλλὰ καὶ σκεύεσιν, οἷς ἐτέρπετο, καὶ παιγνίοις ἐκέλευε τὴν τίτθην διδόναι καὶ προσεκαλεῖτο καθάπερ πρὸς τράπεζαν ἰδίαν ὑπὸ φιλανθρωπίας, μεταδιδοῦσα τῶν καλῶν ὧν εἶχε καὶ τὰ ἥδιστα κοινουμένη τοῖς εὐφραίνουσιν αὐτήν.

'Αλλ' οὐχ ὁρῶ, γύναι, διὰ τί ταῦτα καὶ τὰ τοιαῦτα ζώσης

Schmerz bereitet. Wenn du aber einen deiner Wünsche
nicht ausgeführt hast, sondern auf meine Meinung wartest
und meinst, du werdest dein Geschick leichter ertragen,
wenn er erst erfüllt ist, so soll auch dies stattfinden ohne
allen unnötigen Eifer und Aberglauben, denn das entspricht deiner Art nicht.

Nur, liebe Frau, bewahre mich und dich bei diesem Leide
in Gefaßtheit! Denn ich selbst weiß und kann beurteilen,
wie groß dein Unglück ist; wenn ich dich aber maßlosem
Kummer hingegeben finde, so wird mich das schwerer bekümmern als das Geschehnis selbst. Und doch stamme auch
ich 'nicht von der Eiche oder vom Felsen'; das weißt du
ja selbst. Hast du dich doch mit mir in die Erziehung so
vieler Kinder geteilt, die alle durch uns selbst zu Hause auf-
gezogen worden sind; und ich weiß, wie besonders lieb es
dir gewesen ist, deinem Wunsch entsprechend nach vier
Söhnen eine Tochter zu bekommen, die mir Gelegenheit
bot, ihr deinen Namen zu geben. Auch liegt noch ein Anlaß zu besonders herbem Schmerz bei denen vor, die so
kleine Kinder lieben; das ist die wirklich reine Freude, un-
getrübt durch irgendeine Art von Zorn und Tadel, die sie
erregen. Dieses Kind aber hatte von Natur eine bewundernswerte Leichtigkeit und Sanftmut, und sein Liebe erwidern-
des, freundliches Wesen erregte Freude und ließ zugleich
ein warmes Herz erkennen; denn nicht nur andern kleinen
Kindern, sondern auch Geräten, die es erfreuten, und dem
Spielzeug wollte es die Brust geben lassen und rief sie aus
warmem Herzen gewissermaßen an den eigenen Tisch, gab
ihnen Anteil an dem Guten, das es hatte, und teilte das
Angenehmste mit denen, die es erfreuten.

Ich sehe aber nicht ein, liebe Frau, warum dies und Ähn-

*παραμυθητικὸς πρὸς τὴν γυναῖκα*

μὲν ἔτερπεν ἡμᾶς νυνὶ δ' ἀνιάσει καὶ συνταράξει λαμβάνοντας ἐπίνοιαν αὐτῶν. ἀλλὰ καὶ δέδια πάλιν, μὴ συνεκβάλωμεν τῷ λυποῦντι τὴν μνήμην, ὥσπερ ἡ Κλυμένη λέγουσα

'μισῶ δ' ἀγκύλον
τόξον κρανείας, γυμνάσιά τ' οἴχοιτ' ἀεί'

φεύγουσα καὶ τρέμουσα τὴν ὑπόμνησιν τοῦ παιδός, ὅτι συμπαροῦσαν λύπην εἶχε· πᾶν γὰρ ἡ φύσις φεύγει τὸ δυσχεραινόμενον. δεῖ δέ, ὥσπερ αὐτὴ πάντων ἥδιστον ἡμῖν ἄσπασμα καὶ θέαμα καὶ ἄκουσμα παρεῖχεν ἑαυτήν, οὕτω καὶ τὴν ἐπίνοιαν αὐτῆς ἐνδιαιτᾶσθαι καὶ συμβιοῦν ἡμῖν πλέον ἔχουσαν μᾶλλον δὲ πολλαπλάσιον τὸ εὐφραῖνον ἢ τὸ λυποῦν· εἴπερ ἄρα τι τῶν λόγων, οὓς πολλάκις εἰρήκαμεν πρὸς ἑτέρους, εἰκός ἐστι καὶ ἡμῖν ὄφελος ἐν καιρῷ γενέσθαι, καὶ μὴ καθῆσθαι μηδ' ἐγκεκλεῖσθαι πολλαπλασίας ταῖς ἡδοναῖς ἐκείναις λύπας ἀνταποδιδόντας.

Καὶ τοῦτο λέγουσιν οἱ παραγενόμενοι καὶ θαυμάζουσιν, ὡς οὐδ' ἱμάτιον ἀνείληφας πένθιμον οὐδὲ σαυτῇ τινα προσήγαγες ἢ θεραπαινίσιν ἀμορφίαν καὶ αἰκίαν, οὐδ' ἦν παρασκευὴ πολυτελείας πανηγυρικῆς περὶ τὴν ταφήν, ἀλλ' ἐπράττετο κοσμίως πάντα καὶ σιωπῇ μετὰ τῶν ἀναγκαίων. ἐγὼ δὲ τοῦτο μὲν οὐκ ἐθαύμαζον, εἰ μηδέποτε καλλωπισαμένη περὶ θέατρον ἢ πομπὴν ἀλλὰ καὶ πρὸς ἡδονὰς ἄχρηστον ἡγησαμένη τὴν πολυτέλειαν ἐν τοῖς σκυθρωποῖς διεφύλαξας τὸ ἀφελὲς καὶ λιτόν· οὐ γάρ 'ἐν βακχεύμασι' δεῖ μόνον τὴν σώφρονα μένειν ἀδιάφθορον, ἀλλὰ μηδὲν ἧττον οἴεσθαι τὸν

liches, was uns zu unserer Tochter Lebzeiten erfreut hat, jetzt, wenn wir daran denken, uns betrüben und verstören soll. Ich fürchte sogar ganz im Gegenteil, daß wir mit dem, was uns bekümmert, auch die Erinnerung verbannen, wie Klymene, wenn sie sagt:

> 'Ich hasse
> Den krummen Kirschholzbogen; wenn auf immer doch
> Des Ringkampfs Stätten schwänden!'

So flüchtete und erbebte sie beständig vor der Erinnerung an den Sohn, weil mit ihr zugleich der Schmerz auftauchte; denn unsere Natur flieht alles, was bekümmert. Aber wie unsere Tochter selbst sich als willkommenste Freude unseren Augen und Ohren darbot, so muß auch die Erinnerung an sie bei uns weilen und wohnen, und die Freude über sie muß größer, ja vielmal größer sein als der Schmerz. Denn es ist nur billig, daß die Worte, die wir andern oft gesagt haben, auch uns bei dieser Gelegenheit von Nutzen sind, und wir dürfen nicht untätig dasitzen und uns einschließen und damit für frühere Freuden vielfache Trauer zurückerstatten.

Augenzeugen erzählen voll Verwunderung, daß du kein Trauergewand angelegt und weder dir noch den Dienerinnen eine Verunstaltung oder Mißhandlung angetan hast; auch war kein auffallender Pomp mit der Trauerfeier verbunden. Alles verlief ordnungsgemäß und schweigend; nichts Notwendiges unterblieb. Ich aber wundere mich nicht darüber, daß die, die sich für eine Aufführung oder einen Festzug niemals geschminkt, sondern auch bei Vergnügungen die Üppigkeit für unnütz gehalten hat, in der Trauer Einfachheit und Schlichtheit bewahrt hat, denn

ἐν πένθεσι σάλον καὶ τὸ κίνημα τοῦ πάθους ἐγκρατείας δεῖσθαι διαμαχομένης οὐ πρὸς τὸ φιλόστοργον, ὡς οἱ πολλοὶ νομίζουσιν, ἀλλὰ πρὸς τὸ ἀκόλαστον τῆς ψυχῆς. τῷ μὲν γὰρ φιλοστόργῳ χαριζόμεθα τὸ ποθεῖν καὶ τὸ τιμᾶν καὶ τὸ μεμνῆσθαι τῶν ἀπογενομένων, ἡ δὲ θρήνων ἄπληστος ἐπιθυμία καὶ πρὸς ὀλοφύρσεις ἐξάγουσα καὶ κοπετοὺς αἰσχρὰ μὲν οὐχ ἧττον τῆς περὶ τὰς ἡδονὰς ἀκρασίας, λόγῳ δὲ συγγνώμης ἔτυχεν, ὅτι τὸ λυπηρὸν αὐτῆς καὶ πικρὸν ἀντὶ τοῦ τερπνοῦ τῷ αἰσχρῷ πρόσεστι. τί γὰρ ἀλογώτερον ἢ τὸ γέλωτος μὲν ὑπερβολὰς καὶ περιχαρείας ἀφαιρεῖν, τοῖς δὲ κλαυθμῶν καὶ ὀδυρμῶν ῥεύμασιν ἐκ μιᾶς πηγῆς φερομένων εἰς ἅπαν ἐφιέναι; καὶ περὶ μύρου μὲν ἐνίους καὶ πορφύρας διαμάχεσθαι ταῖς γυναιξί, κουρὰς δὲ συγχωρεῖν πενθίμους καὶ βαφὰς ἐσθῆτος μελαίνας καὶ καθίσεις ἀμόρφους καὶ κατακλίσεις ἐπιπόνους; καί, ὃ δὴ πάντων ἐστὶ χαλεπώτατον, ἂν οἰκέτας ἢ θεραπαινίδας κολάζωσιν ἀμέτρως καὶ ἀδίκως, ἐνίστασθαι καὶ κωλύειν αὐτάς, ὑφ' ἑαυτῶν δ' ὠμῶς κολαζομένας καὶ πικρῶς περιορᾶν ἐν πάθεσι καὶ τύχαις ῥαστώνης καὶ φιλανθρωπίας δεομέναις;

'Αλλ' ἡμῖν γε, γύναι, πρὸς ἀλλήλους οὔτ' ἐκείνης ἐδέησε τῆς μάχης οὔτε ταύτης οἶμαι δεήσειν. εὐτελείᾳ μὲν γὰρ τῇ περὶ τὸ σῶμα καὶ ἀθρυψίᾳ τῇ περὶ δίαιταν οὐδείς ἐστι τῶν φιλοσόφων, ὃν οὐκ ἐξέπληξας ἐν ὁμιλίᾳ καὶ συνηθείᾳ γενόμενον ἡμῖν, οὐδὲ τῶν πολιτῶν, ᾧ μὴ θέαμα παρέχεις ἐν ἱεροῖς καὶ θυσίαις καὶ θεάτροις τὴν σεαυτῆς ἀφέλειαν. ἤδη δὲ καὶ

nicht nur 'beim Bakchosfeste' muß die gute Frau unver-
dorben bleiben, sondern glauben, daß der Sturm der Trauer
und die Erregung des Leides ebenso einer Beherrschtheit
bedarf, die nicht, wie die Menge glaubt, gegen die Liebe
ankämpft, sondern gegen die Maßlosigkeit der Seele. Denn
der Liebe vergönnen wir Sehnsucht, Verehrung und Gedächtnis der Verschiedenen; die unersättliche Begierde nach
Klagen aber führt zu lautem Jammer und Schlägen und ist
ebenso schmählich wie Maßlosigkeit in der Lust, erhält
aber im Urteil der Allgemeinheit Verzeihung, weil ihre
verletzende und unangenehme Art nicht mit der Freude,
sondern mit dem Leid verbunden ist. Was ist jedoch sinn-
loser, als übermäßiges Gelächter und Freudenausbrüche ein-
zuschränken, den Strom der Tränen und des Jammers aber,
die aus derselben Quelle hervorgehen, für alles zuzulassen?
Wie sinnlos auch, daß einige über Myrrhenöl und Purpur
mit ihren Frauen streiten, aber Abschneiden der Haare zum
Zeichen der Trauer, schwarze Färbung der Kleider, müßi-
ges Dasitzen in Verunstaltung und mühevolles Liegen zulassen und, was das Allerschlimmste ist, wenn sie maßlos
und ungerecht Sklaven und Dienerinnen bestrafen, ihnen
widerstehen und sie daran hindern, wenn sie aber sich
selbst grausam und bitter bestrafen, es dulden, und zwar
bei Erlebnissen und Schicksalen, die der Erleichterung und
menschlicher Wärme bedürfen!

Wir aber, liebe Frau, haben weder jenen Kampf nötig
gehabt noch werden wir, glaube ich, diesen nötig haben.
Denn durch Schlichtheit der Kleidung und Einfachheit der
Lebensweise hast du noch jeden Philosophen, der mit uns
verkehrte und vertraut wurde, erstaunt, und jedem Bürger
hast du bei Gottesdiensten, Opfern und Schauspielen selbst

*παραμυθητικὸς πρὸς τὴν γυναῖκα*

περὶ τὰ τοιαῦτα πολλὴν εὐστάθειαν ἐπεδείξω τὸ πρεσβύτατον τῶν τέκνων ἀποβαλοῦσα καὶ πάλιν ἐκείνου τοῦ καλοῦ Χαίρωνος ἡμᾶς προλιπόντος. μέμνημαι γὰρ ἀπὸ θαλάσσης ξένους μοι συνοδεύσαντας ἀπηγγελμένης τῆς τοῦ παιδίου τελευτῆς καὶ συνελθόντας ἅμα τοῖς ἄλλοις ἐς τὴν οἰκίαν· ἐπεὶ δὲ πολλὴν κατάστασιν ἑώρων καὶ ἡσυχίαν, ὡς ὕστερον διηγοῦντο καὶ πρὸς ἑτέρους, ᾤοντο μηδὲν εἶναι δεινὸν ἀλλὰ κενὸν ἄλλως ἐξενηνέχθαι λόγον· οὕτω σωφρόνως κατεκόσμησας τὸν οἶκον ἐν καιρῷ πολλὴν ἀκοσμίας ἐξουσίαν διδόντι, καίτοι τῷ σεαυτῆς ἐκεῖνον ἐξέθρεψας μαστῷ καὶ τομῆς ἠνέσχου τῆς θηλῆς περιθλασιν λαβούσης· γενναῖα ταῦτα καὶ φιλόστοργα. τὰς δὲ πολλὰς ὁρῶμεν μητέρας, ὅταν ὑπ' ἄλλων τὰ παιδία καθαρθῇ καὶ γανωθῇ, καθάπερ παίγνια λαμβανούσας εἰς χεῖρας, εἶτ' ἀποθανόντων ἐκχεομένας εἰς κενὸν καὶ ἀχάριστον πένθος, οὐχ ὑπ' εὐνοίας (εὐλόγιστον γὰρ εὔνοια καὶ καλόν), ἀλλὰ μικρῷ τῷ φυσικῷ πάθει πολὺ συγκεραννύμενον τὸ πρὸς κενὴν δόξαν ἄγρια ποιεῖ καὶ μανικὰ καὶ δυσεξίλαστα τὰ πένθη. καὶ τοῦτο φαίνεται μὴ λαθεῖν Αἴσωπον· ἔφη γὰρ οὗτος ὅτι τοῦ Διὸς τὰς τιμὰς διανέμοντος τοῖς θεοῖς ᾔτει καὶ τὸ Πένθος. ἔδωκεν οὖν αὐτῷ, παρὰ τοῖς αἱρουμένοις δὲ μόνοις καὶ θέλουσιν. ἐν ἀρχῇ μὲν οὖν οὕτω τοῦτο γινόμενόν ἐστιν· αὐτὸς γὰρ ἕκαστος εἰσάγει τὸ πένθος ἐφ' ἑαυτόν. ὅταν δ' ἱδρυθῇ χρόνῳ καὶ γένηται σύντροφον καὶ σύνοικον, οὐδὲ πάνυ βουλομένων ἀπαλλάττεται. διὸ δεῖ μάχεσθαι περὶ θύρας αὐτῷ καὶ μὴ προΐεσθαι φρουρὰν δι' ἐσθῆτος ἢ κουρᾶς ἤ τινος ἄλλου τῶν τοιούτων, ἃ καθ' ἡμέραν ἀπαντῶντα καὶ δυσωποῦντα μικρὰν καὶ στενὴν καὶ ἀνέξοδον καὶ ἀμείλικτον καὶ ψοφοδεῆ ποιεῖ τὴν διάνοιαν, ὡς οὔτε γέλωτος αὐτῇ μετὸν οὔτε φωτὸς οὔτε φιλανθρώπου τραπέζης τοιαῦτα περικειμένη καὶ μεταχειριζομένη διὰ τὸ πένθος. ἀμέλειαι δὲ σώματος ἕπονται τῷ κακῷ τούτῳ καὶ διαβολαὶ πρὸς ἄλειμμα καὶ λουτρὸν καὶ τὴν

ein Schauspiel durch deine Einfachheit gegeben. Auch hast du bereits bei ähnlichen Schicksalen edle Haltung gezeigt, nämlich als du dein ältestes Kind verlorst, und ein andermal, als unser schöner Chairon uns verließ. Denn ich weiß noch, daß Gäste mit mir von der Küste her unterwegs waren, als der Tod des Kindes gemeldet wurde, und zugleich mit den andern das Haus betraten; als sie aber große Ordnung und Ruhe vorfanden, da meinten sie, wie sie später auch andern erzählten, nichts Schlimmes sei geschehen, sondern ein leeres Gerücht fälschlich verbreitet worden; so verständig hattest du das Haus geordnet in einem Augenblick, der große Unordnung gestattet hätte, und doch hattest du das Kind an deinem Busen ernährt und als die Brust eine Quetschung erlitt, eine Operation ertragen: das war mutig und liebevoll! Bei den meisten Müttern aber sehen wir, daß sie ihre Kinder, wenn sie von andern gesäubert und geputzt sind, wie Spielzeug in die Hand nehmen, und wenn sie dann sterben, sich in leerer und abstoßender Trauer gehen lassen, nicht aus Zuneigung — denn die ist etwas Verständiges und Schönes —, sondern wenn sich mit geringer natürlicher Empfindung eine starke künstliche, aus Eitelkeit hervorgehende paart, so macht das die Trauer wild, rasend und schlecht zu beruhigen. Dies hat wohl auch Äsop gemerkt, denn er sagt, als Zeus die Ehren unter die Götter verteilte, habe auch die Trauer darum gebeten. Zeus gab sie ihr, aber nur bei denen, die sie sich erwählten und haben wollten. Dem entspricht denn auch ihr Anfang: ein jeder führt selbst die Trauer bei sich ein. Wenn sie aber mit der Zeit Fuß gefaßt hat und Tisch- und Hausgenosse geworden ist, dann geht sie nicht mehr, selbst wenn man es sehr wünscht. Deshalb muß man an

*παραμυθητικὸς πρὸς τὴν γυναῖκα*

ἄλλην δίαιταν· ὧν πᾶν τοὐναντίον ἔδει τὴν ψυχὴν πονοῦσαν αὐτὴν βοηθεῖσθαι διὰ τοῦ σώματος ἐρρωμένου. πολὺ γὰρ ἀμβλύνεται καὶ χαλᾶται τοῦ λυποῦντος, ὥσπερ εὐδίᾳ κῦμα, τῇ γαλήνῃ τοῦ σώματος διαχεόμενον, ἐὰν δ' αὐχμὸς ἐγγένηται καὶ τραχύτης ἐκ φαύλης διαίτης καὶ μηδὲν εὐμενὲς μηδὲ χρηστὸν ἀναπέμπῃ τὸ σῶμα τῇ ψυχῇ πλὴν ὀδύνας καὶ λύπας ὥσπερ τινὰς πικρὰς καὶ δυσχερεῖς ἀναθυμιάσεις, οὐδὲ βουλομένοις ἔτι ῥᾳδίως ἀναλαβεῖν ἔστι. τοιαῦτα λαμβάνει πάθη τὴν ψυχὴν οὕτω κακωθεῖσαν. καὶ μήν, ὅ γε μέγιστον ἐν τούτῳ καὶ φοβερώτατόν ἐστιν, οὐκ ἂν φοβηθείην ʹκακῶν γυναικῶν εἰσόδουςʹ καὶ φωνὰς καὶ συνεπιθρηνήσεις, αἷς ἐκτρίβουσι καὶ παραθήγουσι τὴν λύπην, οὔθ' ὑπ' ἄλλων οὔτ' αὐτὴν ἐφ' ἑαυτῆς ἐῶσαι μαρανθῆναι. γινώσκω γὰρ ποίους ἔναγχος ἀγῶνας ἠγωνίσω τῇ Θέωνος ἀδελφῇ βοηθοῦσα καὶ μαχομένη ταῖς μετ' ὀλοφυρμῶν καὶ ἀλαλαγμῶν ἔξωθεν ἐπιούσαις, ὥσπερ ἀτεχνῶς πῦρ ἐπὶ πῦρ φερούσαις. τὰς μὲν γὰρ οἰκίας τῶν φίλων ὅταν καιομένας ἴδωσι, σβεννύουσιν ὡς ἔχει τάχους ἕκαστος ἢ δυνάμεως, ταῖς δὲ ψυχαῖς φλεγομέναις αὐτοὶ προσφέρουσιν ὑπεκκαύματα. καὶ τῷ μὲν ὀφθαλμιῶντι τὰς χεῖρας οὐκ ἐῶσι προσάγειν τὸν βουλόμενον οὐδ' ἅπτονται τοῦ φλεγμαίνοντος, ὁ δὲ πενθῶν κάθηται παντὶ τῷ προστυχόντι παρέχων ὥσπερ ῥεῦμα κινεῖν καὶ διαγριαίνειν τὸ πάθος ἐκ μικροῦ τοῦ γαργαλίζοντος καὶ κινοῦντος εἰς πολλὴν καὶ δυσχερῆ κάκωσιν ἀναξαινόμενον. ταῦτα μὲν οὖν οἶδ' ὅτι φυλάξῃ· πειρῶ δὲ τῇ ἐπινοίᾳ μεταφέρουσα σεαυτὴν ἀποκαθιστάναι πολλάκις εἰς ἐκεῖνον τὸν χρόνον, ἐν ᾧ μηδέπω τοῦ παιδίου τούτου γεγονότος μηδὲν ἔγκλημα πρὸς τὴν τύχην εἴχομεν, εἶτα τὸν νῦν καιρὸν τοῦτον ἐκείνῳ συνάπτειν, ὡς ὁμοίων πάλιν τῶν περὶ ἡμᾶς γεγονότων. ἐπεὶ τὴν γένεσιν, ὦ γύναι, τοῦ τέκνου δυσχεραίνειν δόξομεν ἀμεμπτότερα ποιοῦντες αὐτοῖς τὰ πρὶν ἐκείνην γενέσθαι πράγματα.

der Haustür mit ihr kämpfen und darf diesen Posten nicht etwa, veranlaßt durch ein Kleid oder kurze Haare oder einen andern ähnlichen Umstand, aufgeben. Denn solche Dinge machen, weil sie uns täglich auffallen und uns niederschlagen, die Gesinnung kleinlich, eng, ungeschickt, starr und furchtsam, als ob ihr weder Gelächter noch Licht noch frohe Tischgenossen zuständen, wenn sie wegen der Trauer in solcher Lage und Behandlung ist. Diesem Unheil folgt Vernachlässigung des Körpers und Mißtrauen gegen Salbung, Bad und die übrige Pflege; ganz im Gegenteil aber sollte die Seele in der Not Beistand erhalten durch einen starken Körper. Denn ein großer Teil des Kummers wird abgestumpft und gelockert, wie die Welle durch Windstille, wenn er durch die Ruhe des Körpers geschlichtet wird; wenn aber Verwilderung und Rauheit infolge schlechter Lebensweise entsteht und der Körper der Seele nichts Förderliches und Brauchbares zuschickt, sondern Schmerzen und Leid wie bittere und lästige Dünste, dann kann man sich auch bei gutem Willen nicht mehr leicht erholen. Solches Schicksal ergreift die Seele, wenn sie so mißhandelt wird. Was aber hierbei das Wichtigste und Gefährlichste ist: ich brauche auch nicht 'Besuche schlechter Weiber' und ihr Gerede und gemeinsames Gejammer zu befürchten, wodurch sie das Leid aufreizen und verschärfen und nicht zulassen, daß es von andern oder durch sich selbst abgeschwächt wird. Denn ich weiß, was für Kämpfe du erst vor kurzem geführt hast, als du Theons Schwester beistandest und mit den Weibern strittest, die mit Gejammer und Klagegeschrei von draußen herandrängten, als wollten sie geradezu Feuer zum Feuer herbeitragen. Denn wenn man die Häuser der Freunde brennen sieht, dann

τὴν δ᾽ ἐν μέσῳ διετίαν ἐξαιρεῖν μὲν οὐ δεῖ τῆς μνήμης, ὡς δὲ χάριν καὶ ἀπόλαυσιν παρασχοῦσαν ἐν ἡδονῇ τίθεσθαι καὶ μὴ τὸ μικρὸν ἀγαθὸν μέγα νομίζειν κακόν, μηδ᾽ ὅτι τὸ ἐλπιζόμενον οὐ προσέθηκεν ἡ τύχη, καὶ περὶ τοῦ δοθέντος ἀχαριστεῖν. ἀεὶ μὲν γὰρ ἡ περὶ τὸ θεῖον εὐφημία καὶ τὸ πρὸς τὴν τύχην ἵλεων καὶ ἀμεμφὲς καλὸν καὶ ἡδὺν ἀποδίδωσι καρπόν, ἐν δὲ τοῖς τοιούτοις ὁ μάλιστα τῇ μνήμῃ τῶν ἀγαθῶν ἀπαρυτόμενος καὶ τοῦ βίου πρὸς τὰ φωτεινὰ καὶ λαμπρὰ μεταστρέφων καὶ μεταφέρων ἐκ τῶν σκοτεινῶν καὶ ταρακτικῶν τὴν διάνοιαν ἢ παντάπασιν ἔσβεσε τὸ λυποῦν ἢ τῇ πρὸς τοὐναντίον μίξει μικρὸν καὶ ἀμαυρὸν ἐποίησεν. ὥσπερ γὰρ τὸ μύρον ἀεὶ μὲν εὐφραίνει τὴν ὄσφρησιν πρὸς δὲ τὰ δυσώδη φάρμακόν ἐστιν, οὕτως ἡ ἐπίνοια τῶν ἀγαθῶν ἐν τοῖς κακοῖς καὶ βοηθήματος ἀναγκαίου παρέχεται χρείαν τοῖς μὴ φεύγουσι τὸ μεμνῆσθαι τῶν χρηστῶν μηδὲ πάντα καὶ πάντως μεμφομένοις τὴν τύχην. ὅπερ ἡμῖν παθεῖν οὐ προσήκει συκοφαντοῦσι τὸν ἑαυτῶν βίον, εἰ μίαν ἔσχηκεν ὥσπερ βιβλίον ἀλοιφὴν ἐν πᾶσι καθαροῖς καὶ ἀκεραίοις τοῖς ἄλλοις.

löscht ein jeder, so schnell und kräftig er kann; brennt
aber die Seele, so trägt man selbst Zündstoff hinzu. Und
man duldet nicht, daß jeder Beliebige den Augenleidenden
anfaßt oder den Entzündeten berührt; der Trauernde aber
sitzt da und erlaubt jedem Vorbeigehenden, sein Leid wie
einen Wasserlauf aufzurühren und zu verschlimmern, so
daß es aus kleinem Kitzel und geringer Erregung zu einem
großen und unerträglichen Übel aufgestört wird. Hiervor,
das weiß ich, wirst du dich hüten; versuche aber in Gedanken dich oft in die Zeit zu versetzen, wo dies Kind
noch nicht geboren war und wir dem Schicksal keinen
Vorwurf zu machen hatten, dann aber die jetzige Zeit mit
jener zu verknüpfen, da unsere Lage wieder die gleiche
geworden ist. Denn es wird scheinen, liebe Frau, als wären
wir mit der Geburt dieses Kindes unzufrieden, wenn wir
uns die Lage vorher weniger tadelnswert als die jetzige
vorstellen. Die zwei Jahre dazwischen dürfen wir aber nicht
aus dem Gedächtnis ausschalten, sondern als Quelle der
Freude und des Genusses der Lust zurechnen, nicht jedoch
das kleine Glück für ein großes Unglück halten und auch
nicht, weil das Schicksal unsere Hoffnungen nicht erfüllt
hat, undankbar für das Gewährte sein. Denn die Andacht
vor den Göttern und die heitere und klaglose Haltung dem
Schicksal gegenüber gibt schöne und süße Frucht; wer aber
in solcher Lage am meisten mit der Erinnerung aus dem
Guten schöpft und den Sinn aus den dunklen und ver-
wirrten Lebenslagen in die lichten und hellen wendet und
lenkt, der tilgt entweder das Leid völlig oder macht es
durch Mischung mit seinem Gegenteil gering und schwach.
Denn wie das Myrrhenöl zwar immer den Geruchsinn erfreut, aber gegen übelriechende Dinge geradezu ein Mittel

*παραμυθητικὸς πρὸς τὴν γυναῖκα*

Ὅτι μὲν γὰρ ἐξ ὀρθῶν ἐπιλογισμῶν εἰς εὐσταθῆ διάθεσιν τελευτώντων ἤρτηται τὸ μακάριον, αἱ δ' ἀπὸ τῆς τύχης τροπαὶ μεγάλας ἀποκλίσεις οὐ ποιοῦσιν οὐδ' ἐπιφέρουσι συγχυτικὰς ὀλισθήσεις τοῦ βίου, πολλάκις ἀκήκοας. εἰ δὲ δεῖ καὶ ἡμᾶς καθάπερ οἱ πολλοὶ τοῖς ἔξωθεν κυβερνᾶσθαι πράγμασι καὶ τὰ παρὰ τῆς τύχης ἀπαριθμεῖν καὶ κριταῖς χρῆσθαι πρὸς εὐδαιμονίαν τοῖς ἐπιτυχοῦσιν ἀνθρώποις, μὴ σκόπει τὰ νῦν δάκρυα καὶ τὰς ἐπιθρηνήσεις τῶν εἰσιόντων ἔθει τινὶ φαύλῳ περαινομένας πρὸς ἕκαστον, ἀλλ' ἐννόει μᾶλλον ὡς ζηλουμένη διατελεῖς ὑπὸ τούτων ἐπὶ τέκνοις καὶ οἴκῳ καὶ βίῳ. καὶ δεινόν ἐστιν ἑτέρους μὲν ἡδέως ἂν ἑλέσθαι τὴν σὴν τύχην καὶ τούτου προσόντος ἐφ' ᾧ νῦν ἀνιώμεθα, σὲ δ' ἐγκαλεῖν καὶ δυσφορεῖν παρούσῃ καὶ μηδ' ἀπ' αὐτοῦ τοῦ δάκνοντος αἰσθάνεσθαι πηλίκας ἔχει τὰ σῳζόμενα χάριτας ἡμῖν· ἀλλ' ὥσπερ οἱ τοὺς ἀκεφάλους καὶ μειούρους Ὁμήρου στίχους ἐκλέγοντες τὰ δὲ πολλὰ καὶ μεγάλα τῶν πεποιημένων ὑπέρευ παρορῶντες, οὕτως ἐξακριβοῦν καὶ συκοφαντεῖν τοῦ βίου τὰ φαῦλα, τοῖς δὲ χρηστοῖς ἀνάρθρως καὶ συγκεχυμένως ἐπιβάλλουσαν ὅμοιόν τι τοῖς ἀνελευθέροις καὶ φιλαργύροις πάσχειν, οἳ πολλὰ συνάγοντες οὐ χρῶνται παροῦσιν ἀλλὰ θρηνοῦσι καὶ δυσφοροῦσιν ἀπολομένων. εἰ δ' ἐκείνης ἔχεις οἶκτον ἀγάμου καὶ ἄπαιδος οἰχομένης, αὖθις ἔχεις ἐπ' ἄλλοις ἡδίω σεαυτὴν ποιεῖν μηδενὸς τούτων ἀτελῆ μηδ' ἄμοιρον γενομένην·

ist, so gewährt das Nachdenken über das Glück im Unglück sogar den Nutzen eines notwendigen Beistandes denen, die es nicht vermeiden, sich guter Dinge zu erinnern, und nicht in allem und auf jede Weise das Schicksal anklagen. Denn es schickt sich nicht für uns, unser Leben fälschlich zu beklagen, wenn es wie ein Schriftwerk eine einzige Rasur zeigt, im übrigen aber einen reinen und fehlerlosen Text.

Daß das Glück abhängt von richtigen Überlegungen, die auf eine beständige Stimmung hinauslaufen, die Wendungen des Schicksals aber keine großen Abweichungen ergeben und keine verwirrenden Schwankungen des Lebens herbeiführen, das hast du oft gehört. Wenn aber auch wir wie die Menge uns von den äußeren Umständen lenken lassen, die Gaben des Schicksals zählen und die ersten besten Menschen zu Richtern über unser Glück einsetzen sollen, dann achte jetzt nicht auf die Tränen und Klagen der Besucher, wie sie schlechter Gewohnheit entsprechend in jedem solchen Fall laut werden, sondern bedenke lieber, wie du von ihnen auch weiterhin beneidet wirst um deiner Kinder, deines Hauses und Lebens willen. Schrecklich ist es, wenn andere gern dein Schicksal wählen würden, und zwar mit allem, worüber wir jetzt traurig sind, du dagegen das gegenwärtige Geschick tadelst und darunter leidest und unter dem Eindruck des Schmerzes nicht merkst, wieviel Vorzüge das, was bleibt, noch für uns hat, sondern wie die Leute, die die am Anfang oder Ende zu kurzen Verse Homers aufstöbern und die große Menge des Vorzüglichen übersehen, die schlechten Seiten des Lebens genau feststellst und beklagst, das Gute aber nur ungenau und verworren betrachtest und dich ver-

*παραμυθητικὸς πρὸς τὴν γυναῖκα*

οὐ γάρ ἐστι ταῦτα μεγάλα μὲν τοῖς στερομένοις ἀγαθὰ μικρὰ δὲ τοῖς ἔχουσιν. ἐκείνη δ᾽ εἰς τὸ ἄλυπον ἤκουσα λυπεῖν ἡμᾶς οὐ δεῖται· τί γὰρ ἡμῖν ἀπ᾽ ἐκείνης κακόν, εἰ μηδὲν ἐκείνη νῦν ἐστι λυπηρόν; καὶ γὰρ αἱ τῶν μεγάλων στερήσεις ἀποβάλλουσι τὸ λυποῦν εἰς τὸ μὴ δεῖσθαι περιγενόμεναι. Τιμοξένα δ᾽ ἡ σὴ μικρῶν μὲν ἐστέρηται, μικρὰ γὰρ ἔγνω καὶ μικροῖς ἔχαιρεν· ὧν δ᾽ οὔτ᾽ αἴσθησιν ἔσχεν οὔτ᾽ εἰς ἐπίνοιαν ἦλθεν οὔτ᾽ ἔλαβε πεῖραν, πῶς ἂν στέρεσθαι λέγοιτο;

Καὶ μὴν ἃ τῶν ἄλλων ἀκούεις, οἳ πείθουσι πολλοὺς λέγοντες ὡς οὐδὲν οὐδαμῇ τῷ διαλυθέντι κακὸν οὐδὲ λυπηρόν ἐστιν, οἶδ᾽ ὅτι κωλύει σε πιστεύειν ὁ πάτριος λόγος καὶ τὰ μυστικὰ σύμβολα τῶν περὶ τὸν Διόνυσον ὀργιασμῶν, ἃ σύνισμεν ἀλλήλοις οἱ κοινωνοῦντες. ὡς οὖν ἄφθαρτον οὖσαν τὴν ψυχὴν διανοοῦ ταὐτὸ ταῖς ἁλισκομέναις ὄρνισι πάσχειν· ἂν μὲν γὰρ πολὺν ἐντραφῇ τῷ σώματι χρόνον καὶ γένηται τῷ βίῳ τούτῳ τιθασὸς ὑπὸ πραγμάτων πολλῶν καὶ μακρᾶς συνηθείας, αὖθις καταίρουσα πάλιν ἐνδύεται καὶ οὐκ ἀνίησιν οὐδὲ λήγει τοῖς ἐνταῦθα συμπλεκομένη πάθεσι καὶ τύχαις διὰ τῶν γενέσεων. μὴ γὰρ οἴου λοιδορεῖσθαι καὶ κακῶς ἀκούειν τὸ γῆρας διὰ τὴν ῥυσότητα καὶ τὴν πολιὰν καὶ τὴν ἀσθένειαν τοῦ σώματος· ἀλλὰ τοῦτ᾽ αὐτοῦ τὸ χαλεπώτατόν ἐστιν, ὅτι τὴν ψυχὴν ἕωλόν τε ποιεῖ ταῖς μνήμαις τῶν ἐκεῖ καὶ λιπαρῆ

hältst wie sklavische Gesellen und Geizhälse, die viel zusammenscharren, aber nicht verwenden, was sie haben, sondern klagen und ungehalten sind über das, was sie verlieren. Wenn du unsere Tochter beklagst, daß sie ohne Mann und Kind gestorben ist, so kannst du wieder aus anderm Grunde dich um so mehr freuen, daß du selbst dies alles völlig erreicht hast; denn dies ist ja nicht ein großes Glück für die, die es nicht erreichen, und ein kleines für die, die es haben. Unsere Tochter ist von Kummer befreit und braucht uns nicht zu bekümmern; was erleiden wir Schlimmes durch sie, wenn für sie jetzt nichts mehr kummervoll ist? Denn große Verluste verlieren ihren Kummer, wenn man des Verlorenen nicht mehr bedarf. Deine Timoxena hat nur Geringes verloren, denn sie kannte nur Geringes und freute sich an Geringem; wie könnte man aber sagen, daß sie dessen beraubt sei, was sie weder empfunden noch verstanden noch an sich selbst erfahren hat?

Wenn du von denen hörst, die viele mit ihrer Behauptung überzeugen, daß der Verstorbene nirgends etwas Schlechtes oder Trauriges empfinde, so weiß ich wahrhaftig, die Lehre der Vorfahren und die geheimnisvollen Zeichen der dionysischen Weihen, die uns in unserer Gemeinschaft gegenseitig bewußt sind, werden dich hindern, das zu glauben. Bedenke also, daß die unvergängliche Seele dasselbe erlebt wie gefangene Vögel: wenn sie lange Zeit im Körper gelebt hat und diesem Leben infolge vieler Tätigkeit und langer Gewöhnung verfallen ist, dann steigt sie wieder hernieder, geht aufs neue in einen Körper ein und läßt ihn nicht los, hört auch nicht auf, sich mit Hilfe der Geburten in die Leiden und Schicksale unserer Welt zu verflechten. Glaube nämlich nicht, daß das Alter ge-

περὶ ταῦτα καὶ κάμπτει καὶ πιέζει, τὸν σχηματισμόν, ὃν ἔσχεν ὑπὸ τοῦ σώματος ἐν τῷ προσπεπονθέναι, διαφυλάττουσαν. ἡ δὲ ληφθεῖσα μὲν μένουσα δὲ βραχὺν ἐν τῷ σώματι χρόνον ἐλευθερωθεῖσα ὑπὸ κρειττόνων ἔχεται, καθάπερ ἐκ καμπῆς ὑγρᾶς καὶ μαλθακῆς ἀναχαιτίσασα πρὸς ὃ πέφυκεν. ὥσπερ γὰρ τὸ πῦρ, ἄν τις ἀποσβέσας εὐθὺς ἐξάπτῃ, πάλιν ἀναρριπίζεται καὶ ἀναλαμβάνει ταχέως, ἂν δὲ πλείονα χρόνον ἀποσβεσθὲν μείνῃ, χαλεπωτέραν ἔχει τὴν ἀναζωπύρωσιν, οὕτω καὶ τῶν ψυχῶν ἄριστα πράττουσιν, αἷς συμβέβηκε κατὰ τὸν ποιητήν 'ὅπως ὤκιστα πύλας 'Αΐδαο περῆσαι', πρὶν ἔρωτα πολὺν ἐγγενέσθαι τῶν αὐτόθι πραγμάτων καὶ μαλαχθῆναι πρὸς τὸ σῶμα καὶ συντακῆναι καθάπερ ὑπὸ φαρμάκων.

Τοῖς δὲ πατρίοις καὶ παλαιοῖς ἔθεσι καὶ νόμοις ἐμφαίνεται μᾶλλον ἡ περὶ τούτων ἀλήθεια. τοῖς γὰρ αὐτῶν νηπίοις ἀποθανοῦσιν οὔτε χοὰς ἐπιφέρουσιν οὔτ' ἄλλα δρῶσι περὶ αὐτὰ οἷ' εἰκὸς ὑπὲρ θανόντων ποιεῖν· οὐ γὰρ μέτεστι γῆς οὐδὲν οὐδὲ τῶν περὶ γῆν αὐτοῖς· οὐδ' αὐτοῦ περὶ ταφὰς καὶ μνήματα καὶ προθέσεις νεκρῶν φιλοχωροῦσι καὶ παρακάθηνται τοῖς σώμασιν· οὐ γὰρ ἐῶσιν οἱ νόμοι περὶ τοὺς τηλικούτους, ὡς οὐχ ὅσιον εἰς βελτίονα καὶ θειοτέραν μοῖραν ἅμα καὶ χώραν μεθεστηκότας αὐτοὺς οὕτω κακοῖς καὶ θνητοῖς δώροις θεραπεύειν. ἐπεὶ δὲ τὸ ἀπιστεῖν χαλεπώτερόν ἐστιν αὐτοῖς ἢ τὸ πιστεύειν, τὰ μὲν ἐκτὸς οὕτως ὡς οἱ νόμοι προστάσσουσιν ἔχωμεν, τὰ δ' ἐντὸς ἔτι μᾶλλον ἀμίαντα καὶ καθαρὰ καὶ σώφρονα.

schmäht und verlästert wird wegen der Runzeln, der grauen
Haare und der Körperschwäche, sondern das Schlimmste
an ihm ist, daß es die Seele schwach macht für die Erinnerung an das Jenseits und fest haftend am Diesseits und sie
krümmt und bedrückt, so daß sie die Haltung bewahrt, die
sie durch den Körper infolge Teilnahme an seinen Leiden
erhielt. Die Seele aber, die zwar gefangen ist, aber nur
kurz im Körper verweilt, untersteht, wenn sie befreit
ist, stärkeren Mächten, und wie aus geschmeidiger,
weicher Krümmung bäumt sie sich auf zu dem, was sie
von Natur ist. Denn wie das Feuer, wenn man es nach
dem Löschen sogleich wieder entzündet, sich wieder entfacht
und rasch zunimmt, aber schwerer wieder zu erwecken ist,
wenn es längere Zeit erloschen bleibt, so geht es auch den
Seelen am besten, die nach des Dichters Worten 'baldmög-
lichst des Hades Pforten durchschreiten', ehe sie große Liebe
zur diesseitigen Welt ergriffen hat und sie im Körper wie
von Giften aufgeweicht und zerschmolzen sind.

Durch die alten Sitten und Bräuche der Väter wird die
hierin liegende Wahrheit noch deutlicher offenbar. Denn
den Jungverstorbenen gießt man kein Trankopfer aus, noch
tut man sonst etwas von dem, was man den Verstorbenen
zuliebe tun muß; sie haben ja an der Erde und an den
irdischen Dingen keinen Anteil; sie weilen auch nicht gern
hier an Gräbern, Grabmälern und bei Bestattungen und
lassen sich nicht bei den Körpern nieder. Die Gesetze über
die Jungverstorbenen lassen die üblichen Bräuche nicht zu,
weil es nicht fromm ist, diese Toten, die gleichzeitig zu
einem besseren und heiligeren Schicksal und Orte über-
gegangen sind, mit so geringen und vergänglichen Gaben
zu ehren. Da es aber schlimmer ist, ihnen zu mißtrauen als

# ΕΡΩΤΙΚΟΣ

Τὰ τοῦ διαλόγου πρόσωπα· Φλαουιανός, Αὐτόβουλος

Φ. Ἐν Ἑλικῶνι φής, ὦ Αὐτόβουλε, τοὺς περὶ Ἔρωτος λόγους γενέσθαι, οὓς εἴτε γραψάμενος εἴτε καταμνημονεύσας τῷ πολλάκις ἐπανερέσθαι τὸν πατέρα νυνὶ μέλλεις ἡμῖν δεηθεῖσιν ἀπαγγέλλειν;

ΑΥ. Ἐν Ἑλικῶνι παρὰ ταῖς Μούσαις, ὦ Φλαουιανέ, τὰ Ἐρωτίδια Θεσπιέων ἀγόντων· ἄγουσι γὰρ ἀγῶνα πενταετηρικὸν ὥσπερ καὶ ταῖς Μούσαις καὶ τῷ Ἔρωτι φιλοτίμως πάνυ καὶ λαμπρῶς.

Φ. Οἶσθ᾽ οὖν ὃ σοῦ μέλλομεν δεῖσθαι πάντες οἱ πρὸς τὴν ἀκρόασιν ἥκοντες;

ΑΥ. Οὔκ, ἀλλ᾽ εἴσομαι λεγόντων.

Φ. Ἄφελε τοῦ λόγου τὸ νῦν ἔχον ἐποποιῶν καὶ σοφιστῶν λειμῶνας καὶ σκιὰς καὶ ἅμα κιττοῦ τε καὶ σμιλάκων διαδρομὰς καὶ ὅσ᾽ ἄλλα τοιούτων τόπων ἐπιλαβόμενοι γλίχονται τὸν Πλάτωνος Ἰλισσὸν καὶ τὸν ἄγνον ἐκεῖνον καὶ τὴν ἠρέμα προσάντη πόαν πεφυκυῖαν προθυμότερον ἢ κάλλιον ἐπιγράφεσθαι.

ΑΥ. Τί δὲ δεῖται τοιούτων, ὦ ἄριστε Φλαουιανέ, προοιμίων ἡ διήγησις; εὐθὺς ἡ πρόφασις, ἐξ ἧς ὡρμήθησαν οἱ λόγοι, χορὸν αἰτεῖ τῷ πάθει καὶ σκηνῆς δεῖται, τά τ᾽ ἄλλα δράματος οὐδὲν ἐλλείπει· μόνον εὐχώμεθα τῇ μητρὶ τῶν Μουσῶν ἵλεω παρεῖναι καὶ συνανασῴζειν τὸν μῦθον.

zu glauben, so wollen wir es mit allen äußeren Bräuchen so halten, wie es die Gesetze befehlen, mit den inneren aber noch fleckenloser, reiner und verständiger.

## DAS GESPRÄCH ÜBER DIE LIEBE

Unterredner: Flavianus und Autobulos, ein Sohn Plutarchs.

F.: Auf dem Helikon also, Autobulos, hat das Gespräch über den Eros stattgefunden, das du uns jetzt auf unsere Bitte nach einer Niederschrift oder auch, weil du deinen Vater so oft danach gefragt hast, frei aus dem Gedächtnis berichten willst?

A.: Ja, Flavianus, auf dem Helikon bei den Musen, als man in Thespiai das Erosfest beging; denn dort veranstaltet man wie den Musen so auch dem Eros alle vier Jahre sehr anspruchsvolle und glänzende Kampfspiele.

F.: Weißt du wohl, worum wir alle, die zu diesem Vortrag gekommen sind, dich bitten wollen?

A.: Nein, aber ich werde es wissen, wenn ihr redet.

F.: Verbanne diesmal aus dem Gespräch die Wiesen und schattigen Winkel der Epiker und Sophisten und ebenso ihre Efeu- und Taxuslauben sowie alle andern derartigen Gemeinplätze, an denen sie festhalten in dem Bestreben, sich den Ilissos Platons, seinen Weidenstrauch und den sanft ansteigenden Rasen eifrig, aber wenig glücklich anzueignen.

A.: Gewiß, bester Flavianus; wozu bedarf unser Bericht solcher Vorreden? Schon der Anlaß des Gespräches verlangt eigentlich einen Chor für seinen leidenschaftlichen Inhalt und gehört auf die Bühne, und auch die übrigen Umstände sind wirklich dramatisch; nur die Mutter der Musen

# Ἐρωτικός

Ὁ γὰρ πατήρ, ἐπεὶ πάλαι, πρὶν ἡμᾶς γενέσθαι, τὴν μητέρα νεωστὶ κεκομισμένος ἐκ τῆς γενομένης τοῖς γονεῦσιν αὐτῶν διαφορᾶς καὶ στάσεως ἀφίκετο τῷ Ἔρωτι θύσων, ἐπὶ τὴν ἑορτὴν ἦγε τὴν μητέρα· καὶ γὰρ ἦν ἐκείνης ἡ εὐχὴ καὶ ἡ θυσία. τῶν δὲ φίλων οἴκοθεν μὲν αὐτῷ παρῆσαν οἱ συνήθεις, ἐν δὲ Θεσπιαῖς εὗρε Δαφναῖον τὸν Ἀρχιδάμου Λυσάνδρας ἐρῶντα τῆς Σίμωνος καὶ μάλιστα τῶν μνωμένων αὐτὴν εὐημεροῦντα, καὶ Σώκλαρον ἐκ Τιθόρας ἥκοντα τὸν Ἀριστίωνος· ἦν δὲ καὶ Πρωτογένης ὁ Ταρσεύς, καὶ Ζεύξιππος ὁ Λακεδαιμόνιος, ξένοι· Βοιωτῶν δ' ὁ πατὴρ ἔφη τῶν γνωρίμων τοὺς πλείστους παρεῖναι. δύο μὲν οὖν ἢ τρεῖς ἡμέρας κατὰ πόλιν, ὡς ἔοικεν, ἡσυχῇ πως φιλοσοφοῦντες ἐν ταῖς παλαίστραις καὶ διὰ τῶν θεάτρων ἀλλήλοις συνῆσαν· ἔπειτα φεύγοντες ἀργαλέον ἀγῶνα κιθαρῳδῶν, ἐντεύξεσι καὶ σπουδαῖς προειλημμένον, ἀνέζευξαν οἱ πλείους ὥσπερ ἐκ πολεμίας εἰς τὸν Ἑλικῶνα καὶ κατηυλίσαντο παρὰ ταῖς Μούσαις. ἕωθεν οὖν ἀφίκετο πρὸς αὐτοὺς Ἀνθεμίων καὶ Πεισίας, ἄνδρες ἔνδοξοι, Βάκχωνι δὲ τῷ καλῷ λεγομένῳ προσήκοντες καὶ τρόπον τινὰ δι' εὔνοιαν ἀμφότεροι τὴν ἐκείνου διαφερόμενοι πρὸς ἀλλήλους. ἦν γὰρ ἐν Θεσπιαῖς Ἰσμηνοδώρα γυνὴ πλούτῳ καὶ γένει λαμπρὰ καὶ νὴ Δία τὸν ἄλλον εὔτακτος βίον· ἐχήρευσε γὰρ οὐκ ὀλίγον χρόνον ἄνευ ψόγου, καίπερ οὖσα νέα καὶ ἱκανὴ τὸ εἶδος. τῷ δὲ Βάκχωνι φίλης ὄντι καὶ συνήθους γυναικὸς υἱῷ πράττουσα γάμον κόρης κατὰ γένος προσηκούσης ἐκ τοῦ συμπαρεῖναι καὶ διαλέγεσθαι πολλάκις ἔπαθε πρὸς τὸ μειράκιον αὐτή· καὶ λόγους φιλανθρώπους ἀκούουσα καὶ λέγουσα περὶ αὐτοῦ καὶ πλῆθος ὁρῶσα γενναίων ἐραστῶν εἰς τὸ ἐρᾶν προήχθη καὶ διενοεῖτο μηθὲν ποιεῖν ἀγεννές, ἀλλὰ γημαμένη φανερῶς συγκαταζῆν τῷ Βάκχωνι. παραδόξου δὲ τοῦ πράγ-

laß uns bitten, gnädig zugegen zu sein und die Erzählung in ihren Schutz zu nehmen.

Vor langer Zeit, als ich noch nicht geboren war und mein Vater gerade meine Mutter heimgeführt hatte, machte er sich wegen des Zankes und Streites seiner und ihrer Eltern auf, dem Eros ein Opfer zu bringen. Er führte auch die Mutter auf das Fest, denn Gelübde und Opfer gingen von ihr aus. Von den Freunden hatten ihn aus der Heimat die vertrauten begleitet; dann traf er in Thespiai den Sohn des Archidamos, Daphnaios; dieser war verliebt in Lysandra, die Tochter Simons, und hatte von allen ihren Freiern die besten Aussichten. Ferner waren dort Soklaros, der Sohn des Aristion, der aus Tithora gekommen war, und als Gäste Protogenes aus Tarsos und Zeuxippos aus Lakedaimon; von den befreundeten Boiotern aber waren, wie der Vater sagte, die meisten zugegen. Zwei oder drei Tage etwa philosophierten sie friedlich in der Stadt und trafen einander in Ringschulen und Theatern; dann flüchtete die Mehrzahl vor einem lästigen Wettkampf der Leierspieler, der durch Beziehungen und Gunsterschleichung bereits im voraus entschieden war, wie aus feindlichem Gebiet auf den Helikon und bezog ein Quartier bei den Musen. Dort stießen am frühen Morgen Anthemion und Peisias, zwei angesehene Männer, zu ihnen. Sie waren Verwandte des Bakchon, den man den Schönen nannte, und lagen beide gewissermaßen aus Freundschaft zu ihm miteinander im Streite. In Thespiai lebte damals eine sehr reiche, vornehme und, beim Zeus! bisher ehrenwerte Frau namens Ismenodora; lange Zeit war sie eine Witwe von bestem Ruf gewesen, trotz Jugend und gutem Aussehen. Dann aber unternahm sie es, Bakchon als dem Sohn einer nahen Freundin

# Ἐρωτικός

ματος αὐτοῦ φανέντος ἥ τε μήτηρ ὑφεωρᾶτο τὸ βάρος τοῦ
οἴκου καὶ τὸν ὄγκον ὡς οὐ κατὰ τὸν ἐραστήν, τινὲς δὲ καὶ
συγκυνηγοὶ τῷ μὴ καθ' ἡλικίαν τῆς Ἰσμηνοδώρας δεδιττό-
μενοι τὸν Βάκχωνα καὶ σκώπτοντες ἐργωδέστεροι τῶν ἀπὸ
σπουδῆς ἐνισταμένων ἦσαν ἀνταγωνισταὶ πρὸς τὸν γάμον·
ᾐδεῖτο γὰρ ἔφηβος ἔτι ὢν χήρᾳ συνοικεῖν. οὐ μὴν ἀλλὰ τοὺς
ἄλλους ἐάσας παρεχώρησε τῷ Πεισίᾳ καὶ τῷ Ἀνθεμίωνι
βουλεύσασθαι τὸ συμφέρον, ὧν ὁ μὲν ἀνεψιὸς ἦν αὐτοῦ πρε-
σβύτερος, ὁ δὲ Πεισίας αὐστηρότατος τῶν ἐραστῶν· διὸ καὶ
πρὸς τὸν γάμον ἀντέπραττε καὶ καθήπτετο τοῦ Ἀνθεμίωνος
ὡς προϊεμένου τῇ Ἰσμηνοδώρᾳ τὸ μειράκιον· ὁ δ' ἐκεῖνον οὐκ
ὀρθῶς ἔλεγε ποιεῖν, ἀλλὰ τὰ ἄλλα χρηστὸν ὄντα μιμεῖσθαι
τοὺς φαύλους ἐραστὰς οἴκου καὶ γάμου καὶ πραγμάτων μεγάλων ἀποστεροῦντα τὸν φίλον, ὅπως ἄθικτος αὐτῷ καὶ νεαρὸς
ἀποδύοιτο πλεῖστον χρόνον ἐν ταῖς παλαίστραις. ἵν' οὖν μὴ
παροξύνοντες ἀλλήλους κατὰ μικρὸν εἰς ὀργὴν προαγάγοιεν,
ὥσπερ διαιτητὰς ἑλόμενοι καὶ βραβευτὰς τὸν πατέρα καὶ
τοὺς σὺν αὐτῷ παρεγένοντο· καὶ τῶν ἄλλων φίλων οἷον ἐκ
παρασκευῆς τῷ μὲν ὁ Δαφναῖος παρῆν τῷ δ' ὁ Πρωτογένης.
ἀλλ' οὗτος μὲν ἀνέδην ἔλεγε κακῶς τὴν Ἰσμηνοδώραν· ὁ δὲ
Δαφναῖος 'ὦ Ἡράκλεις' ἔφη, 'τί οὐκ ἄν τις προσδοκήσειεν, εἰ
καὶ Πρωτογένης Ἔρωτι πολεμήσων πάρεστιν ᾧ καὶ παιδιὰ
πᾶσα καὶ σπουδὴ περὶ Ἔρωτα καὶ δι' Ἔρωτος, λήθη δὲ
λόγων λήθη δὲ πάτρας', οὐχ ὡς τῷ Λαΐῳ πέντε μόνον ἡμε-
ρῶν ἀπέχοντι τῆς πατρίδος; βραδὺς γὰρ ὁ ἐκείνου καὶ χερ-
σαῖος Ἔρως, ὁ δὲ σὸς ἐκ Κιλικίας Ἀθήναζε 'λαιψηρὰ κυ-
κλώσας πτερὰ διαπόντιος πέταται', τοὺς καλοὺς ἐφορῶν καὶ
συμπλανώμενος'. ἀμέλει γὰρ ἐξ ἀρχῆς ἐγεγόνει τοιαύτη τις
αἰτία τῷ Πρωτογένει τῆς ἀποδημίας.

die Ehe mit einem Mädchen aus ihrer Verwandtschaft zu vermitteln, und als sie nun mit ihm so oft zusammen war und sprach, erwachte in ihr selbst ein Gefühl für den jungen Mann. Sie hörte freundliche Reden über ihn, äußerte sich auch selbst ähnlich und nahm die große Zahl seiner edlen Liebhaber wohl wahr. Da wurde auch sie von Liebe ergriffen, war aber entschlossen, sich nichts zu vergeben, sondern sich durch öffentliche Vermählung auf Lebenszeit mit Bakchon zu verbinden. Dies erschien schon an sich unangebracht; außerdem aber hatte Bakchons Mutter Scheu vor dem Gewicht und der Würde der Familie, als ob sie für den Liebhaber nicht geeignet sei, und endlich schreckten und verspotteten einige Nebenbuhler den Bakchon mit dem Altersunterschied zwischen ihm und Ismenodora und waren damit wirksamere Widersacher dieser Ehe als die ernsthaften Gegner; denn Bakchon schämte sich, noch im Jünglingsalter der Gatte einer Witwe zu sein. Jedoch überließ er es, ohne sich um die andern zu kümmern, dem Peisias und Anthemion, ihm nützlichen Rat zu erteilen; Anthemion war nämlich sein älterer Vetter, Peisias aber der strengste seiner Liebhaber. Deshalb wirkte dieser auch der Ehe entgegen und tadelte den Anthemion, als wolle er der Ismenodora den jungen Mann aufopfern; während Anthemion sagte, Peisias tue nicht recht, sondern handle, so vortrefflich er auch sonst sei, nach der Art schlechter Liebhaber und beraube den Freund einer Familie, eines Ehebundes und großer Mittel, damit der Jüngling keusch und jugendfrisch ihm seine Schönheit in den Ringschulen noch möglichst lange unverhüllt zeige. Um nun einander nicht zu reizen und dadurch allmählich zu erzürnen, kamen sie und wählten meinen Vater und seine Genossen zu Schlichtern und

# Ἐρωτικός

Γενομένου δὲ γέλωτος ὁ Πρωτογένης 'ἐγὼ δέ σοι δοκῶ' εἶπεν '"Ερωτι νῦν πολεμεῖν, οὐχ ὑπὲρ "Ερωτος διαμάχεσθαι πρὸς ἀκολασίαν καὶ ὕβριν αἰσχίστοις πράγμασι καὶ πάθεσιν εἰς τὰ κάλλιστα καὶ σεμνότατα τῶν ὀνομάτων εἰσβιαζομένην'; καὶ ὁ Δαφναῖος 'αἴσχιστα δὲ καλεῖς' ἔφη 'γάμον καὶ σύνοδον ἀνδρὸς καὶ γυναικός, ἧς οὐ γέγονεν οὐδ' ἔστιν ἱερωτέρα κατάζευξις'; 'ἀλλὰ ταῦτα μέν' εἶπεν ὁ Πρωτογένης 'ἀναγ-καῖα πρὸς γένεσιν ὄντα σεμνύνουσιν οὐ φαύλως οἱ νομοθέται καὶ κατευλογοῦσι πρὸς τοὺς πολλούς· ἀληθινοῦ δ' "Ερωτος οὐδ' ὁτιοῦν τῇ γυναικωνίτιδι μέτεστιν, οὐδ' ἐρᾶν ὑμᾶς ἔγωγέ φημι τοὺς γυναιξὶ προσπεπονθότας ἢ παρθένοις, ὥσπερ οὐδὲ μυῖαι γάλακτος οὐδὲ μέλιτται κηρίων ἐρῶσιν οὐδὲ σιτευταὶ καὶ μάγειροι φίλα φρονοῦσι πιαίνοντες ὑπὸ σκότῳ μόσχους καὶ ὄρνιθας. ἀλλ' ὥσπερ ἐπὶ σιτίον ἄγει καὶ ὄψον ἡ φύσις μετρίως καὶ ἱκανῶς τὴν ὄρεξιν, ἡ δ' ὑπερβολὴ πάθος ἐνερ-γασαμένη λαιμαργία τις ἢ φιλοψία καλεῖται, οὕτως ἔνεστι

68

Schiedsrichtern; von den übrigen Freunden stand wie
auf Verabredung dem einen Daphnaios bei, dem andern
Protogenes. Dieser schmähte Ismenodora maßlos; Daphnaios aber sagte: „Beim Herakles, was haben wir noch zu
erwarten, wenn sogar Protogenes sich einstellt, um den
Eros zu bekriegen? Dreht sich doch bei ihm alles, Scherz
und Ernst, um den Eros und wird durch den Eros verursacht; 'er denkt seines Worts, seines Vaterlands nicht',
und zwar anders als Laïos, den nur fünf Tagereisen vom
Vaterland trennten. Denn des Laïos Eros war bedächtig
und ans Land gefesselt; der deine aber 'flattert mit hurtigem
Flügelschlag über das Meer' von Kilikien nach Athen,
schaut nach schönen Knaben aus und wandert mit ihnen
umher." Denn tatsächlich hatte dem Protogenes ein solches
Erlebnis den Anstoß zur Reise gegeben.

Ein Gelächter erhob sich. Dann sagte Protogenes: „Du
meinst, daß ich den Eros bekriege? Nein, ich kämpfe für
ihn gegen Ausschweifung und Frechheit, die die edelsten
und ehrwürdigsten Begriffe gewaltsam auf schändliche Taten und Empfindungen anwenden." Daphnaios entgegnete:
„Schändlich nennst du die Ehe und den Verein von Mann
und Frau, die heiligste Bindung, die es jemals gegeben hat?"
„Diese Dinge", versetzte Protogenes, „sind notwendig zur
Fortpflanzung; daher umkleiden die Gesetzgeber sie nicht
ungeschickt mit Würde und singen ihr Lob vor der Menge;
der wahre Eros hat jedoch nichts mit dem Frauengemach
zu tun. Und wenn ihr Weibern oder Mädchen in Leidenschaft ergeben seid, so liebt ihr gar nicht wirklich. Denn
die Fliegen lieben auch nicht die Milch noch die Bienen das
Wachs, und Viehzüchter und Köche empfinden kein Wohl-
wollen, wenn sie Kälber und Vögel im Finstern mästen.

# 'Ερωτικός

τῇ φύσει τὸ δεῖσθαι τῆς ἀπ' ἀλλήλων ἡδονῆς γυναῖκας καὶ ἄνδρας, τὴν δ' ἐπὶ τοῦτο κινοῦσαν ὁρμὴν σφοδρότητι καὶ ῥώμῃ γενομένην πολλὴν καὶ δυσκάθεκτον οὐ προσηκόντως Ἔρωτα καλοῦσιν. Ἔρως γὰρ εὐφυοῦς καὶ νέας ψυχῆς ἁψά-μενος εἰς ἀρετὴν διὰ φιλίας τελευτᾷ· ταῖς δὲ πρὸς γυναῖκας ἐπιθυμίαις ταύταις, ἂν ἄριστα πέσωσιν, ἡδονὴν περίεστι καρ-ποῦσθαι καὶ ἀπόλαυσιν ὥρας καὶ σώματος, ὡς ἐμαρτύρησεν Ἀρίστιππος, τῷ κατηγοροῦντι Λαΐδος πρὸς αὐτὸν ὡς οὐ φιλούσης ἀποκρινάμενος, ὅτι καὶ τὸν οἶνον οἴεται καὶ τὸν ἰχθὺν μὴ φιλεῖν αὐτόν, ἀλλ' ἡδέως ἑκατέρῳ χρῆται. τέλος γὰρ ἐπιθυμίας ἡδονὴ καὶ ἀπόλαυσις· Ἔρως δὲ προσδοκίαν φιλίας ἀποβαλὼν οὐκ ἐθέλει παραμένειν οὐδὲ θεραπεύειν ἐφ' ὥρᾳ τὸ ἀνθοῦν καὶ ἀκμάζον, εἰ καρπὸν ἤθους οἰκεῖον εἰς φιλίαν καὶ ἀρετὴν οὐκ ἀποδίδωσιν. ἀκούεις δέ τινος τραγικοῦ γαμέτου λέγοντος πρὸς τὴν γυναῖκα

'μισεῖς; ἐγὼ δὲ ῥᾳδίως μισήσομαι,
πρὸς κέρδος ἕλκων τὴν ἐμὴν ἀτιμίαν.'

τούτου γὰρ οὐδέν ἐστιν ἐρωτικώτερος ὁ μὴ διὰ κέρδος ἀλλ' ἀφροδισίων ἕνεκα καὶ συνουσίας ὑπομένων γυναῖκα μοχθηρὰν καὶ ἄστοργον· ὥσπερ Στρατοκλεῖ τῷ ῥήτορι Φιλιππίδης ὁ κωμικὸς ἐπεγγελῶν ἐποίησεν

'ἀποστρεφομένης τὴν κορυφὴν φιλεῖς μόλις'.

70

Wie die Natur den Appetit maßvoll und ausreichend auf Brot und Fleisch hinlenkt, während ein Übermaß auf diesem Gebiet Leidenschaft weckt und als Gefräßigkeit gilt, so ist das Bedürfnis nach gegenseitiger Lust eine Naturanlage bei Weibern und Männern; den Trieb aber hierzu, der, wenn er stark und heftig auftritt, mächtig und schwer bezwinglich wird, nennt man ohne Berechtigung Eros. Denn wenn Eros eine wohlgestalte, junge Seele ergreift, so bildet er sie durch die Kraft der Freundschaft zur Tugend heran; bei Begierde nach Frauen dagegen gewinnt man bestenfalls Lust und den Genuß jugendlicher Körperschöne. Das bezeugt auch Aristipp. Als jemand die Lais bei ihm verklagte, daß sie ihn nicht liebe, antwortete er: „Ich genieße doch auch Wein und Fische mit Vergnügen, ohne zu glauben, daß sie mich lieben." Denn Begierde erfüllt sich in Lust und Genuß; wenn aber Eros die Aussicht auf Freundschaft verliert, so will er nicht bleiben; auch will er blühende und strahlende Jugendschönheit nur verehren, wenn sie die rechte Frucht des Charakters in Freundschaft und Tugend bringt. Du hörst, wie in einer Tragödie der Gatte zum Weibe spricht:

„Du hassest mich? Ich trage leicht an solchem Haß,
Lenk ich doch selber meine Schande zum Gewinn."

Ebensowenig wie dieser Mann ist der von Eros ergriffen, der zwar nicht aus Gewinn, wohl aber um der Wollust und des Beischlafs willen eine schlechte und lieblose Frau in Kauf nimmt. So verhöhnte der Komiker Philippides den Redner Stratokles mit dem Verse:

’Wenn sie sich wegdreht, küßt du grad ihren Scheitel noch.’

# Ἐρωτικός

εἰ δ' οὖν καὶ τοῦτο τὸ πάθος δεῖ καλεῖν Ἔρωτα, θῆλύ γε καὶ νόθον ὥσπερ εἰς Κυνόσαργες συντελοῦντα τὴν γυναικωνῖτιν· μᾶλλον δ' ὥσπερ ἀετόν τινα λέγουσι γνήσιον καὶ ὀρεινόν, ὃν Ὅμηρος 'μέλανα' καὶ 'θηρευτὴν' προσεῖπεν, ἄλλα δὲ γένη νόθων ἐστὶν ἰχθῦς περὶ ἕλη καὶ ὄρνιθας ἀργοὺς λαμβανόντων, ἀπορούμενοι δὲ πολλάκις ἀναφθέγγονταί τι λιμῶδες καὶ ὀδυρτικόν, οὕτως εἷς Ἔρως γνήσιος ὁ παιδικός ἐστιν, οὐ 'πόθῳ στίλβων', ὡς ἔφη τὸν παρθένιον Ἀνακρέων, οὐδέ 'μύρων ἀνάπλεως καὶ γεγανωμένος', ἀλλὰ λιτὸν αὐτὸν ὄψει καὶ ἄθρυπτον ἐν σχολαῖς φιλοσόφοις ἢ που περὶ γυμνάσια καὶ παλαίστρας περὶ θήραν νέων ὀξὺ μάλα καὶ γενναῖον ἐγκελευόμενον πρὸς ἀρετὴν τοῖς ἀξίοις ἐπιμελείας. τὸν δ' ὑγρὸν τοῦτον καὶ οἰκουρὸν ἐν κόλποις διατρίβοντα καὶ κλινιδίοις γυναικῶν ἀεὶ διώκοντα τὰ μαλθακὰ καὶ θρυπτόμενον ἡδοναῖς ἀνάνδροις καὶ ἀφίλοις καὶ ἀνενθουσιάστοις καταβάλλειν ἄξιον, ὡς καὶ Σόλων κατέβαλε· δούλοις μὲν γὰρ ἐρᾶν ἀρρένων παίδων ἀπεῖπε καὶ ξηραλοιφεῖν, χρῆσθαι δὲ συνουσίαις γυναικῶν οὐκ ἐκώλυσε· καλὸν γὰρ ἡ φιλία καὶ ἀστεῖον, ἡ δ' ἡδονὴ κοινὸν καὶ ἀνελεύθερον. ὅθεν οὐδὲ δούλων ἐρᾶν παίδων ἐλευθέριόν ἐστιν οὐδ' ἀστεῖον· συνουσίας γὰρ οὗτος ὁ ἔρως, καθάπερ ὁ τῶν γυναικῶν.'

Ἔτι δὲ πλείονα λέγειν προθυμουμένου τοῦ Πρωτογένους, ἀντικρούσας ὁ Δαφναῖος 'εὖ γε νὴ Δί'' ἔφη 'τοῦ Σόλωνος ἐμνήσθης καὶ χρηστέον αὐτῷ γνώμονι τοῦ ἐρωτικοῦ ἀνδρός,

Soll man also auch diese Empfindung Eros nennen, dann wenigstens einen weibischen und unebenbürtigen, der dem Frauengemach wie dem Kynosarges verfallen ist; besser noch: wie es einen echten Adler gibt, den Gebirgsadler, den Homer den schwarzen und den Jäger nennt, daneben aber andere unedle Gattungen, die in Sumpfgegenden Fische und träge Vogelarten fangen und in ihrer Dürftigkeit oft ein hungriges Wehgeschrei erklingen lassen, so gibt es einen echten Eros, den der Knaben, nicht 'von Begierde strahlend', wie Anakreon den der Jungfrauen nennt, nicht 'salbentriefend und geziert', sondern man sieht ihn schlicht und unverweichlicht in Philosophenschulen oder etwa auf Turn- und Ringplätzen bei der Jagd auf junge Leute, wo er mit heller und edler Stimme diejenigen, die seiner Fürsorge würdig sind, zur Tugend auffordert. Den weichlichen, im Hause hockenden aber, der am Busen und in den Betten der Frauen dahinlebt, immer auf Wohlleben bedacht und entnervt von unmännlichen, freundlosen und der Begeisterung unfähigen Lüsten, muß man verwerfen wie Solon. Der verbot nämlich den Sklaven die Knabenliebe und das Salben des trockenen Körpers, nicht aber den Verkehr mit Weibern: denn Freundschaft ist etwas Edles und Feines, Lust aber etwas Gewöhnliches und Sklavisches. Daher ist es auch eines freien Mannes unwürdig und unfein, einen Sklavenknaben zu lieben, denn dieser Eros ist, wie der des Weibes, bloßer Geschlechtsverkehr."

Protogenes wollte noch mehr sagen, aber Daphnaios unternahm einen Gegenvorstoß und sagte: ,,Beim Zeus, mit Recht hast du Solon erwähnt, denn ihn zieht man heran als Kenner des von Eros Ergriffenen,

# Ἐρωτικός

'ἔσθ' ἥβης ἐρατοῖσιν ἐπ' ἄνθεσι παιδοφιλήσῃ
μηρῶν ἱμείρων καὶ γλυκεροῦ στόματος'.

πρόσλαβε δὲ τῷ Σόλωνι καὶ τὸν Αἰσχύλον λέγοντα

'σέβας δὲ μηρῶν οὐ κατῃδέσω,
ὦ δυσχάριστε τῶν πυκνῶν φιλημάτων'.

ἕτεροι μὲν γὰρ καταγελῶσιν αὐτῶν, εἰ καθάπερ θύτας καὶ μάντεις εἰς τὰ μηρία καὶ τὴν ὀσφὺν ἀποβλέπειν τοὺς ἐραστὰς κελεύουσιν· ἐγὼ δὲ παμμέγεθες τοῦτο ποιοῦμαι σημεῖον ὑπὲρ τῶν γυναικῶν· εἰ γὰρ ἡ παρὰ φύσιν ὁμιλία πρὸς ἄρρενας οὐκ ἀναιρεῖ τὴν ἐρωτικὴν εὔνοιαν οὐδὲ βλάπτει, πολὺ μᾶλλον εἰκός ἐστι τὸν γυναικῶν ἢ ἀνδρῶν ἔρωτα τῇ φύσει χρώμενον εἰς φιλίαν διὰ χάριτος ἐξικνεῖσθαι. χάρις γὰρ οὖν, ὦ Πρωτόγενες, ἡ τοῦ θήλεος ὕπειξις τῷ ἄρρενι κέκληται πρὸς τῶν παλαιῶν· ὡς καὶ Πίνδαρος ἔφη τὸν Ἥφαιστον 'ἄνευ χαρίτων' ἐκ τῆς Ἥρας γενέσθαι· καὶ τὴν οὔπω γάμων ἔχουσαν ὥραν ἡ Σαπφὼ προσαγορεύουσά φησιν ὅτι 'σμίκρα μοι πάις ἔμμεν ἐφαίνεο κἄχαρις'. ὁ δ' Ἡρακλῆς ὑπό τινος ἐρωτᾶται


'βίᾳ δ' ἔπραξας χάριτας ἢ πείσας κόρην;'

ἡ δ' ἀπὸ τῶν ἀρρένων ἀκόντων μὲν μετὰ βίας γινομένη καὶ λεηλασίας, ἂν δ' ἑκουσίως, σὺν μαλακίᾳ καὶ θηλύτητι, 'βαίνεσθαι' κατὰ Πλάτωνα 'νόμῳ τετράποδος καὶ παιδοσπορεῖσθαι' παρὰ φύσιν ἐνδιδόντων, ἄχαρις χάρις παντάπασι καὶ ἀσχήμων καὶ ἀναφρόδιτος. ὅθεν, οἶμαι, καὶ Σόλων ἐκεῖνα μὲν ἔγραψε νέος ὢν ἔτι καὶ 'σπέρματος πολλοῦ μεστός' ὡς ὁ Πλάτων φησί· ταυτὶ δὲ πρεσβύτης γενόμενος·

'Wenn er die Knaben liebt in der reizenden Blüte der Jugend,
Wenn er der Schenkel Pracht und süße Küsse ersehnt.'

Und zu Solon geselle den Aischylos; er sagt:

'Der Schenkel Weihe hütetest du nicht,
Noch danktest du der Küsse Unzahl mir.'

Freilich, manche verlachen die beiden, wenn sie die Liebhaber, als wären sie Opferer und Seher, Schenkel und
Hüften betrachten heißen; ich dagegen sehe darin einen
gewichtigen Beweis zugunsten der Frauen; denn wenn der
widernatürliche Verkehr mit Männern die Zuneigung Lie-
bender nicht aufhebt oder beeinträchtigt, dann ist es weit
wahrscheinlicher, daß die naturgemäße Liebe von Frauen
oder Männern mit Hilfe der Gunst zur Freundschaft sich
entwickelt. Gunst heißt nämlich bei den Alten, Protogenes,
die Gefügigkeit des Weibes gegenüber dem Manne; so sagt
Pindar, Hephaistos sei 'ohne Gunst' von Hera geboren, und
wenn Sappho das noch nicht ehereife Mädchen anredet, so
sagt sie: 'Gunstlos schienest du mir und gar jugendlich.'
Herakles aber wird von jemand gefragt:

'Gewann dir Rede oder Zwang der Jungfrau Gunst?'

Aber wahrer Gunst völlig bar, unschicklich und lieblos ist
die Gunst der Knaben, denn wenn sie sich sträuben, wird
sie durch Gewalt und Raub erzwungen; sind sie aber willig,
so ist sie mit weichlichem, weibischem Wesen verbunden;
denn, wie Platon sagt, 'wie ein Vieh' lassen sie sich der
Natur zum Trotz 'bespringen und begatten'. Darum, meine
ich, hat auch Solon die erwähnten Verse noch in der Jugend
und, um mit Platon zu reden, 'von starkem Zeugungsdrang'
erfüllt, geschrieben; im Alter aber die folgenden:

## Ἐρωτικός

'ἔργα δὲ Κυπρογενοῦς νῦν μοι φίλα καὶ Διονύσου
καὶ Μουσέων, ἃ τίθησ' ἀνδράσιν εὐφροσύνας',

ὥσπερ ἐκ ζάλης καὶ χειμῶνος τῶν παιδικῶν ἐρώτων ἔν τινι
γαλήνῃ τῇ περὶ γάμον καὶ φιλοσοφίαν θέμενος τὸν βίον. εἰ
μὲν οὖν τὸ ἀληθὲς σκοποῦμεν, ὦ Πρωτόγενες, ἓν καὶ ταὐτόν
ἐστι πρὸς παῖδας καὶ γυναῖκας πάθος τὸ τῶν Ἐρώτων· εἰ
δὲ βούλοιο φιλονεικῶν διαιρεῖν, οὐ μέτρι' ἂν δόξειε ποιεῖν ὁ
παιδικὸς οὗτος, ἀλλ' ὥσπερ ὀψὲ γεγονὼς καὶ παρ' ὥραν τῷ
βίῳ νόθος καὶ σκότιος ἐξελαύνει τὸν γνήσιον Ἔρωτα καὶ
πρεσβύτερον. ἐχθὲς γάρ, ὦ ἑταῖρε, καὶ πρῴην μετὰ τὰς ἀπο-
δύσεις καὶ ἀπογυμνώσεις τῶν νέων παραδὺς εἰς τὰ γυμνάσια
καὶ προσανατριβόμενος ἡσυχῇ καὶ προσαγκαλιζόμενος, εἶτα
κατὰ μικρὸν ἐν ταῖς παλαίστραις πτεροφυήσας οὐκέτι καθ-
εκτός ἐστιν, ἀλλὰ λοιδορεῖ καὶ προπηλακίζει τὸν γαμήλιον
ἐκεῖνον καὶ συνεργὸν ἀθανασίας τῷ θνητῷ γένει, σβεννυμένην
ἡμῶν τὴν φύσιν αὖθις ἐξανάπτοντα διὰ τῶν γενέσεων. οὗτος
δ' ἀρνεῖται τὴν ἡδονήν; αἰσχύνεται γὰρ καὶ φοβεῖται· δεῖ
δέ τινος εὐπρεπείας ἁπτομένῳ καλῶν καὶ ὡραίων· πρόφασις
οὖν φιλία καὶ ἀρετή. κονίεται δὴ καὶ ψυχρολουτεῖ καὶ τὰς
ὀφρῦς αἴρει καὶ φιλοσοφεῖν φησι καὶ σωφρονεῖ ἔξω διὰ τὸν
νόμον· εἶτα νύκτωρ καὶ καθ' ἡσυχίαν

'γλυκεῖ' ὀπώρα φύλακος ἐκλελοιπότος.'

εἰ δ', ὡς φησι Πρωτογένης, οὐκ ἔστιν ἀφροδισίων καὶ παιδικῶν κοινωνία, πῶς Ἔρως ἔστιν Ἀφροδίτης μὴ παρούσης, ἣν

'Lieb sind jetzt mir die Werke der Aphrodite, des Bakchos
Und der Musen, die viel Freude den Männern verleih'n',

als hätte er nach der stürmischen Brandung der Knabenliebe sein Leben in den windstillen Hafen der Ehe und der
Philosophie gelenkt. Wenn wir auf Wahrheit bedacht sind,
Protogenes, so ist die Liebesleidenschaft für Knaben und
die für Weiber eine und dieselbe; will man sich aber auf
spitzfindige Unterscheidungen einlassen, dann erscheint die
Knabenliebe nicht als geziemend, sondern sie vertreibt als
späte und unzeitgemäße Geburt, ein Bastard und Dunkel-
mann, den Eros, ihren echtbürtigen älteren Bruder. Denn
erst seit gestern und vorgestern, mein Freund, seit die Knaben die Kleider abgelegt und sich entblößt haben, schleicht
sie auf die Turnplätze, macht sich leise an einzelne heran und
umschlingt sie, und dann wird sie in den Ringschulen allmählich flügge und ist nun nicht mehr auszuhalten; sie
schmäht und verfolgt mit Fußtritten den Eros der Ehe, der
dem Menschengeschlecht zur Unsterblichkeit mitverhilft
und durch die Zeugung unsere schon verlöschende Natur
von neuem entfacht. Verneint sie vielleicht die Lust? Nein,
sie schämt sich nur und hat Angst und braucht einen Schein
des Anstands, wenn sie sich an schöne, junge Leute heran-
macht, da dienen Freundschaft und Tugend als Vorwand.
So erträgt sie denn den Staub der Kampfbahn und kalte
Bäder, zieht die Brauen hoch, gibt sich den Anschein eines
Philosophen und zeigt sich der Sitte wegen äußerlich ernst-
haft, dann aber gelingt ihr nachts in Muße

'die süße Ernte, wenn der Hüter sich verzog'.

Wenn aber Protogenes recht hat und keine Gemeinschaft
zwischen dem Liebesgenuß der Aphrodite und der Knaben-

## Ἐρωτικός

εἴληχε θεραπεύειν ἐκ θεῶν καὶ περιέπειν, τιμῆς τε μετέχειν καὶ δυνάμεως ὅσον ἐκείνη δίδωσιν; εἰ δ' ἔστι τις Ἔρως χωρὶς Ἀφροδίτης, ὥσπερ μέθη χωρὶς οἴνου πρὸς σύκινον πόμα καὶ κρίθινον, ἄκαρπον αὐτοῦ καὶ ἀτελὲς τὸ ταρακτικόν ἐστι καὶ πλήσμιον καὶ ἀψίκορον.'

Λεγομένων τούτων ὁ Πεισίας ἦν δῆλος ἀγανακτῶν καὶ παροξυνόμενος ἐπὶ τὸν Δαφναῖον· μικρὸν δ' αὐτοῦ καταλιπόντος 'ὦ Ἡράκλεις' ἔφη 'τῆς εὐχερείας καὶ θρασύτητος, ἀνθρώπους ὁμολογοῦντας ὥσπερ οἱ κύνες ἐκ τῶν μορίων συνηρτῆσθαι πρὸς τὸ θῆλυ μεθιστάναι καὶ μετοικίζειν τὸν θεὸν ἐκ γυμνασίων καὶ περιπάτων καὶ τῆς ἐν ἡλίῳ καθαρᾶς καὶ ἀναπεπταμένης διατριβῆς εἰς ματρυλεῖα καὶ κοπίδας καὶ φάρμακα καὶ μαγεύματα καθειργνύμενον ἀκολάστων γυναικῶν· ἐπεὶ ταῖς γε σώφροσιν οὔτ' ἐρᾶν οὔτ' ἐρᾶσθαι δήπου προσῆκόν ἐστιν'. ἐνταῦθα μέντοι καὶ ὁ πατὴρ ἔφη τοῦ Πρωτογένους ἐπιλαβέσθαι καὶ εἰπεῖν

' 'τόδ' ἐξοπλίζει τοὖπος Ἀργεῖον λεών'

καὶ νὴ Δία Δαφναίῳ συνδίκους ἡμᾶς προστίθησιν οὐ μετριάζων ὁ Πεισίας, ἀλλὰ τοῖς γάμοις ἀνέραστον ἐπάγων καὶ ἄμοιρον ἐνθέου φιλίας κοινωνίαν, ἣν τῆς ἐρωτικῆς πειθοῦς καὶ χάριτος ἀπολιπούσης μονονοὺ ζυγοῖς καὶ χαλινοῖς ὑπ' αἰσχύνης καὶ φόβου μάλα μόλις συνεχομένην ὁρῶμεν'. καὶ ὁ Πεισίας 'ἐμοὶ μέν' εἶπεν 'ὀλίγον μέλει τοῦ λόγου· Δαφναῖον δ' ὁρῶ ταὐτὸν πάσχοντα τῷ χαλκῷ· καὶ γὰρ ἐκεῖνος οὐχ οὕτως ὑπὸ τοῦ πυρὸς ὡς ὑπὸ τοῦ πεπυρωμένου χαλκοῦ καὶ ῥέοντος, ἂν ἐπιχέῃ τις, ἀνατήκεται καὶ ῥεῖ συνεξυγραινόμενος·

78

liebe besteht, wie kann dann Eros bestehen ohne Gegenwart der Aphrodite, die zu hegen und zu pflegen und an deren Ehre und Macht, soweit sie ihm davon verleiht, teilzuhaben sein gottbestimmtes Schicksal ist? Besteht aber ein Eros ohne Aphrodite, wie eine Trunkenheit ohne Wein durch Feigen- oder Gerstensaft, so ist die Verwirrung, die er verursacht, ohne Frucht und Ziel, bloße Völlerei und Ekel."

Während dieser Worte war Peisias sichtlich ärgerlich und gereizt auf Daphnaios; nach kurzer Pause sagte er: „Beim Herakles, welch ein Leichtsinn und welch eine Frechheit, daß Menschen zugeben, wie die Hunde nur durch die Geschlechtsteile miteinander in Verbindung zu stehen und dann den Gott Standort und Wohnsitz verändern lassen und ihn von Turnplätzen, Spazierwegen und dem reinen, freien Leben im Sonnenschein weg in Bordelle pferchen und dem Dolch, Gift und Zauberkram mannstoller Weiber ausliefern; denn für verständige Frauen schickt es sich doch nicht, zu lieben oder sich lieben zu lassen." Da ergriff jedoch mein Vater den Protogenes bei der Hand und sagte:

„'Das ist ein Wort, das Argos' Volk in Harnisch bringt';

beim Zeus, Peisias zwingt uns, dem Daphnaios beizustehen, weil er so maßlos ist und die Ehe zu einer des Eros und der gotterfüllten Freundschaft baren Gemeinschaft machen will, die wir, wo Zureden und Anmut des Eros fehlen, fast durch Joch und Zaum nur mit größter Mühe von Scham und Angst zusammengehalten sehen." Und Peisias sagte: „Mich geht das Gerede wenig an; ich sehe aber, dem Daphnaios ergeht es wie dem Erz, denn auch dieses schmilzt weniger durch Feuer als durch zugegossenes feuriges und

# Ἐρωτικός

καὶ τοῦτον οὐκ ἐνοχλεῖ τὸ Λυσάνδρας κάλλος, ἀλλὰ συνδια-
κεκαυμένῳ καὶ γέμοντι πυρὸς ἤδη πολὺν χρόνον πλησιάζων
καὶ ἀπτόμενος ἀναπίμπλαται· καὶ δῆλός ἐστιν, εἰ μὴ ταχὺ
φύγοι πρὸς ἡμᾶς, συντακησόμενος. ἀλλ' ὁρῶ' εἶπε 'γινόμενον
ὅπερ ἂν μάλιστα σπουδάσειεν Ἀνθεμίων, προσκρούοντα τοῖς
δικασταῖς καὶ ἐμαυτόν, ὥστε παύομαι'. καὶ ὁ Ἀνθεμίων
'ὤνησας' εἶπεν, 'ὡς ἔδει γ' ἀπ' ἀρχῆς λέγειν τι πρὸς τὴν
ὑπόθεσιν'.


'Λέγω τοίνυν' ὁ Πεισίας ἔφη, 'προκηρύξας ἐμοῦ γ' ἕνεκα
πάσαις γυναιξὶν αὐτὸν ἐραστήν, ὅτι τῆς γυναικὸς ὁ πλοῦτός
ἐστι φυλακτέος τῷ νεανίσκῳ, μὴ συμμίξαντες αὐτὸν ὄγκῳ
καὶ βάρει τοσούτῳ λάθοιμεν ὥσπερ ἐν χαλκῷ κασσίτερον
ἀφανίσαντες. μέγα γάρ, ἂν ἐλαφρᾷ καὶ λιτῇ γυναικὶ μειρακίου συνελθόντος εἰς ταὐτὸν ἡ κρᾶσις οἴνου δίκην ἐπικρατήσῃ·
ταύτην δ' ὁρῶμεν ἄρχειν καὶ κρατεῖν θέλουσαν· οὐ γὰρ ἂν
ἀπορρίψασα δόξας καὶ γένη τηλικαῦτα καὶ πλούτους ἐμνᾶτο
μειράκιον ἐκ χλαμύδος, ἔτι παιδαγωγεῖσθαι δεόμενον. ὅθεν
οἱ νοῦν ἔχοντες αὐτοὶ προῖενται καὶ περικόπτουσιν ὥσπερ
ὠκύπτερα τῶν γυναικῶν τὰ περιττὰ χρήματα, τρυφὰς ἐμ-
ποιοῦντα καὶ χαυνότητας ἀβεβαίους καὶ κενάς, ὑφ' ὧν ἐπαι-
ρόμεναι πολλάκις ἀποπέτονται· κἂν μένωσι, χρυσαῖς ὥσπερ
ἐν Αἰθιοπίᾳ πέδαις δεδέσθαι βέλτιον ἢ πλούτῳ γυναικός.'

flüssiges Erz und gerät dann durch die Hitze selbst in Fluß. So macht ihm Lysandras Schönheit keine Beschwer; aber jetzt, wo er einem Entflammten und schon längst völlig in Brand Stehenden zu nahe kommt und ihn anrührt, wird auch er ergriffen und sicherlich schmelzen, wenn er sich nicht rasch zu uns rettet. Aber ich sehe", sagte er, „es geschieht, worauf es besonders dem Anthemion ankommt, auch ich errege Anstoß bei den Richtern; darum höre ich lieber auf." „Nein, du hast ganz recht getan", sagte Anthemion, „denn von Anfang an hattest du die Verpflichtung, dich zum Gegenstande zu äußern."

„Zunächst", sagte Peisias, „will ich denn also rückhaltlos aussprechen, daß ich den jungen Mann allen Frauen als Liebhaber gönne; ich meine aber, er muß sich vor dem Reichtum der Frau in acht nehmen, sonst werden wir ihn, wenn wir ihn mit soviel Prunk und Würde in Verbindung bringen, unvermerkt wie das Zinn im Erz verlieren. Denn es ist etwas Großes, wenn ein junger Mann sich mit einem geringen und schlichten Weibe vereinigt und dann wie beim Wein eine gute Mischung entsteht; diese Frau aber gedenkt, wie man sieht, zu herrschen und den Ton anzugeben, sonst würde sie nicht so viele ansehnliche, vornehme und reiche Verbindungen ausschlagen und einen Burschen im Jünglingsgewand umwerben, der noch einen Erzieher nötig hat. Daher geben verständige Leute von selbst den übergroßen Reichtum der Weiber auf und beschneiden ihnen diesen wie Schwungfedern, da er nur Üppigkeit und unzuverlässige, hohle Prahlerei hervorruft, auf deren Schwingen solche Weiber häufig auf und davon fliegen; selbst aber wenn sie bleiben, ist es besser, wie in Äthiopien durch goldene Fußeisen gefesselt zu sein als durch den Reichtum eines Weibes."

# Ἐρωτικός

"Εκεῖνο δ' οὐ λέγεις' ὁ Πρωτογένης εἶπεν 'ὅτι κινδυνεύομεν ἀναστρέφειν ἀτόπως καὶ γελοίως τὸν Ἡσίοδον, ἄν, ἐκείνου λέγοντος

'μήτε τριηκόντων ἐτέων μάλα πόλλ' ἀπολείπων
μήτ' ἐπιθεὶς μάλα πολλά· γάμος δέ τοι ὥριος οὗτος·
ἡ δὲ γυνὴ τέτορ' ἡβώοι, πέμπτῳ δὲ γαμοῖτο',

σχεδὸν ἡμεῖς ἔτεσι τοσούτοις γυναικὶ πρεσβυτέρᾳ, καθάπερ οἱ φοίνικας ἢ συκᾶς ἐρινάζοντες, ὄμφακα καὶ ἄωρον ἄνδρα περιάψωμεν. "Ερᾶται γὰρ αὐτοῦ νὴ Δία καὶ κάεται'· τίς οὖν ὁ κωλύων ἐστὶ κωμάζειν ἐπὶ θύρας, ᾄδειν τὸ παρακλαυσί-θυρον, ἀναδεῖν τὰ εἰκόνια, παγκρατιάζειν πρὸς τοὺς ἀντε-ραστάς; ταῦτα γὰρ ἐρωτικά· καὶ καθείσθω τὰς ὀφρῦς καὶ παυσάσθω τρυφῶσα, σχῆμα λαβοῦσα τῶν τοῦ πάθους οἰ-κείων. εἰ δ' αἰσχύνεται καὶ σωφρονεῖ, κοσμίως οἴκοι καθήσθω περιμένουσα τοὺς μνωμένους καὶ σπουδάζοντας. ἐρᾶν δὲ φάσ-κουσαν γυναῖκα φυγεῖν τις ἂν ἔχοι καὶ βδελυχθείη, μήτι γε λάβοι γάμου ποιησάμενος ἀρχὴν τὴν τοιαύτην ἀκρασίαν.'

Παυσαμένου δὲ τοῦ Πρωτογένους 'ὁρᾷς' εἶπεν ὁ πατήρ, 'ὦ 'Ανθεμίων, ὅτι πάλιν κοινὴν ποιοῦσι τὴν ὑπόθεσιν καὶ τὸν λόγον ἀναγκαῖον ἡμῖν τοῖς οὐκ ἀρνουμένοις οὐδὲ φεύ-γουσι τοῦ περὶ γάμον Ἔρωτος εἶναι χορευταῖς'; 'ναὶ μὰ Δί'' εἶπεν ὁ 'Ανθεμίων· 'ἄμυνε σὺ διὰ πλειόνων νῦν αὐτὸς ἐρῶν, εἰ δὲ μή, τῷ πλούτῳ βοήθησον, ᾧ μάλιστα δεδίτ-τεται Πεισίας ἡμᾶς.' 'τί δ'' εἶπεν ὁ πατὴρ 'οὐκ ἂν ἔγ-

„Du sagst aber nicht", sagte Protogenes, „daß wir in Gefahr kommen, in verkehrter und lächerlicher Weise Hesiods Worte zu verdrehen. Er sagt:

'Bleib in der Zahl der Jahre nicht weit zurück hinter dreißig,
Noch auch werde viel älter, denn so ist's recht für den Ehstand;
Vier Jahr reife das Weib und heimgeführt werd' es im fünften.'

Wir aber sind im Begriff, einer so viele Jahre älteren Frau einen unreifen und kindischen Mann anzuhängen, wie man bei der Dattel- oder Feigenzucht wilde Bäume der gleichen Art verwendet. 'Sie liebt ihn, beim Zeus, und erglüht für ihn', sagt man; wer hindert sie dann, einen fröhlichen Zug zum Hause des Geliebten zu veranstalten, das Klagelied vor der Tür zu singen, seine Bildchen zu bekränzen und gegen die Nebenbuhler den Kampf mit allen Mitteln zu führen? Das sind Taten des Eros. Sie möge die Augenbrauen senken und nicht mehr großartig tun, sondern die Haltung annehmen, die der Leidenschaft entspricht. Ist sie aber schamhaft und verständig, dann möge sie anständig zu Hause auf Freier und Bewunderer warten. Eine Frau aber, die ihre Liebe offen ausspricht, sollte man fliehen und verabscheuen, keinesfalls aber sich gewinnen und damit einen solchen Mangel an Anstand zum Anlaß einer Ehe nehmen."

Protogenes hörte auf. Da sagte mein Vater: „Siehst du, Anthemion, daß sie wieder eine gemeinsame Grundstellung beziehen und uns, die wir weder bestreiten noch vermeiden, am Reigen des Eros der Ehe teilzunehmen, zwingen, Rede zu stehen?" „Ja, beim Zeus", sagte Anthemion; „so übernimm du jetzt die Verteidigung in ausführlicherer Weise, da du selbst liebst, sonst aber stehe dem Reichtum bei,

# Ἐρωτικός

κλῆμα γένοιτο γυναικός, εἰ δι' ἔρωτα καὶ πλοῦτον ἀπορρί-
ψομεν Ἰσμηνοδώραν;' 'βαρεῖα γὰρ καὶ πλουσία'· τί δ' εἰ
καλὴ καὶ νέα; τί δ' εἰ γένει σοβαρὰ καὶ ἔνδοξος; αἱ δὲ σώ-
φρονες οὐ τὸ αὐστηρὸν καὶ κατεγρυπωμένον ἐπαχθὲς πολλοῖς
καὶ δυσκαρτέρητον ἔχουσι, καὶ ποινὰς καλοῦσιν αὐτὰς καὶ
τοῖς ἀνδράσιν ὀργιζομένας, ὅτι σωφρονοῦσιν; ἆρ' οὖν κράτιστον ἐξ ἀγορᾶς γαμεῖν Ἀβρότονόν τινα Θρῇσσαν ἢ Βακχίδα
Μιλησίαν ἀνέγγυον ἐπαγομένην δι' ὠνῆς καὶ καταχυσμάτων;
ἀλλὰ καὶ ταύταις ἴσμεν οὐκ ὀλίγους αἴσχιστα δουλεύσαντας.'


Αὐλητρίδες δὲ Σάμιαι καὶ ὀρχηστρίδες, Ἀριστονίκα καὶ τύμπανον ἔχουσ' Οἰνάνθη καὶ Ἀγαθόκλεια διαδήμασι βασιλέων
ἐπέβησαν. ἡ δὲ Σύρα Σεμίραμις οἰκότριβος μὲν ἦν βασιλικοῦ
θεράπαινα παλλακευομένη· Νίνου δὲ τοῦ μεγάλου βασιλέως
ἐντυχόντος αὐτῇ καὶ στέρξαντος οὕτως ἐκράτησε καὶ κατε-
φρόνησεν, ὥστ' ἀξιῶσαι καὶ μίαν ἡμέραν αὐτὴν περιιδεῖν ἐν
τῷ θρόνῳ καθεζομένην ἔχουσαν τὸ διάδημα καὶ χρηματί-
ζουσαν. δόντος δ' ἐκείνου καὶ κελεύσαντος πάντας ὑπηρετεῖν
ὥσπερ αὐτῷ καὶ πείθεσθαι, μετρίως ἐχρῆτο τοῖς πρώτοις
ἐπιτάγμασι, πειρωμένη τῶν δορυφόρων· ἐπεὶ δ' ἑώρα μηδὲν
ἀντιλέγοντας μηδ' ὀκνοῦντας, ἐκέλευσε συλλαβεῖν τὸν Νί-
νον εἶτα δῆσαι, τέλος δ' ἀποκτεῖναι· πραχθέντων δὲ πάντων ἐβασίλευσε τῆς Ἀσίας ἐπιφανῶς πολὺν χρόνον. ἡ δὲ
Βελεστίχη, πρὸς Διός, οὐ βάρβαρον ἐξ ἀγορᾶς γύναιον, ἧς
ἱερὰ καὶ ναοὺς Ἀλεξανδρεῖς ἔχουσιν, ἐπιγράψαντος δι' ἔρωτα
τοῦ βασιλέως ''Ἀφροδίτης Βελεστίχης'; ἡ δὲ σύνναος μὲν

mit dem Peisias uns vor allem einschüchtern will." Da sagte mein Vater: „Was könnte man an einer Frau nicht alles tadeln, wenn wir Ismenodora des Eros und des Reichtums wegen verwerfen? 'Sie ist herrisch und reich', wirft man ein. Wie aber, wenn sie schön und jung, und wie, wenn sie aus vornehmer und berühmter Familie ist? Sind aber nicht die verständigen Weiber für viele in lästiger und schwer erträglicher Weise streng und höhnisch? und nennt man sie nicht Rachegöttinnen und erbost auf ihre Männer, weil sie so verständig sind? Ist es also nicht am besten, vom Markte weg eine Thrakerin Abrotonon oder eine Milesierin Bakchis von dunkler Herkunft zu heiraten, die man kauft und mit einem Hagel von Nüssen in sein Haus führt? Nein, wir wissen, daß mancher ein recht schmählicher Sklave auch solcher Weiber geworden ist.

Aber samische Flötenspielerinnen und Tänzerinnen wie Aristonika und Oinanthe mit der Handtrommel und Agathokleia haben ein königliches Diadem erworben; die Syrerin Semiramis aber war Sklavin und Kebsweib eines königlichen Hausdieners. Da begegnete ihr der große König Ninos und gewann sie lieb, und sie bekam ihn in ihre Gewalt und verachtete ihn derartig, daß sie verlangte, er solle sie nur einen Tag mit dem Diadem auf dem Thron sitzen und Recht sprechen lassen. Als er dies gewährte und allen befahl, ihr wie ihm selbst zu dienen und zu gehorchen, gab sie zunächst maßvolle Anordnungen aus, um die Leibwache auf die Probe zu stellen; sobald sie aber sah, daß diese ihr durchaus nicht widersprach oder bedenklich war, ließ sie den Ninos ergreifen, dann binden und zuletzt umbringen; hierauf beherrschte sie Asien lange Zeit ruhmvoll. Und, beim Zeus! ist Belestiche nicht ein Dirnchen vom Sklavenmarkt,

# Ἐρωτικός

ἐνταυθοῖ καὶ συνίερος τοῦ Ἔρωτος, ἐν δὲ Δελφοῖς κατάχρυσος ἑστῶσα μετὰ τῶν βασιλέων καὶ βασιλειῶν, ποίᾳ προικὶ τῶν ἐραστῶν ἐκράτησεν;'

''Ἀλλ' ὥσπερ ἐκεῖνοι δι' ἀσθένειαν ἑαυτῶν καὶ μαλακίαν ἔλαθον ἑαυτοὺς γενόμενοι λεία γυναικῶν, οὕτω πάλιν ἄδοξοι καὶ πένητες ἕτεροι πλουσίαις γυναιξὶ καὶ λαμπραῖς συνελθόντες οὐ διεφθάρησαν οὐδ' ὑφῆκάν τι τοῦ φρονήματος, ἀλλὰ τιμώμενοι καὶ κρατοῦντες μετ' εὐνοίας συγκατεβίωσαν. ὁ δὲ συστέλλων τὴν γυναῖκα καὶ συνάγων εἰς μικρόν, ὥσπερ δακτύλιον ἰσχνὸς ὢν μὴ περιρρυῇ δεδιώς, ὅμοιός ἐστι τοῖς ἀποκείρουσι τὰς ἵππους εἶτα πρὸς ποταμὸν ἢ λίμνην ἄγουσι· καθορῶσαν γὰρ ἑκάστην τὴν εἰκόνα τῆς ὄψεως ἀκαλλῆ καὶ ἄμορφον ἀφιέναι τὰ φρυάγματα λέγεται καὶ προσδέχεσθαι τὰς τῶν ὄνων ἐπιβάσεις. πλοῦτον δὲ γυναικὸς αἱρεῖσθαι μὲν πρὸ ἀρετῆς ἢ γένους ἀφιλότιμον καὶ ἀνελεύθερον, ἀρετῇ δὲ καὶ γένει προσόντα φεύγειν ἀβέλτερον. ὁ μὲν γὰρ Ἀντίγονος ὀχυρωμένῳ τὴν Μουνιχίαν τῷ φρουροῦντι γράφων ἐκέλευε ποιεῖν μὴ μόνον τὸν κλοιὸν ἰσχυρὸν ἀλλὰ καὶ τὸν κύνα λεπτόν, ὅπως ὑφαιρῇ τὰς εὐπορίας τῶν Ἀθηναίων· ἀνδρὶ δὲ πλουσίας ἢ καλῆς οὐ προσήκει τὴν γυναῖκα ποιεῖν ἄμορφον ἢ πενιχράν, ἀλλ' ἑαυτὸν ἐγκρατείᾳ καὶ φρονήσει καὶ τῷ μηθὲν ἐκπεπλῆχθαι τῶν περὶ ἐκείνην ἴσον παρέχειν καὶ ἀδούλωτον, ὥσπερ ἐπὶ ζυγοῦ ῥοπὴν τῷ ἤθει προστιθέντα καὶ βάρος, ὑφ' οὗ κρατεῖται καὶ ἄγεται δικαίως ἅμα καὶ συμφερόντως. καὶ μὴν ἡλικία γε πρὸς γάμον καὶ ὥρα τὸ τίκτειν ἔχουσα καὶ τὸ γεννᾶν εὐάρμοστός ἐστιν· ἀκμάζειν δὲ τὴν γυναῖκα πυνθάνομαι'· καὶ ἅμα τῷ Πεισίᾳ

barbarischer Herkunft? und doch stehen in Alexandria Heiligtümer und Tempel ihr zu Ehren, und der verliebte König hat ihnen die Aufschrift gegeben: 'Der Aphrodite Belestiche.' Und mit welcher Mitgift hat das Weib seine Liebhaber unterjocht, das hier Tempel und Heiligtümer mit Eros teilt und in Delphi unter Königen und Königinnen ein vergoldetes Standbild hat?

Es ist vielmehr so: wie diese Männer aus Schwäche und Weichlichkeit unversehens Weibern zur Beute fielen, so ließen sich wieder andere, die unberühmt und arm waren, wenn sie sich mit reichen und berühmten Weibern verbanden, nicht verderben und gaben auch ihren Stolz nicht auf, sondern lebten geehrt und mächtig in gutem Einvernehmen mit ihnen. Wer aber seine Frau kurz hält und in kleine Verhältnisse zwingt, wie ein magerer Mensch seinen Fingerring versteckt aus Angst, daß er abfällt, der ist den Leuten gleich, die ihren Stuten die Mähne abschneiden und sie dann an einen Fluß oder Teich führen; denn man sagt, wenn sie ihr unschönes, mißgestaltetes Spiegelbild sehen, so verlieren sie ihr feuriges Wesen und lassen sich von Eseln bespringen. Zwar ist es unedel und knechtisch, den Reichtum einer Frau zu wählen statt Tugend und guter Familie, aber töricht, ihn zu meiden, wenn er mit Tugend und guter Familie verbunden ist. Antigonos schrieb dem Kommandanten von Munychia nach der Befestigung und befahl ihm, nicht nur das Halseisen stark, sondern auch den Hund dünn zu machen, um den Athenern ihren Wohlstand zu entziehen; dem Mann einer reichen oder schönen Frau aber steht es wohl an, seine Gattin nicht mißgestaltet oder arm zu machen, sondern sich durch Selbstbeherrschung, Besonnenheit und Unbestechlichkeit gegenüber ihrem Vermögen ebenbürtig und unbezwing-

## Ἐρωτικός

προσμειδιάσας 'οὐδενὸς γάρ' ἔφη 'τῶν ἀντεραστῶν πρεσβυτέρα, οὐδ' ἔχει πολιὰς ὥσπερ ἔνιοι τῶν Βάκχωνι προσαναχρωννυμένων. εἰ δ' οὗτοι καθ' ὥραν ὁμιλοῦσι, τί κωλύει κἀκείνην ἐπιμεληθῆναι τοῦ νεανίσκου βέλτιον ἡστινοσοῦν νέας; δύσμικτα γὰρ τὰ νέα καὶ δυσκέραστα καὶ μόλις ἐν χρόνῳ πολλῷ τὸ φρύαγμα καὶ τὴν ὕβριν ἀφίησιν, ἐν ἀρχῇ δὲ κυμαίνει καὶ ζυγομαχεῖ, καὶ μᾶλλον ἂν Ἔρως ἐγγένηται καθάπερ πνεῦμα κυβερνήτου μὴ παρόντος ἐτάραξε καὶ συνέχεε τὸν γάμον οὔτ' ἄρχειν δυναμένων οὔτ' ἄρχεσθαι βουλομένων. εἰ δ' ἄρχει βρέφους μὲν ἡ τίτθη καὶ παιδὸς ὁ διδάσκαλος ἐφήβου δὲ γυμνασίαρχος ἐραστὴς δὲ μειρακίου γενομένου δ' ἐν ἡλικίᾳ νόμος καὶ στρατηγὸς οὐδεὶς δ' ἄναρκτος οὐδ' αὐτοτελής, τί δεινὸν εἰ γυνὴ νοῦν ἔχουσα πρεσβυτέρα κυβερνήσει νέου βίον ἀνδρός, ὠφέλιμος μὲν οὖσα τῷ φρονεῖν μᾶλλον, ἡδεῖα δὲ τῷ φιλεῖν καὶ προσηνής; τὸ δ' ὅλον' ἔφη 'καὶ τὸν Ἡρακλέα Βοιωτοὺς ὄντας ἔδει σέβεσθαι καὶ μὴ δυσχεραίνειν τῷ παρ' ἡλικίαν τοῦ γάμου, γιγνώσκοντας ὅτι κἀκεῖνος τὴν ἑαυτοῦ γυναῖκα Μεγάραν Ἰολάῳ συνῴκισεν ἑκκαιδεκαέτει τότ' ὄντι τρία καὶ τριάκοντ' ἔτη γεγενημένην.'

lich zu zeigen, indem er wie bei einer Waage durch seinen Charakter Ausschlag und Gewicht gibt; denn so wird sie in zugleich gerechter und nützlicher Weise gebändigt und geleitet. Jedenfalls ist ihr Alter im Hinblick auf Ehe, Geburt und Zeugung in bester Ordnung, denn wie ich höre, ist es eine Frau auf der Höhe des Lebens." Dabei lächelte er Peisias an und sagte: „Sie ist nicht älter als irgendeiner ihrer Nebenbuhler und hat auch keine grauen Haare wie einige derer, die dem Bakchon nachlaufen. Und wenn diese den ihrem Alter entsprechenden Verkehr pflegen, warum soll dann nicht auch sie besser für den jungen Mann sorgen als irgendeine junge Frau? Denn die Jugend ist unverträglich und unharmonisch und gibt ihr hochfahrendes Wesen und ihren Übermut nur mühsam im Verlaufe langer Zeit auf, im Anfang aber wallt sie auf und will den Zaum nicht dulden, und wenn Eros hinzukommt, so stiftet er wie der Wind, wenn der Steuermann fehlt, noch größere Verwirrung und zerstört die Ehe. Denn sie kann nicht befehlen, noch will sie sich befehlen lassen. Wenn aber die Amme den Säugling, der Lehrer das Kind, der Vorsteher des Turnplatzes den Epheben, der Liebhaber den jungen Mann, das Gesetz und der Feldherr den Erwachsenen beherrscht und keiner ohne Befehlshaber und unabhängig ist, warum ist es dann schlimm, wenn eine ältere, verständige Frau das Leben eines jungen Mannes leitet? Denn sie ist förderlich, weil sie verständiger ist, angenehm und freundlich, weil sie liebt. Überhaupt müßte man als Boioter auch den Herakles achten und nicht den Altersunterschied einer Ehe bekritteln; denn wie man weiß, hat auch er seine dreiunddreißigjährige Frau Megara dem damals sechzehnjährigen Iolaos vermählt."

# Ἐρωτικός

Τοιούτων λόγων ὁ πατὴρ ἔφη παρόντων αὐτοῖς ἐλθεῖν τῷ Πεισίᾳ ἑταῖρον ἐκ πόλεως ἵππῳ θέοντα, πρᾶγμα θαυμαστὸν ἀπαγγέλλοντα τετολμημένον. ἡ γὰρ Ἰσμηνοδώρα, ὡς ἔοικεν, αὐτὸν μὲν οὐκ ἀηδῶς ἔχειν οἰομένη τὸν Βάκχωνα πρὸς τὸν γάμον, αἰσχύνεσθαι δὲ τοὺς ἀποτρέποντας, ἔγνω μὴ προέσθαι τὸ μειράκιον. τῶν οὖν φίλων τοὺς μάλιστα τοῖς βίοις νεαροὺς καὶ συνερῶντας αὐτῇ καὶ τῶν γυναικῶν τὰς συνήθεις μεταπεμψαμένη καὶ συγκροτήσασα παρεφύλαττε τὴν ὥραν, ἣν ὁ Βάκχων ἔθος εἶχεν ἀπιὼν ἐκ παλαίστρας παρὰ τὴν οἰκίαν αὐτῆς παρεξιέναι κοσμίως. ὡς οὖν τότε προσῄει μετὰ δυοῖν ἢ τριῶν ἑταίρων ἀληλιμμένος, αὐτὴ μὲν ἐπὶ τὰς θύρας ἀπήντησεν ἡ Ἰσμηνοδώρα καὶ τῆς χλαμύδος ἔθιγε μόνον, οἱ δὲ φίλοι καλὸν καλῶς ἐν τῇ χλαμύδι καὶ τῇ διβολίᾳ συναρπάσαντες εἰς τὴν οἰκίαν παρήνεγκαν ἀθρόοι καὶ τὰς θύρας εὐθὺς ἀπέκλεισαν· ἅμα δ' αἱ μὲν γυναῖκες ἔνδον αὐτοῦ τὸ χλαμύδιον ἀφαρπάσασαι περιέβαλον ἱμάτιον νυμφικόν· οἰκέται δὲ περὶ κύκλῳ δραμόντες ἀνέστεφον ἐλαίᾳ καὶ δάφνῃ τὰς θύρας οὐ μόνον τὰς τῆς Ἰσμηνοδώρας ἀλλὰ καὶ τὰς τοῦ Βάκχωνος· ἡ δ' αὐλητρὶς αὐλοῦσα διεξῆλθε τὸν στενωπόν. τῶν δὲ Θεσπιέων καὶ τῶν ξένων οἱ μὲν ἐγέλων, οἱ δ' ἠγανάκτουν καὶ τοὺς γυμνασιάρχους παρώξυνον· ἄρχουσι γὰρ ἰσχυρῶς τῶν ἐφήβων καὶ προσέχουσι τὸν νοῦν σφόδρα τοῖς ὑπ' αὐτῶν πραττομένοις. ἦν δὲ λόγος οὐθεὶς τῶν ἀγωνιζομένων, ἀλλ' ἀφέντες τὸ θέατρον ἐπὶ τῶν θυρῶν τῆς Ἰσμηνοδώρας ἐν λόγοις ἦσαν καὶ φιλονεικίαις πρὸς ἀλλήλους.

Ὡς οὖν ὁ τοῦ Πεισίου φίλος ὥσπερ ἐν πολέμῳ προσελάσας τὸν ἵππον αὐτὸ τοῦτο τεταραγμένος εἶπεν, ὅτι Βάκχων' ἥρπακεν Ἰσμηνοδώρα, τὸν μὲν Ζεύξιππον ὁ πατὴρ ἔφη γε-

Bei diesen Reden, so erzählte der Vater, sei ein Freund zu Pferde aus der Stadt zu Peisias gekommen mit dem Bericht über ein erstaunliches Wagnis. Anscheinend hatte Ismenodora, in der Meinung, daß Bakchon selbst sie gern heiraten wolle und sich nur vor denen scheue, die ihm abrieten, beschlossen, den jungen Mann festzuhalten. Sie hatte von den Freunden die jugendlichsten, die mit ihr dem Eros verfallen waren, und die ihr vertrauten Frauen kommen lassen und versammelt. Dann wartete sie die Stunde ab, zu der Bakchon gewöhnlich die Ringschule verließ und in anständiger Haltung an ihrem Hause vorbeiging. Als er nun in Begleitung zweier oder dreier Freunde frischgesalbt nahte, trat Ismenodora selbst ihm an der Tür entgegen und berührte ihn nur am Mantel, während ihn die Freunde mir nichts dir nichts im Mantel und im doppelt gelegten Gewand ergriffen, mit vereinten Kräften ins Haus brachten und sogleich die Türen verschlossen. Gleichzeitig rissen ihm die Frauen drinnen sein Mäntelchen ab und legten ihm ein Hochzeitskleid an; Hausklaven liefen überall umher und schmückten nicht nur die Tür der Ismenodora, sondern auch die des Bakchon mit Öl- und Lorbeerzweigen, und die Flötenspielerin durcheilte blasend die Gasse. Von den Thespiern und den Freunden lachten die einen, andere waren empört und hetzten die Leiter der Turnschule auf; denn die halten die Epheben strenge und achten sehr darauf, was diese anstellen. Kein Mensch kümmerte sich um die Wettkämpfe; man verließ das Theater und unterhielt sich und stritt miteinander vor Ismenodoras Tür.

Als nun Peisias' Freund wie im Kriege zu ihm heranritt und ihm eben dies mit allen Zeichen der Verwirrung mitteilte, daß Ismenodora den Bakchon entführt habe, da fing,

### Ἐρωτικός

λᾶσαι καὶ εἰπεῖν, ἅτε δὴ καὶ φιλευριπίδην ὄντα,

'πλούτῳ χλιδῶσα θνητὰ δ' ὦ γύναι φρόνει'·

τὸν δὲ Πεισίαν ἀναπηδήσαντα βοᾶν 'ὦ θεοί, τί πέρας ἔσται
τῆς ἀνατρεπούσης τὴν πόλιν ἡμῶν ἐλευθερίας; ἤδη γὰρ εἰς
ἀνομίαν τὰ πράγματα διὰ τῆς αὐτονομίας βαδίζει. καίτοι
γελοῖον ἴσως ἀγανακτεῖν περὶ νόμων καὶ δικαίων, ἡ γὰρ
φύσις παρανομεῖται γυναικοκρατουμένη. τί τοιοῦτον ἡ Λῆ-
μνος; ἴωμεν ἡμεῖς, ἴωμεν' εἶπεν, 'ὅπως καὶ τὸ γυμνάσιον ταῖς
γυναιξὶ παραδῶμεν καὶ τὸ βουλευτήριον, εἰ παντάπασιν ἡ
πόλις ἐκνενεύρισται.' προάγοντος οὖν τοῦ Πεισίου ὁ μὲν
Πρωτογένης οὐκ ἀπελείπετο τὰ μὲν συναγανακτῶν τὰ δὲ
πραΰνων ἐκεῖνον· ὁ δ' Ἀνθεμίων 'νεανικὸν μέν' ἔφη 'τὸ τόλ-
μημα καὶ Λήμνιον ὡς ἀληθῶς, αὐτοὶ γάρ ἐσμεν, σφόδρ' ἐρώ-
σης γυναικός.' καὶ ὁ Σώκλαρος ὑπομειδιῶν 'οἴει γὰρ ἁρπαγὴν'
ἔφη 'γεγονέναι καὶ βιασμόν, οὐκ ἀπολόγημα καὶ στρατήγημα
τοῦ νεανίσκου νοῦν ἔχοντος, ὅτι τὰς τῶν ἐραστῶν ἀγκάλας
διαφυγὼν ἐξηυτομόληκεν εἰς χεῖρας καλῆς καὶ πλουσίας γυναικός;' 'μὴ λέγε ταῦτ','  εἶπεν 'ὦ Σώκλαρε, μηδ' ὑπονόει ἐπὶ
Βάκχωνος' ὁ Ἀνθεμίων· 'καὶ γὰρ εἰ μὴ φύσει τὸν τρόπον
ἁπλοῦς ἦν καὶ ἀφελής, ἐμὲ γοῦν οὐκ ἂν ἀπεκρύψατο, τῶν
τ' ἄλλων μεταδιδοὺς ἁπάντων ἕν τε τούτοις ὁρῶν προθυ-
μότατον ὄντα τῆς Ἰσμηνοδώρας βοηθόν· Ἔρωτι δὲ 'μάχεσθαι χαλεπόν', οὐ 'θυμῷ' καθ' Ἡράκλειτον· 'ὅ τι γὰρ ἂν
θελήσῃ, καὶ ψυχῆς ὠνεῖται' καὶ χρημάτων καὶ δόξης· ἐπεὶ
τί κοσμιώτερον Ἰσμηνοδώρας ἐν τῇ πόλει; πότε δ' εἰσῆλθεν
ἢ λόγος αἰσχρὸς ἢ πράξεως ὑπόνοια φαύλης ἔθιγε τῆς οἰκίας;
ἀλλ' ἔοικε θεία τις ὄντως εἰληφέναι τὴν ἄνθρωπον ἐπίπνοια
καὶ κρείττων ἀνθρωπίνου λογισμοῦ.'

nach meines Vaters Bericht, Zeuxippos an zu lachen und
sagte, seiner Liebe zu Euripides entsprechend:

„Weib, in des Reichtums Glanz bewahre Mäßigkeit!"

Peisias aber sprang auf und rief: „Ihr Götter, wie soll es
noch enden mit dieser Freiheit, die alles in unserer Stadt
auf den Kopf stellt? Denn dank ihrer Eigengesetzlichkeit
laufen die Dinge schon auf Ungesetzlichkeit hinaus. Und
doch ist es vielleicht lächerlich, sich wegen der Gesetze und
Rechte zu empören; wird doch die Natur ungesetzlich behandelt, wo Weiber regieren. Was hat Lemnos Entsprechendes zu bieten? Gehen wir, gehen wir", sagte er, „laßt uns
auch Turnschule und Rathaus den Weibern übergeben,
wenn die Stadt wirklich völlig ihrer Kraft beraubt ist."
Hierauf ging Peisias voran, und Protogenes folgte ihm,
teils sich mit ihm entrüstend, teils ihn beruhigend. Da
sagte Anthemion: „Jugendlich ist das Wagnis und wahrhaft lemnisch und unter uns gesagt, einer heftig von
Eros ergriffenen Frau entsprechend." Und Soklaros sagte
mit flüchtigem Lächeln: „Meinst du denn, es habe eine
Entführung und Vergewaltigung stattgefunden, und nicht
eine Ausflucht und Kriegslist des jungen Mannes, der so
verständig ist, den Armen der Liebhaber entronnen in die
Arme einer schönen, reichen Frau überzugehen?" „Sprich
nicht so, Soklaros", sagte Anthemion, „und verdächtige
Bakchon nicht, denn auch wenn er nicht von Natur schlicht
und einfach wäre, würde er sich vor mir auf keinen Fall
verstellt haben; teilt er sich doch auch sonst mir immer mit,
und er sieht, daß ich in dieser Sache der willigste Helfer
Ismenodoras bin. Mit Eros aber, nicht, wie Heraklit sagt,
'mit dem Zorn ist schlimm zu streiten; alles nämlich, was er

# Ἐρωτικός

Καὶ ὁ Πεμπτίδης ἐπιγελάσας 'ἀμέλει καὶ σώματός τις' ἔφη 'νόσος ἔστιν, ἣν ἱερὰν καλοῦσιν· οὐδὲν οὖν ἄτοπον, εἰ καὶ ψυχῆς τὸ μανικώτατον πάθος καὶ μέγιστον ἱερὸν καὶ θεῖον ἔνιοι προσαγορεύουσιν. εἶθ' ὥσπερ ἐν Αἰγύπτῳ ποτὲ γείτονας ἑώρων δύο διαμφισβητοῦντας, ὄφεως προερπύσαντος εἰς τὴν ὁδόν, ἀμφοτέρων μὲν ἀγαθὸν δαίμονα καλούντων ἑκατέρου δ' ἔχειν ἀξιοῦντος ὡς ἴδιον, οὕτως ὁρῶν ὑμῶν ἄρτι τοὺς μὲν εἰς τὴν ἀνδρωνῖτιν ἕλκοντας τὸν Ἔρωτα τοὺς δ' εἰς τὴν γυναικωνῖτιν, ὑπερφυὲς καὶ θεῖον ἀγαθόν, οὐκ ἐθαύμαζον, εἰ τηλικαύτην δύναμιν ἔσχε καὶ τιμὴν τὸ πάθος, οἷς ἦν προσῆκον ἐξελαύνειν αὐτὸ πανταχόθεν καὶ κολούειν, ὑπὸ τούτων αὐξανόμενον καὶ σεμνυνόμενον. ἄρτι μὲν οὖν ἡσυχίαν ἦγον· ἐν γὰρ ἰδίοις μᾶλλον ἢ κοινοῖς ἑώρων τὴν ἀμφισβήτησιν οὖσαν· νυνὶ δ' ἀπηλλαγμένος Πεισίου ἡδέως ἂν ὑμῶν ἀκούσαιμι πρὸς τί βλέψαντες ἀπεφήναντο τὸν Ἔρωτα θεὸν οἱ πρῶτοι τοῦτο λέξαντες.'

Παυσαμένου δὲ τοῦ Πεμπτίδου καὶ τοῦ πατρὸς ἀρξαμένου τι περὶ τούτων λέγειν, ἕτερος ἧκεν ἐκ πόλεως, τὸν Ἀνθεμίωνα μεταπεμπομένης τῆς Ἰσμηνοδώρας· ἐπέτεινε γὰρ ἡ ταραχή, καὶ τῶν γυμνασιάρχων ἦν διαφορά, τοῦ μὲν οἰομένου δεῖν τὸν Βάκχωνα ἀπαιτεῖν τοῦ δὲ πολυπραγμονεῖν οὐκ ἐῶντος. ὁ μὲν οὖν Ἀνθεμίων ἀναστὰς ἐβάδιζεν· ὁ δὲ πατὴρ τὸν Πεμπτίδην ὀνομαστὶ προσαγορεύσας 'μεγάλου μοι δοκεῖς

will, erkauft er mit dem Leben', mit Geld und gutem Ruf. Denn was gibt es Ordentlicheres als Ismenodora in der Stadt? Wann kam eine böse Nachrede auf, wann hat der Argwohn einer bösen Tat sich an dies Haus gewagt? Nein, ein wirklich göttlicher Odem, stärker als menschliche Berechnung, scheint diese Frau ergriffen zu haben."

Da lachte Pemptides und sagte: „Bekanntlich gibt es eine Krankheit des Körpers, die wir 'die heilige' nennen; also ist es nicht ungereimt, wenn einige Leute auch die rasendste und stärkste Leidenschaft der Seele heilig und göttlich nennen. In Ägypten sah ich einst zwei Nachbarn miteinander streiten, als eine Schlange auf die Straße gekrochen war. Beide nannten sie einen guten Dämon und jeder wollte sie haben. So sah ich eben die einen von euch den Eros in das Männergemach, die andern in das Frauengemach zerren, als ein überschwengliches, göttliches Gut, und wunderte mich nicht, daß diese Leidenschaft soviel Macht und Ehre genießt; wird sie doch von denen erhoben und gefeiert, die sie allerwärts vertreiben und verstümmeln sollten. Eben hielt ich den Mund, denn ich sah, daß der Streit sich mehr in privaten als in allgemeinen Bezirken hielt; jetzt aber, wo ich Peisias los bin, würde ich gern von euch hören, worauf es diejenigen, die zuerst eine solche Behauptung aufstellten, absahen, wenn sie den Eros zum Gott machten."

Nach diesen Worten des Pemptides fing mein Vater an, zur Sache zu sprechen. Da kam noch jemand aus der Stadt, den Ismenodora zu Anthemion geschickt hatte; denn die Verwirrung steigerte sich, und die Schulvorsteher waren uneins; der eine meinte, man solle Bakchon zurückfordern, der andere wollte eine Einmischung nicht zulassen. Da stand Anthemion auf und ging, mein Vater aber rief Pemptides

# Ἐρωτικός

ἅπτεσθαι᾽ εἶπεν ᾽καὶ παραβόλου πράγματος, ὦ Πεμπτίδη, μᾶλλον δ᾽ ὅλως τὰ ἀκίνητα κινεῖν τῆς περὶ θεῶν δόξης ἣν ἔχομεν, περὶ ἑκάστου λόγον ἀπαιτῶν καὶ ἀπόδειξιν. ἀρκεῖ γὰρ ἡ πάτριος καὶ παλαιὰ πίστις, ἧς οὐκ ἔστιν εἰπεῖν οὐδ᾽ ἀνευρεῖν τεκμήριον ἐναργέστερον,

᾽οὐδ᾽ εἰ δι᾽ ἄκρας τὸ σοφὸν εὕρηται φρενός᾽·

ἀλλ᾽ ἕδρα τις αὕτη καὶ βάσις ὑφεστῶσα κοινὴ πρὸς εὐσέβειαν, ἐὰν ἐφ᾽ ἑνὸς ταράττηται καὶ σαλεύηται τὸ βέβαιον αὐτῆς καὶ νενομισμένον, ἐπισφαλὴς γίνεται πᾶσι καὶ ὕποπτος. ἀκούεις δὲ δήπου τὸν Εὐριπίδην ὡς ἐθορυβήθη ποιησάμενος ἀρχὴν τῆς Μελανίππης ἐκείνην

᾽Ζεύς, ὅστις ὁ Ζεύς, οὐ γὰρ οἶδα πλὴν λόγῳ᾽,

μεταλαβὼν δὲ χορὸν ἄλλον (ἐθάρρει γὰρ ὡς ἔοικε τῷ δράματι γεγραμμένῳ πανηγυρικῶς καὶ περιττῶς) ἤλλαξε τὸν στίχον ὡς νῦν γέγραπται

᾽Ζεύς, ὡς λέλεκται τῆς ἀληθείας ὕπο.᾽

τί οὖν διαφέρει τὴν περὶ τοῦ Διὸς δόξαν ἢ τῆς Ἀθηνᾶς ἢ τοῦ Ἔρωτος εἰς ἀμφίβολον τῷ λόγῳ θέσθαι καὶ ἄδηλον; οὐ γὰρ νῦν αἰτεῖ πρῶτον βωμὸν ὁ Ἔρως καὶ θυσίαν οὐδ᾽ ἔπηλυς ἔκ τινος βαρβαρικῆς δεισιδαιμονίας, ὥσπερ Ἄτται τινὲς καὶ Ἀδωναῖοι λεγόμενοι, δι᾽ ἀνδρογύνων καὶ γυναικῶν παραδύεται κρύφα τιμὰς οὐ προσηκούσας καρπούμενος, ὥστε παρεισγραφῆς δίκην φεύγειν καὶ νοθείας τῆς ἐν θεοῖς. ἀλλ᾽ ὅταν Ἐμπεδοκλέους ἀκούσῃς λέγοντος, ὦ ἑταῖρε,

beim Namen und sagte: „Du rührst, wie ich glaube, an eine wichtige und gefährliche Sache; noch mehr: du suchst das, was an dem Götterglauben, den wir haben, nicht angerührt werden darf, um jeden Preis anzurühren, da du Rechenschaft und Beweis über jeden Gott verlangst. Denn hier genügt der alte Väterglaube; ein klareres Zeugnis als ihn kann man nicht nennen noch finden,

'auch nicht, wo Weisheit durch Verstandeskraft erscheint';

sondern dieser Glaube ist allgemeiner Boden und Grundlage der Frömmigkeit, und wenn seine Sicherheit und sein Herkommen auch nur im Falle eines einzigen Gottes verwirrt und erschüttert werden, dann wird er für alle Götter wankend und verdächtig. Du weißt doch wohl, wie Euripides in Zweifel geriet, als er den bekannten Anfang der Melanippe gedichtet hatte:

'Zeus, wer er sein mag, Worte nur tun ihn mir kund.'

Als er dann wieder zur Aufführung zugelassen wurde (offenbar setzte er große Hoffnungen auf das wirksame und großartige Stück), änderte er den Vers in seine jetzige Form:

'Zeus, wie sein Name lautet, den die Wahrheit gab.'

Besteht nun überhaupt ein Unterschied darin, den Glauben an Zeus durch den Verstand in Zweifel und Unklarheit zu ziehen oder den an Athena oder Eros? Denn Eros verlangt ja nicht jetzt zum erstenmal Altar und Opfer; auch drängt er sich nicht als Fremdling von irgendeinem barbarischen Aberglauben aus, wie einige Wesen aus Attis' und Adonis' Bereich, mit Hilfe von Zwittern und Weibern ein und erntet heimliche Ehren, die ihm nicht zukommen, so daß er sich

# Ἐρωτικός

'καὶ Φιλότης ἐν τοῖσιν ἴση μῆκός τε πλάτος τε,
τὴν σὺ νόῳ δέρκου, μηδ' ὄμμασιν ἦσο τεθηπώς',

ταῦτ' οἴεσθαι χρὴ λέγεσθαι καὶ περὶ Ἔρωτος· οὐ γάρ ἐστιν ὁρατός, ἀλλὰ δοξαστὸς ἡμῖν ὁ θεὸς οὗτος ἐν τοῖς πάνυ παλαιοῖς· ὦν ἂν περὶ ἐκάστου τεκμήριον ἀπαιτῇς, παντὸς ἁπτόμενος ἱεροῦ καὶ παντὶ βωμῷ σοφιστικὴν ἐπάγων πεῖραν, οὐδέν' ἀσυκοφάντητον οὐδ' ἀβασάνιστον ἀπολείψεις· πόρρω γὰρ οὐκ ἄπειμι,

'τὴν δ' Ἀφροδίτην οὐχ ὁρᾷς ὅση θεός;'
'ἥδ' ἐστὶν ἡ σπείρουσα καὶ διδοῦσ' ἔρον,
οὖ πάντες ἐσμὲν οἱ κατὰ χθόν' ἔκγονοι.'

'ζείδωρον' γὰρ αὐτὴν Ἐμπεδοκλῆς 'εὔκαρπον' δὲ Σοφοκλῆς ἐμμελῶς πάνυ καὶ πρεπόντως ὠνόμασαν. ἀλλ' ὅμως τὸ μέγα τοῦτο καὶ θαυμαστὸν Ἀφροδίτης μὲν ἔργον Ἔρωτος δὲ πάρεργόν ἐστιν Ἀφροδίτῃ συμπαρόντος· μὴ συμπαρόντος δὲ κομιδῇ τὸ γινόμενον ἄζηλον ἀπολείπεται καὶ 'ἄτιμον καὶ ἄφιλον'. ἀνέραστος γὰρ ὁμιλία καθάπερ πεῖνα καὶ δίψα πλησμονὴν ἔχουσα πέρας εἰς οὐδὲν ἐξικνεῖται καλόν· ἀλλ' ἡ θεὸς Ἔρωτι τὸν κόρον ἀφαιροῦσα τῆς ἡδονῆς φιλότητα ποιεῖ καὶ σύγκρασιν. διὸ Παρμενίδης μὲν ἀποφαίνει τὸν Ἔρωτα τῶν Ἀφροδίτης ἔργων πρεσβύτατον ἐν τῇ κοσμογονίᾳ γράφων

'πρώτιστον μὲν Ἔρωτα θεῶν μητίσατο πάντων'·

als Fälscher und Bastard unter den Göttern verantworten müßte. Sondern, mein Freund, wenn du Empedokles sagen hörst:

'Liebe ist auch unter ihnen, an Länge und Breite die gleiche. Schaue sie an mit dem Geist und sitz nicht staunenden Auges',

so muß man das auch von Eros gelten lassen; nicht sichtbar, sondern nur zu erahnen ist er für uns als einer der ganz alten Götter; und wenn du für einen jeden von diesen ein Zeugnis verlangst, jedes Heiligtum antastest und jedem Altar dich mit sophistischer Prüfung näherst, so wirst du nichts unbeargwöhnt und unberührt lassen. Ich brauche nicht erst lange zu suchen;

'Siehst du nicht, wie gewaltig Aphrodite ist?
Sie ist es doch, die sät und uns die Liebe gibt,
Und ihre Kinder sind wir alle auf der Welt.'

'Lebenspendend' hat Empedokles, 'gute Frucht tragend' hat Sophokles sie sehr treffend und geziemend genannt. Trotzdem ist dies große und bewundernswerte Werk der Aphrodite nur ein Beiwerk des Eros, wenn er mit Aphrodite zugegen ist; ist er nicht zugegen, dann bleibt der Vorgang gänzlich unerwünscht und 'unanständig und lieblos'. Denn Geschlechtsverkehr ohne Eros läuft wie Hunger und Durst, die einen vollen Magen zum Ziel haben, auf nichts Gutes hinaus; aber mit Eros' Hilfe nimmt die Göttin der Lust den Ekel und macht sie zur Freundschaft und Vereinigung. Darum macht Parmenides den Eros zur ältesten Schöpfung der Aphrodite. In seiner Kosmogonie schreibt er:

'Als den ersten erschuf sie von allen Göttern den Eros.'

# Ἐρωτικός

Ἡσίοδος δὲ φυσικώτερον ἐμοὶ δοκεῖ ποιεῖν Ἔρωτα πάντων προγενέστατον, ἵνα πάντα δι' ἐκεῖνον μετάσχῃ γενέσεως. ἂν οὖν τὸν Ἔρωτα τῶν νενομισμένων τιμῶν ἐκβάλλωμεν, οὐδ' αἱ τῆς Ἀφροδίτης κατὰ χώραν μενοῦσιν. οὐδὲ γὰρ τοῦτ' ἔστιν εἰπεῖν, ὅτι τῷ μὲν Ἔρωτι λοιδοροῦνταί τινες ἀπέχονται δ' ἐκείνης, ἀλλ' ἀπὸ μιᾶς σκηνῆς ἀκούομεν

<blockquote>'Ἔρως γὰρ ἀργὸν κἀπὶ τοιούτοις ἔφυ'</blockquote>

καὶ πάλιν

<blockquote>
'ὦ παῖδες, ἦ τοι Κύπρις οὐ Κύπρις μόνον,<br>
ἀλλ' ἔστι πολλῶν ὀνομάτων ἐπώνυμος.<br>
ἔστιν μὲν Ἀίδης, ἔστι δ' ἄφθιτος βίος,<br>
ἔστιν δὲ λύσσα μανιάς·'
</blockquote>

ὥσπερ οὐδὲ τῶν ἄλλων θεῶν σχεδὸν ἀλοιδόρητος οὐδεὶς ἐκπέφευγε τὴν εὐλοιδόρητον ἀμαθίαν. σκόπει δὲ τὸν Ἄρην καθάπερ ἐν πίνακι χαλκῷ τὴν ἀντικειμένην ἐκ διαμέτρου τῷ Ἔρωτι χώραν ἔχοντα πηλίκας εἴληχε τιμὰς ὑπ' ἀνθρώπων καὶ πάλιν ὅσα κακῶς ἀκούει,

<blockquote>
'τυφλὸς γάρ, ὦ γυναῖκες, οὐδ' ὁρῶν Ἄρης<br>
συὸς προσώπῳ πάντα τυρβάζει κακά',
</blockquote>

καὶ 'μιαιφόνον' Ὅμηρος αὐτὸν καλεῖ καὶ 'ἀλλοπρόσαλλον'. ὁ δὲ Χρύσιππος ἐξηγούμενος τοὔνομα τοῦ θεοῦ κατηγορίαν ποιεῖ καὶ διαβολήν· Ἀναίρην γὰρ εἶναι τὸν Ἄρην φησίν, ἀρχὰς διδοὺς τοῖς τὸ μαχητικὸν ἐν ἡμῖν καὶ διάφορον καὶ θυμοειδὲς Ἄρην κεκλῆσθαι νομίζουσιν. ἕτεροι δ' αὖ φήσουσι τὴν Ἀφροδίτην ἐπιθυμίαν εἶναι καὶ τὸν Ἑρμῆν λόγον καὶ

Hesiod aber macht, nach meiner Meinung der Natur besser entsprechend, den Eros zum ältesten aller Götter, damit alles durch ihn Anteil habe am Werden. Wenn wir also den Eros aus den herkömmlichen Ehren jagen, dann werden auch die der Aphrodite nicht bestehen. Denn auch das kann man nicht sagen, daß einige den Eros schmähen und die Aphrodite verschonen, sondern auf ein und derselben Bühne hört man:

'Denn träg ist Eros und den Trägen wohlvertraut'

und anderseits:

'Ihr Kinder, wahrlich, Kypris ist nicht Kypris nur,
Nein, zahlreich sind die Namen, die die Göttin trägt.
Sie ist der Hades, ist die ewige Lebenskraft,
Ist wilde Raserei.'

Wie denn auch fast keiner der andern Götter ungeschmäht der zu Schmähungen neigenden Beschränktheit entronnen ist. Achte einmal darauf, wieviel Ehren Ares von den Menschen erhalten hat, der wie auf einer Erztafel den dem Eros genau entgegengesetzten Platz innehat, und wieviel Böses anderseits von ihm gesagt wird!

'Denn blind, ihr Frau'n, ist Ares, und der Sehkraft bar
Wühlt er mit Schweines Rüssel alles Unheil auf;'

und Homer nennt ihn 'mordblutbesudelt' und 'wetterwendisch'. Chrysipp aber benutzt die Auslegung seines Namens zu Anklage und Verleumdung: er sagt, Ares sei Anaires (Töter) und gibt damit denen einen Ansatzpunkt, die meinen, das Kämpferische, Streitbare und Leidenschaftliche heiße Ares. Andere wieder werden behaupten, Aphrodite

# Ἐρωτικός

τέχνας τὰς Μούσας καὶ φρόνησιν τὴν Ἀθηνᾶν. ὁρᾷς δήπου τὸν ὑπολαμβάνοντα βυθὸν ἡμᾶς ἀθεότητος, ἂν εἰς πάθη καὶ δυνάμεις καὶ ἀρετὰς διαγράφωμεν ἕκαστον τῶν θεῶν.’

“Ορῶ’ εἶπεν ὁ Πεμπτίδης, ‘ἀλλ’ οὔτε πάθη τοὺς θεοὺς ποιεῖν ὅσιον οὔτ’ αὖ πάλιν τὰ πάθη θεοὺς νομίζειν.’ καὶ ὁ πατήρ ‘τί οὖν’ ἔφη ‘τὸν Ἄρην, θεὸν εἶναι νομίζεις ἢ πάθος ἡμέτερον;’ ἀποκριναμένου δὲ τοῦ Πεμπτίδου θεὸν ἡγεῖσθαι τὸν Ἄρην κοσμοῦντα τὸ θυμοειδὲς ἡμῶν καὶ ἀνδρῶδες, ἀνακραγὼν ὁ πατήρ ‘εἶτ’’ ἔφη ‘τὸ μὲν μαχητικόν, ὦ Πεμπτίδη, καὶ πολεμικὸν καὶ ἀντίπαλον θεὸν ἔχει, τὸ δὲ φιλητικὸν καὶ κοινωνικὸν καὶ συνελευστικὸν ἄθεόν ἐστι; καὶ κτείνοντας μὲν ἄρα καὶ κτεινομένους ἀνθρώπους ὅπλα τε καὶ βέλη καὶ τειχομαχίας καὶ λεηλασίας ἔστι τις ἐφορῶν καὶ βραβεύων θεὸς Ἐνυάλιος καὶ Στράτιος· πάθους δὲ γαμικοῦ καὶ φιλότητος εἰς ὁμοφροσύνην καὶ κοινωνίαν τελευτώσης οὐδεὶς θεῶν μάρτυς οὐδ’ ἐπίσκοπος οὐδ’ ἡγεμὼν ἢ συνεργὸς ἡμῖν γέγονεν; ἀλλὰ δορκάδας μὲν θηρεύουσι καὶ λαγωοὺς καὶ ἐλάφους Ἀγρότερός τις συνεπιθωΰσσει καὶ συνεξορμᾷ θεός, εὔχονται δ’ Ἀρισταίῳ δολοῦντες ὀρύγμασι καὶ βρόχοις λύκους καὶ ἄρκτους,

‘ὃς πρῶτος θήρεσσιν ἔπηξε ποδάγρας’·

ὁ δ’ Ἡρακλῆς ἕτερον θεὸν παρακαλεῖ μέλλων ἐπὶ τὸν ὄρνιν αἴρεσθαι τὸ τόξον, ὡς Αἰσχύλος φησίν,

‘’Αγρεὺς δ’ Ἀπόλλων ὀρθὸν ἰθύνοι βέλος’·

ἀνδρὶ δὲ τὸ κάλλιστον ἐπιχειροῦντι θήραμα φιλίαν ἑλεῖν οὔτε θεὸς οὔτε δαίμων ἀπευθύνει καὶ συνεφάπτεται τῆς ὁρμῆς;

sei die Begierde und Hermes der Verstand, die Musen die Künste und die Vernunft Athena. Du siehst doch wohl, welch ein Abgrund von Gottlosigkeit uns empfängt, wenn wir einen jeden Gott in Leidenschaften, Kräfte und Tugenden aufteilen."

„Jawohl", sagte Pemptides, „aber es ist ebensowenig fromm, die Leidenschaften für Götter zu halten, wie die Götter zu Leidenschaften zu machen." Da sagte mein Vater: „Hältst du denn Ares für einen Gott oder nur für unsere Leidenschaft?" Als Pemptides antwortete, er halte Ares für einen Gott, der unsern Mut und mannhaften Sinn verherrliche, schrie mein Vater auf und sagte: „Dann hat ja, Pemptides, das Streitbare, Feindliche und Entgegengesetzte einen Gott und das Freundschaftliche, Gemeinschaftbildende und Verbindende nicht? und für mordende und ermordete Männer, für Waffen, Geschosse, Mauerkämpfe und Beutezüge gibt es Götter als Aufseher und Schiedsrichter, Enyalios und Stratios, für die eheliche Leidenschaft aber und für die Freundschaft, die in Eintracht und Gemeinschaft aufgeht, haben wir keinen Gott zum Zeugen, Aufseher, Führer oder Helfer? Aber wer Rehe, Hasen und Hirsche jagt, mit dem hetzt und treibt ein Gott Agroteros, und wer in Gruben und Schlingen Wölfe und Bären überlistet, fleht zu Aristaios,

'der zuerst den Tieren Fallen befestigt'.

Herakles aber ruft einen andern Gott herbei, wenn er zum Adler des Zeus den Bogen erheben will, wie Aischylos sagt:

'Jäger Apollon, richte dies Geschoß aufs Ziel!';

wenn dagegen ein Mann die schönste Jagd versucht, nämlich Freundschaft zu gewinnen, dann lenkt weder Gott noch

## Ἐρωτικός

ἐγὼ μὲν γὰρ οὐδὲ δρυὸς οὐδὲ μορίας οὐδ' ἦν "Ομηρος 'ἡμε-
ρίδα' σεμνύνων προσεῖπεν ἀκαλλέστερον ἔρνος οὐδὲ φαυλό-
τερον ἡγοῦμαι φυτὸν ἄνθρωπον, ὦ φίλε Δαφναῖε, βλαστή-
σεως ὁρμὴν ἔχοντα διαφαίνουσαν ὥραν καὶ κάλλος ἅμα σώματος καὶ ψυχῆς.' καὶ ὁ Δαφναῖος 'τίς δ' ἄλλως' εἶπεν, 'ὦ
πρὸς τῶν θεῶν;' 'οὗτοι νὴ Δί'' ἔφη 'πάντες' ὁ πατήρ 'οἱ νομίζοντες ἀρότου καὶ σπόρου καὶ φυτείας ἐπιμέλειαν θεοῖς προσ-
ήκειν (ἢ γὰρ οὐ νύμφαι τινὲς αὐτοῖς δρυάδες εἰσίν

'Ἰσοδένδρου τέκμαρ αἰῶνος λαχοῦσαι'·
'δενδρέων δὲ νομὸν Διόνυσος πολυγαθὴς αὐξάνει,
    φέγγος ἁγνὸν ὀπώρας'
κατὰ Πίνδαρον;), μειρακίων δ' ἄρα καὶ παίδων ἐν ὥρᾳ καὶ
ἄνθει πλαττομένων καὶ ῥυθμιζομένων τροφαὶ καὶ αὐξήσεις
οὐδενὶ θεῶν ἢ δαιμόνων προσήκουσιν, οὐδ' ἔστιν ᾧ μέλει
φυόμενον ἄνθρωπον εἰς ἀρετὴν ὀρθὸν ἐλθεῖν καὶ μὴ παρα-
τραπῆναι μηδὲ κλασθῆναι τὸ γενναῖον ἐρημίᾳ κηδεμόνος ἢ
κακίᾳ τῶν προστυγχανόντων. ἢ καὶ τὸ λέγειν ταῦτα δεινόν
ἐστι καὶ ἀχάριστον, ἀπολαύοντάς γε τοῦ θείου τοῦ φιλανθρώπου πανταχόσε νενεμημένου καὶ μηδαμοῦ προλείποντος
ἐν χρείαις, ὧν ἀναγκαιότερον ἔνιαι τὸ τέλος ἢ κάλλιον ἔχουσιν; ὥσπερ εὐθὺς ἡ περὶ τὴν γένεσιν ἡμῶν, οὐκ εὐπρεπὴς
οὖσα δι' αἵματος καὶ ὠδίνων, ὅμως ἔχει θεῖον ἐπίσκοπον
Εἰλείθυιαν καὶ Λοχείαν· ἦν δέ που μὴ γίνεσθαι κρεῖττον ἢ
γίνεσθαι κακόν, ἁμαρτάνοντα κηδεμόνος ἀγαθοῦ καὶ φύλακος. οὐ μὴν οὐδὲ νοσοῦντος ἀνθρώπου θεὸς ἀποστατεῖ τὴν
περὶ τοῦτο χρείαν καὶ δύναμιν εἰληχώς, ἀλλ' οὐδ' ἀποθα-
νόντος· ἔστι δέ τις ἐκεῖ κομιστὴρ ἐνθένδε καὶ ἀρωγὸς ἐν τέλει
γενομένων κατευναστὴς καὶ ψυχοπομπὸς ὥσπερ οὗτος·

Dämon den Anlauf und hilft dabei? Ich halte nämlich den Menschen, wenn er im Wachstum steht, das Jugend und Schönheit des Körpers und der Seele gleichzeitig hervortreten läßt, für keine unschönere Pflanze noch für ein schlechteres Gewächs als Eiche oder Feigenbaum oder die Pflanze, die Homer feierlich Hemeris (veredelter Weinstock) benennt." Da sagte Daphnaios: „Wer tut denn das, bei den Göttern?" „Diese alle, bei Zeus", sagte mein Vater, „die glauben, daß die Sorge für Pflügen, Säen und Pflanzen den Göttern zukomme; oder kennen sie nicht Nymphen, die Dryaden, denen nach Pindars Worten

'ein Ziel des Lebens den Bäumen gleich beschieden'?"
„Der Bäume Wuchs vermehrt der freudenreiche Dionysos,
des Herbstes heiliges Licht."

Und da soll Erziehung und Förderung von Jünglingen und Knaben, die in der Jugendblüte gebildet und geformt werden, keinem Gotte oder Dämon obliegen und keinen soll es kümmern, daß der wachsende Mensch aufrecht zur Tugend komme und das Edle nicht verbogen und gebrochen werde durch Fehlen eines Aufsehers oder durch Schlechtigkeit der zufälligen Gefährten? Wahrhaftig, dies auch nur zu sagen ist furchtbar und undankbar, wo wir doch die Menschenliebe der Gottheit genießen, die sich nach allen Seiten verbreitet und uns nirgendwo verläßt in schwierigen Lagen, deren einige mehr unter Zwang als in Schönheit sich erfüllen. So hat gleich diejenige unserer Geburt, so wenig gefällig sie durch Blut und Wehen ist, gleichwohl als göttliche Beschützerinnen Eileithyia und Locheia; es wäre aber wohl besser, gar nicht geboren zu werden als ein böser Mensch zu werden ohne einen guten Beschützer und Wächter. Ebensowenig bleibt einem Kranken ein Gott

# Ἐρωτικός

'οὐ γάρ με Νὺξ ἔτικτε δεσπότην λύρας,
οὐ μάντιν οὐδ' ἰατρόν, ἀλλ' εὐνάτορα
ψυχαῖς'

καὶ τὰ τοιαῦτα πολλὰς ἔχει δυσχερείας· ἐκείνου δ' οὐκ ἔστιν
εἰπεῖν ἔργον ἱερώτερον οὐδ' ἅμιλλαν ἑτέραν οὐδ' ἀγῶνα θεῷ
πρέπειν μᾶλλον ἐφορᾶν καὶ βραβεύειν ἢ τὴν περὶ τοὺς καλοὺς
καὶ ὡραίους ἐπιμέλειαν τῶν ἐρώντων καὶ δίωξιν· οὐδὲν γὰρ
ἐστιν αἰσχρὸν οὐδ' ἀναγκαῖον, ἀλλὰ πειθὼ καὶ χάρις ἐνδι-
δοῦσα 'πόνον ἡδύν' ὡς ἀληθῶς 'κάματόν τ' εὐκάματον' ὑφη-
γεῖται πρὸς ἀρετὴν καὶ φιλίαν, οὔτ' 'ἄνευ θεοῦ' τὸ προσῆκον
τέλος λαμβάνουσαν, οὔτ' ἄλλον ἔχουσαν ἡγεμόνα καὶ δεσπότην θεὸν ἀλλὰ τὸν Μουσῶν καὶ Χαρίτων καὶ Ἀφροδίτης
ἑταῖρον Ἔρωτα.

'γλυκὺ γὰρ θέρος ἀνδρὸς ὑποσπείρων πραπίδων πόθῳ'

κατὰ τὸν Μελανιππίδην, τὰ ἥδιστα μίγνυσι τοῖς καλλίστοις·
ἢ πῶς' ἔφη 'λέγωμεν, ὦ Ζεύξιππε'; κἀκεῖνος 'οὕτως' ἔφη
'νὴ Δία παντὸς μᾶλλον· ἄτοπον γὰρ ἀμέλει τοὐναντίον.'
'ἐκεῖνο δ'' ὁ πατὴρ 'οὐκ ἄτοπον' εἶπεν, 'εἰ τέσσαρα γένη
τῆς φιλίας ἐχούσης, ὥσπερ οἱ παλαιοὶ διώρισαν, τὸ φυσι-
κὸν πρῶτον εἶτα τὸ ξενικὸν ἐπὶ τούτῳ καὶ τρίτον τὸ ἑταιρικὸν καὶ τελευταῖον τὸ ἐρωτικόν, ἔχει τούτων ἕκαστον ἐπιστάτην θεὸν ἢ φίλιον ἢ ξένιον ἢ ὁμόγνιον καὶ πατρῷον· μόνον
δὲ τὸ ἐρωτικὸν ὥσπερ δυσιεροῦν ἄθεον καὶ ἀδέσποτον ἀφεῖ-

fern, der weiß, was ihm nottut und hilft, ja nicht einmal einem Verstorbenen; es gibt einen Geleiter aus dieser in jene Welt und einen Helfer der Toten, der sie zur Ruhe bettet und ihre Seelen geleitet; von ihm heißt es:

'Denn nicht gebar zum Herrn der Leier mich die Nacht,
Noch auch zum Seher oder Arzt; zur Ruhe nur
Führ ich die Seelen.'

Ein solcher Dienst ist recht beschwerlich, aber kein Tun ist mit dem des Eros verglichen heiliger, und keinen anderen Kampf und Wettstreit vermag ein Gott mit größerem Rechte zu beaufsichtigen und zu entscheiden als die Sorge der Liebenden um die Schönen und Jugendlichen und ihre Verfolgung, denn das ist nichts Schändliches und Erzwungenes. Sondern Überredung und Anmut, die wirklich 'süße Mühe' und 'wohltuende Ermattung' spenden, führen zur Tugend und Freundschaft, die nicht 'ohne Gottes Hilfe' das gebührende Ziel erreichen, und keinen andern Führer und göttlichen Herrn haben als Eros, den Gefährten der Musen, Chariten und der Aphrodite.

'Denn holde Saat der Sehnsucht des Mannesherzens aus-
streuend',

wie Melanippides es ausspricht, vereint er das Angenehmste mit dem Schönsten. Oder sollen wir uns anders ausdrücken, lieber Zeuxippos?" sprach er. Dieser sagte: „Nein, beim Zeus, auf keinen Fall, denn das Gegenteil ist sicherlich ungereimt." „Und folgendes", sagte mein Vater, „sollte nicht ungereimt sein? wenn es vier Arten der Freundschaft gibt, so wie sie schon die Alten unterschieden, erstens die natürliche, zweitens die der Gastfreunde, drittens die der Gefährten und zuletzt die der Liebenden, und eine jede von

## Ἐρωτικός

ται, καὶ ταῦτα πλείστης ἐπιμελείας καὶ κυβερνήσεως δεόμενον;' 'ἔχει καὶ ταῦθ'' ὁ Ζεύξιππος εἶπεν 'οὐ μικρὰν ἀλογίαν.' 'ἀλλὰ μήν' ὁ πατὴρ ἔφη 'τά γε τοῦ Πλάτωνος ἐπιλάβοιτ' ἂν τοῦ λόγου καὶ παρεξιόντος. μανία γὰρ ἡ μὲν ἀπὸ σώματος ἐπὶ ψυχὴν ἀνεσταλμένη δυσκρασίαις τισὶν ἢ συμμίξεσιν πνεύματος βλαβεροῦ περιφερομένου τραχεῖα καὶ χαλεπὴ καὶ νοσώδης· ἑτέρα δ' ἐστὶν οὐκ ἀθείαστος οὐδ' οἰκογενής, ἀλλ' ἔπηλυς ἐπίπνοια καὶ παρατροπὴ τοῦ λογιζομένου καὶ φρονοῦντος ἀρωγὴν κρείττονος δυνάμεως ἀρχὴν ἔχουσα καὶ κίνησιν, ἧς τὸ μὲν κοινὸν ἐνθουσιαστικὸν καλεῖται πάθος· ὡς γὰρ ἔμπνουν τὸ πνεύματος πληρωθὲν ἔμφρον δὲ τὸ φρονήσεως, οὕτως ὁ τοιοῦτος σάλος ψυχῆς ἐνθουσιασμὸς ὠνόμασται μετοχῇ καὶ κοινωνίᾳ θειοτέρας δυνάμεως· ἐνθουσιασμοῦ δὲ τὸ μαντικὸν ἐξ Ἀπόλλωνος ἐπιπνοίας καὶ κατοχῆς, τὸ δὲ βακχεῖον ἐκ Διονύσου, 'κἀπὶ Κυρβάντεσι χορεύσατε' φησὶ Σοφοκλῆς· τὰ γὰρ μητρῷα καὶ πανικὰ κοινωνεῖ τοῖς βακχικοῖς ὀργιασμοῖς. 'τρίτη δ' ἀπὸ Μουσῶν λαβοῦσ' ἁπαλὴν καὶ ἄβατον ψυχὴν' τὸ ποιητικὸν καὶ μουσικὸν ἐξώρμησε καὶ ἀνερρίπισεν. ἡ δ' ἀρειμάνιος αὕτη λεγομένη καὶ πολεμικὴ παντὶ δῆλον ὅτῳ θεῶν ἀνίεται καὶ βακχεύεται

ihnen als Aufseher einen Gott der Freundschaft, der Gastfreunde oder des Geschlechts und der Ahnen hat, die der
Liebenden aber allein, als ob sie unheilig wäre, ohne Gott
und Herrn leer ausgeht, wo sie doch der größten Sorge und
Leitung bedarf?" „Auch dies würde", sagte Zeuxippos,
„recht unvernünftig sein." „Wahrhaftig", sagte mein Vater,
„Platons Meinung würde auf diese Frage auch bei flüchtiger
Berührung anwendbar sein. Denn der Wahnsinn, der sich
vom Körper auf die Seele überträgt, wenn der Körper durch
unglückliche Vermischung oder Vermengung mit einem
schädlichen Geist umgetrieben wird, ist rauh, schlimm und
krankhaft; es gibt aber einen andern Wahnsinn, der weder
ungöttlich noch im Körper entstanden ist, ein fremder Anhauch, der sich abkehrt von Berechnung und Überlegung
und den Beistand einer stärkeren Macht als Anfang und
Bewegung hat. Er heißt mit einem allgemeinen Namen Enthusiasmus (Gotterfülltheit); denn wie das mit Geist Erfüllte
begeistert und das mit Vernunft Erfüllte vernünftig, so
wird dies Aufwallen der Seele Enthusiasmus genannt wegen
des Anteils und der Anwesenheit einer göttlichen Macht.
Und der mantische (seherische) Teil des Enthusiasmus geht
auf Apollons Anhauch und Überwältigung zurück, der
bakchische auf Dionysos. 'Und tanzt mit den Korybanten!'
sagt Sophokles, denn die heiligen Weihen der Göttermutter
und des Pan haben teil an denen des Bakchos. 'Ein dritter
Wahnsinn aber ergreift von den Musen her eine zarte, un-
berührte Seele' und erregt und entflammt den dichterischen
und musischen Geist. Der sogenannte areimanische (mit
kriegerischer Raserei erfüllte) und feindliche Wahnsinn aber
offenbart einem jeden, für welchen Gott er entfesselt wird
und rast,

*Ἐρωτικός*

'ἄχορον ἀκίθαριν δακρυογόνον Ἄρη
βοάν τ' ἔνδημον ἐξοπλίζουσα'.

λείπεται δὲ τῆς ἐξαλλαγῆς ἐν ἀνθρώπῳ καὶ παρατροπῆς οὐκ
ἀμαυρὸν οὐδ' ἡσυχαῖον, ὦ Δαφναῖε, μόριον, ὑπὲρ οὗ βούλομαι τουτονὶ Πεμπτίδην ἐρέσθαι·

'τίς καλλίκαρπον θύρσον ἀνασείει θεῶν';

τὸν φιλητικὸν τοῦτον περὶ παῖδας ἀγαθοὺς καὶ σώφρονας
γυναῖκας ἐνθουσιασμὸν πολὺ δριμύτατον ὄντα καὶ θερμό-
τατον; ἢ γὰρ οὐχ ὁρᾷς, ὡς ὁ μὲν στρατιώτης τὰ ὅπλα θεὶς
πέπαυται τῆς πολεμικῆς μανίας,

'τοῦ μὲν ἔπειτα
γηθόσυνοι θεράποντες ἀπ' ὤμων τεύχε' ἕλοντο',

καὶ κάθηται τῶν ἄθλων ἀπόλεμος θεατής, ταυτὶ δὲ τὰ
βακχικὰ καὶ κορυβαντικὰ σκιρτήματα τὸν ῥυθμὸν μεταβάλ-
λοντες ἐκ τροχαίου καὶ τὸ μέλος ἐκ Φρυγίου πραΰνουσι καὶ
καταπαύουσιν, ὡς δ' αὕτως ἡ Πυθία τοῦ τρίποδος ἐκβᾶσα
καὶ τοῦ πνεύματος ἐν γαλήνῃ καὶ ἡσυχίᾳ διατελεῖ; τὴν δ'
ἐρωτικὴν μανίαν τοῦ ἀνθρώπου καθαψαμένην ἀληθῶς καὶ
διακαύσασαν οὐ μοῦσά τις οὐκ 'ἐπῳδὴ θελκτήριος' οὐ τόπου
μεταβολὴ καθίστησιν· ἀλλὰ καὶ παρόντες ἐρῶσι καὶ ἀπόντες
ποθοῦσι καὶ μεθ' ἡμέραν διώκουσι καὶ νύκτωρ θυραυλοῦσι καὶ
νήφοντες καλοῦσι τοὺς καλοὺς καὶ πίνοντες ᾄδουσι. καὶ οὐχ ὡς
τις εἶπεν αἱ ποιητικαὶ φαντασίαι διὰ τὴν ἐνάργειαν ἐγρηγορό-
των ἐνύπνι' εἰσίν, ἀλλὰ μᾶλλον αἱ τῶν ἐρώντων, διαλεγο-
μένων ὡς πρὸς παρόντας, ἀσπαζομένων, ἐγκαλούντων. ἡ γὰρ
ὄψις ἔοικε τὰς μὲν ἄλλας φαντασίας ἐφ' ὑγροῖς ζωγραφεῖν,
ταχὺ μαραινομένας καὶ ἀπολειπούσας τὴν διάνοιαν· αἱ δὲ τῶν

'den tränenweckenden Ares, der Reigen und Leier ver-
und Geschrei im Volk erregend'. [schmäht,

Nun bleibt noch ein keineswegs verborgenes oder stilles
Teilgebiet der Wandlung und Abkehr im Menschen, lieber
Daphnaios. Nach ihm will ich den Pemptides hier fragen:
'Wer von den Göttern schwingt den schönen Thyrsosstab?'

und erregt den Enthusiasmus der Freundschaft mit edlen
Knaben und hochgesinnten Frauen, der der heftigste und
wärmste ist? Denn das siehst du doch wohl: wenn der
Soldat die Waffen ablegt, sagt er dem Wahnsinn des Kamp-
fes ab:
'fröhlichen Sinnes
Nahmen alsdann die Diener ihm von den Schultern die
Waffen,'

und er sitzt da als kampfloser Zuschauer des Wettstreits;
auch die Gesänge der Bakchen und Korybanten geben das
trochäische Versmaß und die phrygische Weise auf und beruhigen und endigen ihren Lauf, und ebenso verläßt die
Pythia Dreifuß und berauschende Dämpfe und verharrt in
Stille und Ruhe. Den Wahnsinn des Eros dagegen, wenn
er den Menschen wirklich ergreift und bis ins Mark verzehrt, beruhigt keine Muse, keine 'bezaubernde Beschwö-
rung', kein Wechsel des Orts; sondern er liebt in Gegenwart
des Geliebten und ist voll Sehnsucht, wenn dieser nicht da
ist; bei Tage folgt er ihm und wacht nachts vor seiner Tür;
in nüchternem Zustand ruft er nach den Schönen und beim
Trinken besingt er sie. Und nicht die Vorstellungen der
Dichter sind, wie man gesagt hat, ihrer Klarheit wegen
Träume von Wachenden, sondern vielmehr die der Lieben-

# Ἐρωτικός

ἐρωμένων εἰκόνες ὑπ' αὐτῆς οἷον ἐν ἐγκαύμασι γραφόμεναι διὰ πυρὸς εἴδωλα ταῖς μνήμαις ἐναπολείπουσι κινούμενα καὶ ζῶντα καὶ φθεγγόμενα καὶ παραμένοντα τὸν ἄλλον χρόνον. ὁ μὲν γὰρ Ῥωμαῖος Κάτων ἔλεγε τὴν ψυχὴν τοῦ ἐρῶντος ἐνδιαιτᾶσθαι τῇ τοῦ ἐρωμένου· ἐγὼ δ' ἂν φαίην, ὅτι τῇ τοῦ ἐρῶντος ἔνεστιν ὅλη ἡ τοῦ ἐρωμένου καὶ τὸ εἶδος καὶ τὸ ἦθος καὶ ὁ βίος καὶ αἱ πράξεις, ὑφ' ὧν ἀγόμενος ταχὺ συναιρεῖ πολλὴν ὁδόν, ὥσπερ οἱ Κυνικοὶ λέγουσι 'σύντονον ὁμοῦ καὶ σύντομον εὑρηκέναι πορείαν ἐπ' ἀρετήν'· καὶ γὰρ ἐπὶ τὴν φιλίαν καὶ ἀρετὴν ἡ ψυχὴ τάχιστα κομίζεται καθάπερ ἐπὶ κύματος τοῦ πάθους ἅμα θεῷ φερομένη. λέγω δὴ κεφάλαιον, ὡς οὔτ' ἀθείαστον ὁ τῶν ἐρώντων ἐνθουσιασμός ἐστιν οὔτ' ἄλλον ἔχει θεὸν ἐπιστάτην καὶ ἡνίοχον ἢ τοῦτον, ᾧ νῦν ἑορτάζομεν καὶ θύομεν'.

'Ὅμως δ' ἐπεὶ δυνάμει καὶ ὠφελείᾳ μάλιστα θεοῦ σέβας ἐκλάμπει καθότι καὶ τῶν ἀνθρωπίνων ἀγαθῶν δύο ταῦτα, βασιλείαν καὶ ἀρετήν, θειότατα καὶ νομίζομεν καὶ ὀνομάζομεν, ὥρα σκοπεῖν πρότερον, εἴ τινι θεῶν ὁ Ἔρως ὑφίεται δυνάμεως. καίτοι

'μέγα μὲν σθένος ἁ Κύπρις ἐκφέρεται νίκας'

ὡς φησι καὶ Σοφοκλῆς, μεγάλη δ' ἡ τοῦ Ἄρεος ἰσχύς· καὶ τρόπον τινὰ τῶν ἄλλων θεῶν νενεμημένην δίχα τὴν δύναμιν

den, die sich unterhalten, als wäre jemand anwesend, und so auch willkommen heißen und Vorwürfe machen. Denn der Gesichtssinn malt anscheinend die übrigen Vorstellungen auf feuchten Grund, wo sie rasch vergehen und dem Gedächtnis entschwinden; das Bild der Liebenden aber wirft er gewissermaßen in Wachsfarben mit Feuers Hilfe hin, und dies hinterläßt im Gedächtnis ein Bild, das sich bewegt, lebt, spricht und dauernd bestehen bleibt. Der Römer Cato hat gesagt, daß die Seele der Liebenden in der des Geliebten ihren Wohnsitz habe; ich dagegen möchte sagen, daß sich die des Geliebten ganz in der des Liebenden befinde, mitsamt der Gestalt, dem Wesen, dem Leben und den Taten; von diesen getrieben legt er schnell einen weiten Weg zurück, wie die Kyniker sagen: 'wir haben einen Weg zur Tugend gefunden, der zugleich anstrengend und rasch verläuft.' Zur Freundschaft und Tugend nämlich gelangt die Seele am schnellsten, wenn die Leidenschaft sie mit Gottes Hilfe wie auf einer Woge trägt. Zusammenfassend meine ich, daß die Begeisterung der Liebenden etwas Göttliches ist und keinen andern Gott zum Führer und Lenker hat als den, dem wir jetzt Feste feiern und opfern.

Da aber die Würde eines Gottes vor allem aus seiner Macht und seinem Beistand hervorleuchtet, wie wir auch von den menschlichen Vorzügen zwei, Königsmacht und Tugend, als die göttlichsten ansehen und entsprechend benennen, so müssen wir zunächst prüfen, ob Eros einem der Götter an Macht nachsteht. Freilich,

'Des Sieges gewaltige Kraft gewinnt Kypris'

nach Sophokles' Wort, groß aber ist die Stärke des Ares, und wir sehen gewissermaßen die Macht der übrigen Göt-

# 'Ερωτικός

ἐν τούτοις ὁρῶμεν· ἡ μὲν γὰρ οἰκειωτικὴ πρὸς τὸ καλὸν ἡ
δ' ἀντιτακτικὴ πρὸς τὸ αἰσχρὸν ἀρχῆθεν ἐγγέγονε ταῖς ψυχαῖς, ὥς που καὶ Πλάτων ὑπέδειξεν αὐτῶν ὁρίζων τὰ εἴδη.
σκοπῶμεν οὖν εὐθύς, ὅτι τῆς 'Αφροδίτης τὸ ἔργον ὤνιόν ἐστι
δραχμῆς, καὶ οὔτε πόνον οὐδεὶς οὔτε κίνδυνον ἀφροδισίων
ἕνεκα μὴ ἐρῶν ὑπέμεινε. καὶ ὅπως ἐνταῦθα μὴ Φρύνην ὀνο-
μάζωμεν, ὦ ἑταῖρε, Λαῖς τις ἢ Γναθαίνιον

'ἑφέσπερον δαίουσα λαμπτῆρος σέλας'

ἐκδεχομένη καὶ καλοῦσα παροδεύεται πολλάκις· 'ἐλθὼν δ'
ἐξαπίνης ἄνεμος' σὺν ἔρωτι πολλῷ καὶ πόθῳ ταὐτὸ τοῦτο
τῶν Ταντάλου λεγομένων ταλάντων καὶ τῆς Γύγου ἀρχῆς
ἀντάξιον ἐποίησεν. οὕτως ἀσθενὴς καὶ ἀψίκορός ἐστιν ἡ τῆς
'Αφροδίτης χάρις "Ερωτος μὴ ἐπιπνεύσαντος. ἔτι δὲ μᾶλλον
κἀκεῖθεν ἂν συνίδοις· πολλοὶ γὰρ ἀφροδισίων ἑτέροις ἐκοινώ-
νησαν, οὐ μόνον ἑταίρας ἀλλὰ καὶ γαμετὰς προαγωγεύοντες·
ὥσπερ καὶ ὁ 'Ρωμαῖος ἐκεῖνος, ὦ ἑταῖρε, Γάββας εἱστία Μαι-
κήναν ὡς ἔοικεν, εἶθ' ὁρῶν διαπληκτιζόμενον ἀπὸ νευμάτων
πρὸς τὸ γύναιον ἀπέκλινεν ἡσυχῇ τὴν κεφαλὴν ὡς δὴ καθ-
εύδων· ἐν τούτῳ δὴ τῶν οἰκετῶν τινος προσρυέντος ἔξωθεν
τῇ τραπέζῃ καὶ τὸν οἶνον ὑφαιρουμένου διαβλέψας 'κακό-
δαιμον' εἶπεν, 'οὐκ οἶσθ' ὅτι μόνῳ Μαικήνᾳ καθεύδω'; τοῦτο
μὲν οὖν ἴσως οὐ δεινόν ἐστιν· ἦν γὰρ ὁ Γάββας γελωτοποιός.
ἐν δ' "Αργει Νικόστρατος ἀντεπολιτεύσατο πρὸς Φάυλλον·
ἐπιδημήσαντος οὖν Φιλίππου τοῦ βασιλέως ἐπίδοξος ἦν διὰ
τῆς γυναικὸς ὁ Φάυλλος ἐκπρεποῦς οὔσης, εἰ συγγένοιτο τῷ
Φιλίππῳ, διαπράξασθαί τινα δυναστείαν αὐτῷ καὶ ἀρχήν.
αἰσθομένων δὲ τῶν περὶ Νικόστρατον τοῦτο καὶ παρὰ τὰς
θύρας τῆς οἰκίας περιπατούντων ὁ Φάυλλος ὑποδήσας τὴν

ter auf diese beiden verteilt; denn das Streben nach dem Schönen wie das Abwehren des Häßlichen lebt von Anfang an in den Seelen, wie wohl auch Platon dargelegt hat, als er ihre Ideen bestimmte. Laßt uns nun sogleich beachten, daß das Werk der Aphrodite für eine Drachme feil ist und niemand Mühe oder Gefahr um des Geschlechtsgenusses willen auf sich nimmt, wenn er nicht verliebt ist. Und, mein Freund, um von Phryne ganz zu schweigen, ein Mädchen wie Lais oder Gnathainion,

'wenn's in der Nacht entzündet seiner Fackel Schein',

wird häufig verschmäht trotz einladender Rufe; 'plötzlich aber naht sich der Sturm' mit großer Liebe und Sehnsucht und macht eben diesen Genuß so wertvoll wie die berühmten Schätze des Tantalos und die Macht des Gyges. So schwach und reizlos ist die Gunst der Aphrodite ohne den Hauch des Eros. Besser sieht man dies noch auf folgende Weise: Viele haben sich im Geschlechtsgenuß, wenn sie ihre Geliebte, ja ihre Frau verkuppelt hatten, mit andern zusammengetan. So heißt es, lieber Freund, der Römer Gabba hatte den Mäcenas zu Gast, und als er sah, daß dieser seiner Frau verliebt zunickte, legte er ruhig seinen Kopf zurück, als schlafe er. Da schlich sich ein Sklave von draußen an den Tisch und wollte sich den Wein mitnehmen; Gabba schlug die Augen auf und sagte: „Unglücksmensch, merkst du nicht, daß ich nur Mäcenas zu Gefallen schlafe?" Dies ist vielleicht harmlos, denn Gabba war ein Spaßmacher. Aber in Argos war Nikostratos ein politischer Gegner des Phayllos. Als nun König Philipp dorthin kam, war zu erwarten, daß Phayllos durch seine schöne Frau, wenn sie sich dem Philipp ergäbe, eine Machtstellung und Herrschaft

## Ἐρωτικός

γυναῖκα κρηπῖσι καὶ χλαμύδα περιθεὶς καὶ καυσίαν Μακε-
δονικήν, ὡς ἕνα τῶν βασιλικῶν νεανίσκων παρεισέπεμψε λα-
θοῦσαν. ἆρ' οὖν, ἐραστῶν τοσούτων γεγονότων καὶ ὄντων,
οἶσθ' ἐπὶ ταῖς τοῦ Διὸς τιμαῖς προαγωγὸν ἐρωμένου γενόμενον; ἐγὼ μὲν οὐκ οἶμαι· πόθεν γάρ, ὅπου καὶ τοῖς τυράννοις ἀντιλέγων μὲν οὐδεὶς οὔτ' ἀντιπολιτευόμενός ἐστιν, ἀντ-
ερῶντες δὲ πολλοὶ καὶ φιλοτιμούμενοι περὶ τῶν καλῶν καὶ
ὡραίων; ἀκούετε γὰρ ὅτι καὶ Ἀριστογείτων ὁ Ἀθηναῖος καὶ
Ἀντιλέων ὁ Μεταποντῖνος καὶ Μελάνιππος ὁ Ἀκραγαντῖνος
οὐ διεφέροντο τοῖς τυράννοις, πάντα τὰ πράγματα λυμαι-
νομένους καὶ παροινοῦντας ὁρῶντες· ἐπεὶ δὲ τοὺς ἐρωμένους
αὐτῶν ἐπείρων, ὥσπερ ἱεροῖς ἀσύλοις καὶ ἀθίκτοις ἀμύνοντες
ἠφείδησαν ἑαυτῶν. λέγεται καὶ Ἀλέξανδρος ἐπιστεῖλαι Θεο-
δώρῳ Πρωτέου ἀδελφῷ 'πέμψον μοι τὴν μουσουργὸν δέκα
τάλαντα λαβών, εἰ μὴ ἐρᾷς αὐτῆς'· ἑτέρου δὲ τῶν ἑταίρων
Ἀντιπατρίδου μετὰ ψαλτρίας ἐπικωμάσαντος, ἡδέως δια-
τεθεὶς πρὸς τὴν ἄνθρωπον ἐρέσθαι τὸν Ἀντιπατρίδην 'οὐ
δήπου σὺ τυγχάνεις ἐρῶν ταύτης'; τοῦ δέ 'καὶ πάνυ' φήσαντος, εἰπών 'ἀπόλοιο τοίνυν κακὸς κακῶς' ἀποσχέσθαι
καὶ μὴ θιγεῖν τῆς γυναικός.'


'Σκόπει τοίνυν αὖθις' ἔφη 'τοῖς ἀρηίοις ἔργοις ὅσον Ἔρως
περίεστιν, οὐκ ἀργὸς ὤν, ὡς Εὐριπίδης ἔλεγεν, οὐδ' ἀστρά-
τευτος οὐδ' 'ἐν μαλακαῖσιν ἐννυχεύων παρειαῖς νεανίδων'.
ἀνὴρ γὰρ ὑποπλησθεὶς Ἔρωτος οὐδὲν Ἄρεος δεῖται μαχόμε-
νος πολεμίοις, ἀλλὰ τὸν αὑτοῦ θεὸν ἔχων συνόντα

116

gewinnen würde. Aber Nikostratos und seine Freunde
merkten dies und gingen vor der Tür des Hauses auf und
ab. Da zog Phayllos seiner Frau Männerschuhe an, hüllte
sie in einen Mantel, setzte ihr einen breitkrempigen make-
donischen Hut auf und schmuggelte sie bei Philipp heimlich als einen königlichen Pagen ein. Nun gab und gibt es
doch so viele Liebhaber, aber weißt du einen, der Kuppler
seines Geliebten geworden wäre selbst für Ehren, wie Zeus
sie genießt? Ich glaube nicht. Wieso auch? haben doch
selbst die Tyrannen, denen niemand widerspricht oder poli-
tisch entgegenwirkt, viele Nebenbuhler in der Liebe, die
mit ihnen um die Gunst der schönen Knaben wetteifern.
Ihr wißt doch: Aristogeiton aus Athen, Antileon aus Meta-
pont und Melanipp aus Agrigent gerieten mit ihren Tyrannen nicht in Streit, obwohl sie sahen, welch ein schändliches, tolles Leben sie führten; als die Machthaber aber
Hand an ihre Geliebten legten, kamen sie diesen ohne
Todesfurcht zu Hilfe, als ob es unverletzliche und unantast-
bare Heiligtümer wären. Es heißt auch, daß Alexander dem
Theodoros, dem Bruder des Proteas, schrieb: 'Schicke mir
für zehn Talente die Musikantin, falls du sie nicht liebst';
als aber ein anderer seiner Freunde, Antipatrides, mit einer
Sängerin zu ihm zum Gelage kam, entzückte ihn das Mädchen, und er fragte den Antipatrides: 'Du liebst sie doch
nicht?' 'Und wie!' sagte dieser. Da rief Alexander: 'Ver-
fluchter Kerl!' und rührte das Mädchen nicht an.

„Überlege anderseits", fuhr er fort, „wie stark Eros in
den Werken des Ares sich auszeichnet; er ist nicht, wie
Euripides behauptet, 'untätig noch ein schlechter Soldat'
noch 'nächtigend auf zarter Jungfrauen Wangen'. Denn
ein von Eros erfüllter Mann braucht nicht den Ares im

# Ἐρωτικός

'πῦρ καὶ θάλασσαν καὶ πνοὰς τὰς αἰθέρος
περᾶν ἕτοιμος'

ὑπὲρ τοῦ φίλου οὗπερ ἂν κελεύῃ. τῶν μὲν γὰρ τοῦ Σοφο-
κλέους Νιοβιδῶν βαλλομένων καὶ θνησκόντων ἀνακαλεῖταί
τις οὐθένα βοηθὸν ἄλλον οὐδὲ σύμμαχον ἢ τὸν ἐραστήν,
'ὦ ... ἀμφ' ἐμοῦ στεῖλαι'· Κλεόμαχον δὲ τὸν Φαρσάλιον
ἴστε δήπουθεν ἐξ ἧς αἰτίας ἐτελεύτησεν ἀγωνιζόμενος.' 'οὐχ
ἡμεῖς γοῦν' οἱ περὶ Πεμπτίδην ἔφασαν, 'ἀλλ' ἡδέως ἂν πυθοί-
μεθα'. 'καὶ γὰρ ἄξιον' ἔφη ὁ πατήρ· 'ἧκεν ἐπίκουρος Χαλκι-
δεῦσι μετὰ τοῦ Θεσσαλικοῦ, πολέμου πρὸς Ἐρετριεῖς ἀκμάζον-
τος· καὶ τὸ μὲν πεζὸν ἐδόκει τοῖς Χαλκιδεῦσιν ἐρρῶσθαι,
τοὺς δ' ἱππέας μέγ' ἔργον ἦν ὤσασθαι τῶν πολεμίων·
παρεκάλουν δὴ τὸν Κλεόμαχον ἄνδρα λαμπρὸν ὄντα τὴν
ψυχὴν οἱ σύμμαχοι πρῶτον ἐμβάλλειν εἰς τοὺς ἱππέας. ὁ δ'
ἠρώτησε παρόντα τὸν ἐρώμενον, εἰ μέλλοι θεάσθαι τὸν ἀγῶνα·
φήσαντος δὲ τοῦ νεανίσκου καὶ φιλοφρόνως αὐτὸν ἀσπασα-
μένου καὶ τὸ κράνος ἐπιθέντος ἐπιγαυρωθεὶς ὁ Κλεόμαχος
καὶ τοὺς ἀρίστους τῶν Θεσσαλῶν συναγαγὼν περὶ αὑτὸν
ἐξήλασε λαμπρῶς καὶ προσέπεσε τοῖς πολεμίοις, ὥστε συντα-
ράξαι καὶ τρέψασθαι τὸ ἱππικόν· ἐκ δὲ τούτου καὶ τῶν
ὁπλιτῶν φυγόντων ἐνίκησαν κατὰ κράτος οἱ Χαλκιδεῖς. τὸν
μέντοι Κλεόμαχον ἀποθανεῖν συνέτυχε· τάφον δ' αὐτοῦ δει-
κνύουσιν ἐν ἀγορᾷ Χαλκιδεῖς, ἐφ' οὗ μέχρι νῦν ὁ μέγας ἐφέ-
στηκε κίων· καὶ τὸ παιδεραστεῖν πρότερον ἐν ψόγῳ τιθέμενοι
τότε μᾶλλον ἑτέρων ἠγάπησαν καὶ ἐτίμησαν. Ἀριστοτέλης δὲ
τὸν μὲν Κλεόμαχον ἄλλως ἀποθανεῖν φησι, κρατήσαντα τῶν
Ἐρετριέων τῇ μάχῃ· τὸν δ' ὑπὸ τοῦ ἐρωμένου φιληθέντα
τῶν ἀπὸ Θράκης Χαλκιδέων γενέσθαι, πεμφθέντα τοῖς ἐν

Kampf mit den Feinden, sondern mit seinem Gott im
Bunde

'Ist er bereit, durch Feuer, Flut und wilden Sturm
Sich Bahn zu schaffen'

für jeden Freund, für den es ihm Eros befiehlt. So ruft bei
Sophokles einer von den Söhnen der Niobe, als sie ver-
wundet werden und sterben, keinen andern Helfer und
Kampfgenossen an als den Liebhaber: 'Umarme mich!'
Warum aber Kleomachos aus Pharsalos im Kampfe fiel,
das wißt ihr doch?" „O nein, wir nicht", riefen Pemptides
und seine Genossen, „aber wir wüßten es gern." „Es
lohnt auch", sagte mein Vater; „er kam als Bundesge-
nosse mit dem thessalischen Heere nach Chalkis auf dem
Höhepunkt des Krieges gegen Eretria. Es schien, daß die
Chalkidier ein starkes Fußvolk hatten; dagegen war es eine
große Aufgabe, die feindliche Reiterei zu schlagen; daher
forderten die Verbündeten den Kleomachos, einen Mann
von glühendem Mut, auf, zuerst den Angriff auf die Reiter
zu wagen. Da fragte Kleomachos seinen anwesenden Liebling, ob er dem Kampfe zusehen wolle, und als der junge
Mann zusagte, ihn liebevoll umarmte und ihm den Helm
aufsetzte, da packte ihn unbändiger Stolz, er sammelte die
tapfersten Thessaler um sich, rückte glorreich aus und griff
die Gegner so heftig an, daß er die Reiterei in Verwirrung
brachte und schlug; dann flohen auch die Schwerbewaff-
neten, und die Chalkidier errangen einen gewaltigen Sieg.
Aber Kleomachos fiel. Sein Grab zeigen die Chalkidier auf
ihrem Markte, und bis heute noch steht die bekannte große
Säule darauf, und während sie früher die Knabenliebe ge-
adelt hatten, billigten und ehrten sie sie nun mehr als die

## Ἐρωτικός

Εὐβοίᾳ Χαλκιδεῦσιν ἐπίκουρον· ὅθεν ᾄδεσθαι παρὰ τοῖς Χαλκιδεῦσιν·

'ὦ παῖδες, οἳ χαρίτων τε καὶ πατέρων λάχετ' ἐσθλῶν,
μὴ φθονεῖθ' ὥρας ἀγαθοῖσιν ὁμιλίαν·
σὺν γὰρ ἀνδρείᾳ καὶ ὁ λυσιμελὴς Ἔρως
ἐνὶ Χαλκιδέων θάλλει πόλεσιν.'

Ἄντων ἦν ὄνομα τῷ ἐραστῇ τῷ δ' ἐρωμένῳ Φίλιστος, ὡς ἐν τοῖς Αἰτίοις Διονύσιος ὁ ποιητὴς ἱστόρησε. παρ' ὑμῖν δ', ὦ Πεμπτίδη, τοῖς Θηβαίοις οὐ πανοπλίᾳ ὁ ἐραστὴς ἐδωρεῖτο τὸν ἐρώμενον εἰς ἄνδρας ἐγγραφόμενον; ἤλλαξε δὲ καὶ μετέθηκε τάξιν τῶν ὁπλιτῶν ἐρωτικὸς ἀνὴρ Παμμένης, Ὅμηρον ἐπιμεμψάμενος ὡς ἀνέραστον, ὅτι κατὰ φῦλα καὶ φρήτρας συνελόχιζε τοὺς Ἀχαιούς, οὐκ ἐρώμενον ἔταττε παρ' ἐραστήν, ἵν' οὕτω γένηται τό

'ἀσπὶς δ' ἀσπίδ' ἔρειδε κόρυς δὲ κόρυν',

μόνον ἀήττητον ὂν πάντων τῶν στρατηγημάτων. καὶ γὰρ φυλέτας καὶ οἰκείους καὶ νὴ Δία γονεῖς καὶ παῖδας ἐγκαταλείπουσιν· ἐραστοῦ δ' ἐνθέου καὶ ἐρωμένου μέσος οὐδεὶς πώποτε διεξῆλθε πολέμιος οὐδὲ διεξήλασεν· ὅπου καὶ μηθὲν δεομένοις ἔπεισιν ἐπιδεικνύναι τὸ φιλοκίνδυνον κἀφιλόψυχον· ὡς Θήρων ὁ Θεσσαλὸς προσβαλὼν τὴν χεῖρα τῷ τοίχῳ τὴν εὐώνυμον καὶ σπασάμενος τὴν μάχαιραν ἀπέκοψε τὸν ἀντί-

übrigen. Aristoteles aber behauptet, Kleomachos sei auf
eine andere Weise ums Leben gekommen, nachdem er die
Eretrier in der Schlacht besiegt hatte; der Mann aber, den
sein Liebling geküßt habe, sei einer von den thrakischen
Chalkidiern gewesen und den Chalkidiern auf Euboia zu
Hilfe geschickt worden; darum singe man bei den Chalkidiern:

'Ihr Knaben, die Anmut erlangt und edle Väter,
Mißgönnt den Tapfern nicht der Schönheit Gunst,
Denn mit dem Mut im Bunde blüht Eros, der Sorgen-
In der Chalkidier Städten.'                    [brecher,

Anton hieß der Liebhaber und Philistos der Geliebte, wie
der Dichter Dionysios in seinem Werk Ursprünge mitteilt.
Und schenkte nicht bei euch, lieber Pemptides, der Liebhaber dem Geliebten, wenn dieser in die Zahl der Männer
aufgenommen wurde, eine vollständige Rüstung? Die Auf-
stellung der Hopliten veränderte ein vom Eros erfüllter
Mann, Pammenes. Er schmähte Homer als unberührt von
Eros, weil er die Achäer nach Stämmen und Bruderschaf-
ten antreten, nicht aber den Liebling beim Liebhaber stehen
ließ, damit sich das Wort bewahrheite:

'Schild war gestemmt an Schild und Helm an Helm',

die einzige unüberwindliche Kampfregel. Denn Stammes-
und Hausgenossen, ja, beim Zeus! auch Eltern und Kinder
werden verlassen; aber noch nie ist ein Feind zwischen
Liebhaber und Geliebten hindurchmarschiert oder -geritten;
denn da fällt es auch denen, die es nicht nötig haben, ein,
Waghalsigkeit und Todesverachtung zu zeigen. So stützte
der Thessalier Theron seine linke Hand auf die Wand, zog

χειρα προκαλούμενος τὸν ἀντεραστήν. ἕτερος δέ τις ἐν μάχη
πεσὼν ἐπὶ πρόσωπον, ὡς ἔμελλε παίσειν αὐτὸν ὁ πολέμιος,
ἐδεήθη περιμεῖναι μικρόν, ὅπως μὴ ὁ ἐρώμενος ἴδη κατὰ
νώτου τετρωμένον. οὐ μόνον τοίνυν τὰ μαχιμώτατα τῶν
ἐθνῶν ἐρωτικώτατα, Βοιωτοὶ καὶ Λακεδαιμόνιοι καὶ Κρῆτες,
ἀλλὰ καὶ τῶν παλαιῶν ὁ Μελέαγρος ὁ Ἀχιλλεὺς ὁ Ἀριστο-
μένης ὁ Κίμων ὁ Ἐπαμεινώνδας· καὶ γὰρ οὗτος ἐρωμένους
ἔσχεν Ἀσώπιχον καὶ Καφισόδωρον, ὃς αὐτῷ συναπέθανεν
ἐν Μαντινείᾳ καὶ τέθαπται πλησίον. τὸν δ' Ἀσώπιχον φο-
βερώτατον γενόμενον τοῖς πολεμίοις καὶ δεινότατον ὁ πρῶτος ὑποστὰς καὶ πατάξας Εὔκναμος Ἀμφισσεὺς ἡρωικὰς
ἔσχε τιμὰς παρὰ Φωκεῦσιν. Ἡρακλέους δὲ τοὺς μὲν ἄλλους
ἔρωτας ἔργον ἐστὶν εἰπεῖν διὰ πλῆθος· Ἰόλαον δὲ νομίζοντες
ἐρώμενον αὐτοῦ γεγονέναι μέχρι νῦν σέβονται καὶ τιμῶσιν
οἱ ἐρῶντες, ὅρκους τε καὶ πίστεις ἐπὶ τοῦ τάφου παρὰ τῶν
ἐρωμένων λαμβάνοντες. λέγεται δὲ καὶ τὴν Ἄλκηστιν ἰατρι-
κὸς ὢν ἀπεγνωσμένην σῶσαι τῷ Ἀδμήτῳ χαριζόμενος,
ἐρῶντι μὲν αὐτῷ τῆς γυναικός, ἐρωμένου δ' αὐτοῦ γενομένου·
καὶ γὰρ τὸν Ἀπόλλωνα μυθολογοῦσιν ἐραστὴν γενόμενον


''Αδμήτῳ πάρα θητεῦσαι μέγαν εἰς ἐνιαυτόν'.

εὖ δέ πως ἐπὶ μνήμην ἦλθεν ἡμῖν Ἄλκηστις. Ἄρεος γὰρ
οὐ πάνυ μέτεστι γυναικί, ἡ δ' ἐξ Ἔρωτος κατοχὴ προάγεταί
τι τολμᾶν παρὰ φύσιν καὶ ἀποθνήσκειν. εἰ δή πού τι καὶ
μύθων πρὸς πίστιν ὄφελός ἐστι, δηλοῖ τὰ περὶ Ἄλκηστιν
καὶ Πρωτεσίλεων καὶ Εὐρυδίκην τὴν Ὀρφέως, ὅτι μόνῳ

sein Schwert und schlug sich den Daumen ab als Herausforderung eines Nebenbuhlers. Ein anderer war in der Schlacht aufs Gesicht gefallen. Sein Gegner wollte ihn erschlagen; da bat er ihn, ein wenig zu warten: er wolle sich erst umdrehen, damit sein Liebling keine Rückenwunde an ihm zu sehen bekäme. Und nicht nur die kriegerischsten Völker: Boioter, Spartaner und Kreter, sind dem Eros besonders ergeben, sondern auch Helden der alten Zeit, wie Meleagros, Achill, Aristomenes, Kimon und Epameinondas, denn auch dieser hatte Lieblinge: Asopichos und Kaphisodoros, der bei Mantineia mit ihm fiel und neben ihm begraben liegt. Dem Asopichos, der seinen Gegnern besonders furchtbar und schrecklich war, widerstand zuerst Euknamos von Amphissa und verwundete ihn; dafür erhielt er von den Phokern Ehrungen wie die Heroen. Bei Herakles aber ist es eine große Aufgabe, von seinen Lieblingen zu reden, wegen ihrer gewaltigen Zahl; den Iolaos jedenfalls verehren und schätzen die Liebenden, die ihn für seinen Liebling halten, noch heutigentags und nehmen den Treuschwur ihrer Lieblinge an seinem Grabe in Empfang. Es heißt auch, daß Herakles als Arzt die bereits aufgegebene Alkestis gerettet hat, dem Admet zuliebe, der seine Frau liebte und Herakles' Liebling gewesen war; auch berichtet die Sage von Apoll, daß er als Liebhaber

'Diener gewesen ein volles Jahr im Haus des Admetos'.

Ein Glück, daß uns Alkestis eingefallen ist! Denn mit Ares hat ein Weib nichts zu tun; die Überwältigung durch Eros aber treibt sie, gegen ihre Natur wagemutig zu sein und in den Tod zu gehen. Wenn also Sagen überhaupt die Glaubwürdigkeit stützen, so offenbaren die Geschichten

# Ἐρωτικός

θεῶν ὁ Ἄιδης Ἔρωτι ποιεῖ τὸ προσταττόμενον· καίτοι πρός γε τοὺς ἄλλους, ὡς φησι Σοφοκλῆς, ἅπαντας

'οὔτε τοὐπιεικὲς οὔτε τὴν χάριν
οἶδεν, μόνην δ᾽ ἔστερξε τὴν ἁπλῶς δίκην'·

αἰδεῖται δὲ τοὺς ἐρῶντας καὶ μόνοις τούτοις οὔκ ἐστιν ἀδάμαστος οὐδ᾽ ἀμείλιχος. ὅθεν ἀγαθὸν μέν, ὦ ἑταῖρε, τῆς ἐν Ἐλευσῖνι τελετῆς μετασχεῖν, ἐγὼ δ᾽ ὁρῶ τοῖς Ἔρωτος ὀργιασταῖς καὶ μύσταις ἐν Ἅιδου βελτίονα μοῖραν οὖσαν, οὔτι τοῖς μύθοις πειθόμενος οὐ μὴν οὐδ᾽ ἀπιστῶν παντάπασιν· εὖ γὰρ δὴ λέγουσι καὶ θείᾳ τινὶ τύχῃ ψαύουσι τοῦ ἀληθοῦς λέγοντες ἐξ Ἅιδου τοῖς ἐρωτικοῖς ἄνοδον εἰς φῶς ὑπάρχειν, ὅπη δὲ καὶ ὅπως, ἀγνοοῦσιν, ὥσπερ ἀτραποῦ διαμαρτόντες ἣν πρῶτος ἀνθρώπων διὰ φιλοσοφίας Πλάτων κατεῖδε. καίτοι λεπταί τινες ἀπόρροιαι καὶ ἀμυδραὶ τῆς ἀληθείας ἔνεισι ταῖς Αἰγυπτίων ἐνδιεσπαρμέναι μυθολογίαις, ἀλλ᾽ ἰχνηλάτου δεινοῦ δέονται καὶ μεγάλα μικροῖς ἑλεῖν δυναμένου.'

'Διὸ ταῦτα μὲν ἐῶμεν, μετὰ δὲ τὴν ἰσχὺν τοῦ Ἔρωτος οὖσαν τοσαύτην ἤδη τὴν πρὸς ἀνθρώπους εὐμένειαν καὶ χάριν ἐπισκοπῶμεν, οὔκ εἰ πολλὰ τοῖς ἐρωμένοις ἀγαθὰ περιποιεῖ (δῆλα γάρ ἐστι ταῦτά γε πᾶσιν), ἀλλ᾽ εἰ πλείονα καὶ μείζονα τοὺς ἐρῶντας αὐτοὺς ὀνίνησιν· ἐπεί, καίπερ ὢν ἐρωτικὸς ὁ Εὐριπίδης, τὸ σμικρότατον ἀπεθαύμασεν εἰπών

'ποιητὴν ἄρα
Ἔρως διδάσκει, κἂν ἄμουσος ᾖ τὸ πρίν'.

von Alkestis, Protesilaos und Orpheus' Gattin Eurydike, daß
Hades nur e i n e s Gottes, des Eros, Befehle vollzieht, während er nach Sophokles' Worten gegen alle andern

'nicht Billigkeit noch Gunst
Erzeigt und einzig nur das starre Recht vertritt'.

Die Liebenden aber achtet er, und nur ihnen gegenüber ist
er nicht unbezwinglich und unerweichbar. Deshalb ist es
zwar ein Glück, lieber Freund, in Eleusis geweiht zu sein,
doch sehe ich, daß den begeisterten Anhängern und Mysten
des Eros im Hades noch Besseres zuteil wird, wobei ich
weder blind dem Mythos folge noch ihm völlig mißtraue.
Denn die Leute haben recht und rühren von Gott geleitet
an die Wahrheit, wenn sie sagen, daß die Liebenden aus
dem Hades wieder ans Licht emporsteigen; wohin aber und
wie, das wissen sie nicht, als hätten sie den Pfad verfehlt,
den als erster Mensch Platon mit Hilfe der Philosophie erkannt hat. Jedoch finden sich schwache und schwer erkennbare Spuren der Wahrheit verstreut im Mythos der Ägypter,
aber man braucht für sie einen gewaltigen Spürsinn, der
von Kleinem auf Großes zu schließen vermag.

Darum genug davon, laßt uns aber nach der gewaltigen
Kraft des Eros jetzt seine Huld und Gunst den Menschen
gegenüber prüfen; nicht, ob er den Geliebten viel Gutes
erweist, denn das ist jedem klar, sondern ob er den Liebenden selbst noch größere und zahlreichere Vorteile verleiht.
Denn, so sehr auch Euripides dem Eros ergeben ist, bewundert er doch nur das Geringste an ihm, wenn er sagt:

'das Dichten lehrt
Eros auch den, der früher feind den Musen war',

# Ἐρωτικός

συνετόν τε γὰρ ποιεῖ, κἂν ῥᾴθυμος ᾖ τὸ πρίν· καὶ ἀνδρεῖον, ᾖ λέλεκται, τὸν ἄτολμον, ὥσπερ οἱ τὰ ξύλα πυρακτοῦντες ἐκ μαλακῶν ἰσχυρὰ ποιοῦσι. δωρητικὸς δὲ καὶ ἁπαλὸς καὶ μεγαλόφρων γίνεται πᾶς ἐραστής, κἂν γλίσχρος ᾖ πρότερον, τῆς μικρολογίας καὶ φιλαργυρίας δίκην σιδήρου διὰ πυρὸς ἀνιεμένης· ὥστε χαίρειν τοῖς ἐρωμένοις διδόντας, ὡς παρ᾽ ἑτέρων οὐ χαίρουσιν αὐτοὶ λαμβάνοντες. ἴστε γὰρ δήπου, ὡς Ἀνύτῳ τῷ Ἀνθεμίωνος, ἐρῶντι μὲν Ἀλκιβιάδου ξένους δ᾽ ἑστιῶντι φιλοτίμως καὶ λαμπρῶς, ἐπεκώμασεν ὁ Ἀλκιβιάδης καὶ λαβὼν ἀπὸ τῆς τραπέζης εἰς ἥμισυ τῶν ἐκπωμάτων ἀπῆλθεν· ἀχθομένων δὲ τῶν ξένων καὶ λεγόντων ʿὑβριστικῶς σοι κέχρηται καὶ ὑπερηφάνως τὸ μειράκιον᾽, ʿφιλανθρώπως μὲν οὖν᾽ ὁ Ἄνυτος εἶπε· ʿπάντα γὰρ ἐξῆν αὐτῷ λαβεῖν, ὁ δὲ κἀμοὶ τοσαῦτα καταλέλοιπεν.᾽ ἡσθεὶς οὖν ὁ Ζεύξιππος ʿὦ Ἡράκλεις᾽ εἶπεν, ʿὡς ὀλίγου διελύσατο πρὸς Ἄνυτον τὴν ἀπὸ Σωκράτους καὶ φιλοσοφίας πατρικὴν ἔχθραν, εἰ πρᾶος ἦν οὕτω περὶ ἔρωτα καὶ γενναῖος᾽. ʿεἶεν᾽ εἶπεν ὁ πατήρ· ʿἐκ δὲ δυσκόλων καὶ σκυθρωπῶν τοῖς συνοῦσιν οὐ ποιεῖ φιλανθρωποτέρους καὶ ἡδίους; ʿαἰθομένου᾽ γὰρ ʿπυρὸς γεραρώτερον οἶκον᾽ ἔστιν ʿἰδέσθαι᾽ καὶ ἄνθρωπον ὡς ἔοικε φαιδρότερον ὑπὸ τῆς ἐρωτικῆς θερμότητος. ἀλλ᾽ οἱ πολλοὶ παράλογόν τι πεπόνθασιν· ἂν μὲν ἐν οἰκίᾳ νύκτωρ σέλας ἴδωσι, θεῖον ἡγοῦνται καὶ θαυμάζουσι· ψυχὴν δὲ μικρὰν καὶ ταπεινὴν καὶ ἀγεννῆ ὁρῶντες ἐξαίφνης ὑποπιμπλαμένην φρονήματος ἐλευθερίας φιλοτιμίας χάριτος ἀφειδίας, οὐκ ἀναγκάζονται λέγειν ὡς ὁ Τηλέμαχος·

denn er macht auch den klug, der vorher leichtsinnig war, und mutig, wie schon gesagt, den Zaghaften, so wie man weiches Holz im Feuer härtet. Freigebig aber und zart und großzügig wird jeder Liebhaber, auch wenn er vorher knauserig gewesen ist, denn kleinliches Wesen und Geiz lösen sich wie Eisen im Feuer; er freut sich so sehr, dem Geliebten etwas zu geben, wie er sich freut, wenn er von andern etwas empfängt. Ihr wißt doch wohl, daß bei Anytos, dem Sohn des Anthemion und Liebhaber des Alkibiades, der anspruchsvoll und glänzend Gäste bewirtete, Alkibiades mit einem Schwarm junger Leute einbrach, die Hälfte der Trinkgefäße vom Tische nahm und dann wegging. Die Gäste sagten voll Ärger: 'Der junge Mann behandelt dich übermütig und rücksichtslos', aber Anytos meinte: 'Im Gegenteil, freundlich, er hätte alles wegnehmen können und hat mir noch ebensoviel gelassen wie er jetzt hat.'" Da sagte Zeuxippos vergnügt: „Beim Herakles, beinahe hätte Anytos die Feindschaft, die wir wegen Sokrates und der Philosophie von Kindesbeinen an gegen ihn empfinden, beseitigt, wenn er in der Liebe so milde und edel war." „Nicht übel!", sagte mein Vater; „macht Eros nicht aus mürrischen und mit ihren Bekannten unfreundlichen Leuten gefälligere und fröhlichere? denn 'stattlicher scheint das Haus, wenn hell ein Feuer drin lodert' und ein Mensch offenbar strahlender durch die Wärme des Eros. Aber den meisten Menschen ergeht es seltsam; wenn sie in einem Hause bei Nacht einen hellen Schein sehen, halten sie das für ein göttliches Zeichen und staunen es an; sehen sie aber eine kleine, niedrige und unedle Seele plötzlich erfüllt von Vernunft, Freiheit, Ehrliebe, Anmut, Großzügigkeit, dann sehen sie sich nicht genötigt, mit Tele-

## Ἐρωτικός

'ἦ μάλα τις θεὸς ἔνδον'.'

''Εκεῖνο δ'' εἶπεν, 'ὦ Δαφναῖε, πρὸς Χαρίτων οὐ δαιμόνιον; ὅτι τῶν ἄλλων ὁ ἐρωτικὸς ὀλίγου δεῖν ἀπάντων
περιφρονῶν, οὐ μόνον ἑταίρων καὶ οἰκείων, ἀλλὰ καὶ νόμων
καὶ ἀρχόντων καὶ βασιλέων, φοβούμενος δὲ μηθὲν μηδὲ θαυ-
μάζων μηδὲ θεραπεύων, ἀλλὰ 'καὶ τὸν αἰχματὰν κεραυνόν'
οἷος ὢν ὑπομένειν, ἅμα τῷ τὸν καλὸν ἰδεῖν

'ἔπτηξ' ἀλέκτωρ δοῦλον ὡς κλίνας πτερόν',

καὶ τὸ θράσος ἐκκέκλασται καὶ κατακέκοπται οἱ τὸ τῆς
ψυχῆς γαῦρον. ἄξιον δὲ Σαπφοῦς παρὰ ταῖς Μούσαις μνη-
μονεῦσαι· τὸν μὲν γὰρ Ἡφαίστου παῖδα Ῥωμαῖοι Κᾶκον
ἱστοροῦσι πῦρ καὶ φλόγας ἀφιέναι διὰ τοῦ στόματος ἔξω
ῥεούσας· αὕτη δ' ἀληθῶς μεμιγμένα πυρὶ φθέγγεται καὶ διὰ
τῶν μελῶν ἀναφέρει τὴν ἀπὸ τῆς καρδίας θερμότητα 'Μούσαις εὐφώνοις ἰωμένη τὸν ἔρωτα' κατὰ Φιλόξενον. ἀλλ' εἰ
τι μὴ διὰ Λύσανδραν, ὦ Δαφναῖε, τῶν παλαιῶν ἐκλέλησαι
παιδικῶν, ἀνάμνησον ἡμᾶς, ἐν οἷς ἡ καλὴ Σαπφὼ λέγει τῆς
ἐρωμένης ἐπιφανείσης τήν τε φωνὴν ἴσχεσθαι καὶ φλέγεσθαι
τὸ σῶμα καὶ καταλαμβάνειν ὠχρότητα καὶ πλάνον αὐτὴν
καὶ ἴλιγγον.' λεχθέντων οὖν ὑπὸ τοῦ Δαφναίου τῶν μελῶν
ἐκείνων 'ὡς . . .', ὑπολαβὼν ὁ πατὴρ 'ταῦτ''εἶπεν, 'ὦ πρὸς
τοῦ Διός, οὐ θεοληψία καταφανής; οὗτος οὐ δαιμόνιος σάλος
τῆς ψυχῆς; τί τοσοῦτον ἡ Πυθία πέπονθεν ἀψαμένη τοῦ
τρίποδος; τίνα τῶν ἐνθεαζομένων οὕτως ὁ αὐλὸς καὶ τὰ
μητρῷα καὶ τὸ τύμπανον ἐξίστησιν; καὶ μὴν τὸ αὐτὸ σῶμα
πολλοὶ καὶ τὸ αὐτὸ κάλλος ὁρῶσιν, εἴληπται δ' εἷς ὁ ἐρω-
τικός· διὰ τίν' αἰτίαν; οὐ γὰρ μανθάνομέν γέ που τοῦ
Μενάνδρου λέγοντος οὐδὲ συνίεμεν,

machos zu sagen: ʿWahrlich, ein Gott ist drinnen.ʾ"

„Aber", fuhr mein Vater fort, „lieber Daphnaios, ist folgendes nicht übermenschlich, bei den Chariten? Fast alles andere verachtet der Liebende, nicht nur Freunde und Hausgenossen, sondern auch Gesetze, Herrscher und Könige, nichts fürchtet er oder staunt er an und behandelt er mit Achtung, nein, er ist bereit, auch ʿden gewaffneten Blitzʾ zu ertragen; aber sieht er einen schönen Menschen, dann

ʿläßt sklavisch er den Flügel hängen wie ein Hahnʾ,

dann ist sein Mut gebrochen und der Stolz der Seele ihm genommen. Neben den Musen aber verdient auch Sappho Erwähnung. Die Römer erzählen, daß dem Cacus, Vulcans Sohne, Feuerflammen aus dem Munde schlugen; Sappho aber läßt wirklich feurige Worte hören und in Liedern die Wärme ihres Herzens verströmen, ʿdurch der Musen Wohlklang den Eros heilendʾ, nach Philoxenosʾ Wort. Und wenn du nicht über Lysandra deine alten Lieblinge vergessen hast, lieber Daphnaios, dann rufe uns die Worte ins Gedächtnis, mit denen die edle Sappho sagt, daß beim Erscheinen der Geliebten die Stimme stockt, der Körper sich entflammt und Blässe, Unruhe und Schwindel ihn ergreift." Daphnaios sagte das Gedicht auf: „Wenn . . ." Der Vater fuhr fort und sagte: „Beim Zeus, ist das nicht offenbares Ergriffensein von Gott? ist das nicht dämonische Wallung der Seele? hat etwa die Pythia auf dem Dreifuß ein so starkes Erlebnis? welchen gotterfüllten Menschen bringen Flöte, Lieder der Großen Mutter und Handpauke so außer sich? Fürwahr, viele sehen denselben Leib und dieselbe Schönheit, aber der Liebende allein ist ergriffen; aus wel-

# Ἐρωτικός

'καιρός ἐστιν ἡ νόσος
ψυχῆς, ὁ πληγεὶς δ' εἴσω δὴ τιτρώσκεται'·
ἀλλ' ὁ θεὸς αἴτιος τοῦ μὲν καθαψάμενος τὸν δ' ἐάσας.'

"Ὁ τοίνυν ἐν ἀρχῇ καιρὸν εἶχε ῥηθῆναι μᾶλλον, οὐδὲ νῦν
'ὅτι νῦν ἦλθεν ἐπὶ στόμα' κατ' Αἰσχύλον, ἄρρητον ἐάσειν
μοι δοκῶ· καὶ γάρ ἐστι παμμέγεθες. ἴσως μὲν γάρ, ὦ ἑταῖρε,
καὶ τῶν ἄλλων ἁπάντων, ὅσα μὴ δι' αἰσθήσεως ἡμῖν εἰς
ἔννοιαν ἥκει, τὰ μὲν μύθῳ τὰ δὲ νόμῳ τὰ δὲ λόγῳ πίστιν
ἐξ ἀρχῆς ἔσχηκε· τῆς δ' οὖν περὶ θεῶν δόξης καὶ παντάπασιν
ἡγεμόνες καὶ διδάσκαλοι γεγόνασιν ἡμῖν οἵ τε ποιηταὶ καὶ
οἱ νομοθέται καὶ τρίτον οἱ φιλόσοφοι, τὸ μὲν εἶναι θεοὺς
ὁμοίως τιθέμενοι, πλήθους δὲ πέρι καὶ τάξεως αὐτῶν οὐσίας
τε καὶ δυνάμεως μεγάλα διαφερόμενοι πρὸς ἀλλήλους. ἐκεῖνοι μὲν γὰρ οἱ τῶν φιλοσόφων 'ἄνοσοι καὶ ἀγήραοι πόνων
τ' ἄπειροι, βαρυβόαν πορθμὸν πεφευγότες Ἀχέροντος'·
ὅθεν οὐ προσίενται ποιητικὰς Ἔριδας οὐ Λιτάς, οὐδὲ Δεῖ-
μον οὐδὲ Φόβον ἐθέλουσι θεοὺς εἶναι καὶ παῖδας Ἄρεος
ὁμολογεῖν· μάχονται δὲ περὶ πολλῶν καὶ τοῖς νομοθέταις,
ὥσπερ Ξενοφάνης Αἰγυπτίους ἐκέλευσε τὸν Ὄσιριν, εἰ θνη-
τὸν νομίζουσι, μὴ τιμᾶν ὡς θεόν, εἰ δὲ θεὸν ἡγοῦνται, μὴ
θρηνεῖν. αὖθις δὲ ποιηταὶ καὶ νομοθέται, φιλοσόφων ἰδέας
τινὰς καὶ ἀριθμοὺς μονάδας τε καὶ πνεύματα θεοὺς ποιου-
μένων, οὔτ' ἀκούειν ὑπομένουσιν οὔτε συνιέναι δύνανται.
πολλὴν δ' ὅλως ἀνωμαλίαν ἔχουσιν αἱ δόξαι καὶ διαφοράν.
ὥσπερ οὖν ἦσάν ποτε τρεῖς στάσεις Ἀθήνησι, Παράλων
Ἐπακρίων Πεδιέων, χαλεπῶς ἔχουσαι καὶ διαφερόμεναι πρὸς
ἀλλήλας, ἔπειτα δὲ πάντες ἐν ταὐτῷ γενόμενοι καὶ τὰς

chem Grunde? Menander können wir doch auf keine Weise verstehen, wenn er sagt:

'Ein Wendepunkt der Seele ist
Die Krankheit Liebe, drinnen nur trifft uns ihr Schlag',

sondern die Ursache ist der Gott; den einen rührt er an, den andern läßt er in Ruhe.

Das Folgende hätte ich besser zu Beginn gesagt, aber ich meine, auch 'wo es jetzt mir in den Mund kam', wie Aischylos sagt, darf ich es nicht mit Schweigen übergehen, denn es ist besonders wichtig. Vielleicht hat ja auch alles übrige, lieber Freund, was wir nicht durch die Wahrnehmung aufgefaßt haben, teils durch den Mythos, teils durch Satzung, teils durch das Wort von Anfang an Vertrauen gefunden; im Glauben an die Götter sind uns jedenfalls Führer und Lehrer gewesen die Dichter und Gesetzgeber und drittens die Philosophen, die sich alle darin einig sind, daß es Götter gibt, hinsichtlich ihrer Zahl aber und Rangordnung, ihres Wesens und ihrer Macht sehr voneinander abweichen. Denn die Götter der Philosophen sind 'frei von Leiden und Alter, mühelos, und meiden des Acherons osende Furt'; darum lassen sie Götter, wie bei den Dichtern Eris und die Litai, nicht zu, wollen auch nicht zugeben, daß Deimos und Phobos Götter und Söhne des Ares sind; auch streiten sie über manche Fragen mit den Gesetzgebern, wie Xenophanes den Ägyptern sagte, sie sollten Osiris, wenn sie ihn für sterblich hielten, nicht göttlich verehren, wenn sie ihn aber für einen Gott ansähen, nicht beweinen. Anderseits mögen Dichter und Gesetzgeber nicht hören, wenn Philosophen Ideen, Zahlen, Monaden und Winde zu Göttern machen, und können es auch nicht verstehen. Überhaupt

# Ἐρωτικός

ψήφους λαβόντες ἤνεγκαν πάσας Σόλωνι καὶ τοῦτον εἴλοντο
κοινῇ διαλλακτὴν καὶ ἄρχοντα καὶ νομοθέτην, ὃς ἔδοξε τῆς
ἀρετῆς ἔχειν ἀδηρίτως τὸ πρωτεῖον, οὕτως αἱ τρεῖς στάσεις
αἱ περὶ θεῶν, διχοφρονοῦσαι καὶ ψῆφον ἄλλην ἄλλη φέρουσαι
καὶ μὴ δεχόμεναι ῥᾳδίως τὸν ἐξ ἑτέρας, περὶ ἑνὸς βεβαίως ὁμο-
γνωμονοῦσι καὶ κοινῇ τὸν Ἔρωτα συνεγγράφουσιν εἰς θεοὺς
ποιητῶν οἱ κράτιστοι καὶ νομοθετῶν καὶ φιλοσόφων ᾽ἀθρόᾳ
φωνᾷ μέγ᾽ ἐπαινέοντες᾽ ὥσπερ ἔφη τὸν Πιττακὸν ὁ Ἀλκαῖος
αἱρεῖσθαι τοὺς Μυτιληναίους τύραννον. ἡμῖν δὲ βασιλεὺς καὶ
ἄρχων καὶ ἁρμοστὴς ὁ Ἔρως ὑφ᾽ Ἡσιόδου καὶ Πλάτωνος
καὶ Σόλωνος ἀπὸ τοῦ Ἑλικῶνος εἰς τὴν Ἀκαδημίαν ἐστε-
φανωμένος κατάγεται καὶ κεκοσμημένος εἰσελαύνει πολλαῖς
συνωρίσι φιλίας καὶ κοινωνίας, οὐχ οἵαν Εὐριπίδης φησίν
᾽ἀχαλκεύτοισιν ἐζεῦχθαι πέδαις᾽, ψυχρὰν οὗτός γε καὶ βα-
ρεῖαν ἐν χρείᾳ περιβαλὼν ὑπ᾽ αἰσχύνης ἀνάγκην, ἀλλ᾽ ὑπο-
πτέρου φερομένης ἐπὶ τὰ κάλλιστα τῶν ὄντων καὶ θειότατα,
περὶ ὧν ἑτέροις εἴρηται βέλτιον.᾽

Εἰπόντος δὲ ταῦτα τοῦ πατρὸς ὁ Σώκλαρος ᾽ὁρᾷς᾽ εἶπεν
᾽ὅτι δεύτερον ἤδη τοῖς αὐτοῖς περιπεσὼν οὐκ οἶδ᾽ ὅπως
βίᾳ σαυτὸν ἀπάγεις καὶ ἀποστρέφεις, οὐ δικαίως χρεω-
κοπῶν, εἴ γε δεῖ τὸ φαινόμενον εἰπεῖν, ἱερὸν ὄντα τὸν λόγον;
καὶ γὰρ ἄρτι τοῦ Πλάτωνος ἅμα καὶ τῶν Αἰγυπτίων ὥσπερ
ἄκων ἀψάμενος παρῆλθες καὶ νῦν ταὐτὰ ποιεῖς. τὰ μὲν οὖν
᾽ἀριζήλως εἰρημένα᾽ Πλάτωνι, μᾶλλον δὲ ταῖς θεαῖς ταύταις
διὰ Πλάτωνος, ὦγαθέ, ᾽μηδ᾽ ἂν κελεύωμεν εἴπῃς᾽· ᾗ δ᾽
ὑπηνίξω τὸν Αἰγυπτίων μῦθον εἰς ταὐτὰ τοῖς Πλατωνικοῖς

bestehen große Ungleichheiten und Gegensätze in diesen
Ansichten. Aber wie einst drei Parteien in Athen waren:
Paraler, Epakrier und Pediaier, in schlimmer Lage und un-
einig untereinander, später aber alle vereint sich einstimmig
für Solon entschieden und ihn gemeinsam zum Schlichter,
Archonten und Gesetzgeber wählten, da er unbestritten als
der beste galt, so sind die drei Parteien in der Frage nach
den Göttern zwar uneins, entscheiden verschieden und erkennen ein Mitglied einer der Gegenseiten nicht leicht an;
aber in einer Frage sind sie einig: gemeinsam zählen die
besten Dichter, Gesetzgeber und Philosophen den Eros zu
den Göttern, 'laut preisend mit der Stimmen Einklang',
wie Alkaios von der Wahl des Tyrannen Pittakos durch die
Mytilenaier sagte. Uns aber wird Eros als König, Herrscher
und Ordner von Hesiod, Platon und Solon vom Helikon
aus bekränzt in die Akademie geleitet und hält seinen Ein-
zug, geschmückt mit vielen Paaren der Freundschaft und
Gemeinschaft, die jedoch nicht wie bei Euripides 'gefesselt
sind mit Banden nicht aus Erz', womit er aus Scham dem
vertrauten Verkehr erkältenden und schweren Zwang aufer-
legt, sondern beflügelt dem Allerschönsten und Göttlichsten
zustürmen. Doch darüber haben andere besser gesprochen.''
Nach diesen Worten meines Vaters sagte Soklaros:
„Siehst du, daß du schon zum zweitenmal in die gleiche
Lage gerätst? Gewissermaßen mit Gewalt reißt du dich los
und wendest dich ab, und unberechtigt verkürzt du uns
die heilige Rede, wenn man wenigstens nach dem Augenschein urteilen darf. Denn eben hast du erst Platon und zugleich die Ägypter gleichsam wider Willen gestreift, und
jetzt tust du dasselbe. Was nun deutlich gesagt ist von
Platon, vielmehr durch Platons Mund von den Göttinnen

# Ἐρωτικός

συμφέρεσθαι περὶ Ἔρωτος, οὐκ ἔστι σοι μὴ διακαλύψαι μηδὲ διαφῆναι πρὸς ἡμᾶς· ἀγαπήσομεν δέ, κἂν μικρὰ περὶ μεγάλων ἀκούσωμεν'. δεομένων δὲ καὶ τῶν ἄλλων ἔφη ὁ πατήρ, ὡς Αἰγύπτιοι δύο μὲν Ἕλλησι παραπλησίως Ἔρωτας, τόν τε πάνδημον καὶ τὸν οὐράνιον, ἴσασι, τρίτον δὲ νομίζουσιν Ἔρωτα τὸν ἥλιον, Ἀφροδίτην δὲ τὴν γῆν καλοῦντες θεὰν ἔχουσι μάλα σεβάσμιον.


Ἡμεῖς δὲ πολλὴν μὲν Ἔρωτος ὁμοιότητα πρὸς τὸν ἥλιον ὁρῶμεν οὖσαν. πῦρ μὲν γὰρ οὐδέτερός ἐστιν ὥσπερ οἴονταί τινες, αὐγὴ δὲ καὶ θερμότης γλυκεῖα καὶ γόνιμος ἡ μὲν ἀπ' ἐκείνου φερομένη σώματι παρέχει τροφὴν καὶ φῶς καὶ αὔξησιν, ἡ δ' ἀπὸ τούτου ψυχαῖς. ὡς δ' ἥλιος ἐκ νεφῶν καὶ μετ' ὀμίχλην θερμότερος, οὕτως Ἔρως μετ' ὀργὰς καὶ ζηλοτυπίας ἐρωμένου διαλλαγέντος ἡδίων καὶ δριμύτερος. ἔτι δ' ὥσπερ ἥλιον ἅπτεσθαι καὶ σβέννυσθαι δοκοῦσιν ἔνιοι, ταὐτὰ καὶ περὶ Ἔρωτος ὡς θνητοῦ καὶ ἀβεβαίου διανοοῦνται. καὶ μὴν οὔτε σώματος ἀγύμναστος ἕξις ἥλιον οὔτ' Ἔρωτα δύναται φέρειν ἀλύπως τρόπος ἀπαιδεύτου ψυχῆς· ἐξίσταται δ' ὁμοίως ἑκάτερον καὶ νοσεῖ, τὴν τοῦ θεοῦ δύναμιν οὐ τὴν αὑτοῦ μεμφόμενον ἀσθένειαν. πλὴν ἐκείνη γε δόξειεν ἂν διαφέρειν, ᾗ δείκνυσιν ἥλιος μὲν ἐπίσης τὰ καλὰ καὶ τὰ αἰσχρὰ τοῖς ὁρῶσιν, Ἔρως δὲ μόνων τῶν καλῶν φέγγος ἐστὶ καὶ πρὸς ταῦτα μόνα τοὺς ἐρῶντας ἀναπείθει βλέπειν καὶ στρέφεσθαι, τῶν δ' ἄλλων πάντων περιορᾶν. γῆν δὲ κατ' οὐδὲν Ἀφροδίτη συγχωροίην ἂν ἐοικέναι· μᾶλλον γὰρ οἱ τὴν σελήνην Ἀφροδίτην καλοῦντες ἅπτονταί τινος ὁμοιότητος· καὶ γὰρ χθονία καὶ οὐρανία καὶ μίξεως χώρα τοῦ ἀθανάτου πρὸς τὸ θνητόν, ἀδρανὴς δὲ καθ' ἑαυτὴν καὶ σκοτώδης ἡλίου μὴ προσλάμποντος,

dieses Ortes, mein Guter, 'sag es uns, auch wenn wir wünschen, nicht'; wenn du aber andeutest, daß der ägyptische Mythos über Eros mit den Anhängern Platons übereinstimmt, dann mußt du uns das enthüllen und nachweisen; wir sind zufrieden, auch wenn wir nur Geringes über große Dinge hören." Als auch die andern baten, sagte mein Vater, daß die Ägypter ähnlich wie die Griechen einen doppelten Eros kennen, den allgemeinen und den himmlischen, und die Sonne für den dritten Eros halten; Aphrodite aber nennen sie die Erde und halten sie als Göttin in hohen Ehren.

„Wir jedoch sehen, daß die Ähnlichkeit des Eros mit der Sonne groß ist. Denn beide sind kein Feuer, wie manche glauben, wohl aber Helligkeit und süße, zeugende Wärme, die, wenn sie von der Sonne ausgeht, dem Körper, von Eros aus aber der Seele Nahrung, Licht und Wachstum gibt. Und wie die Sonne wärmer ist nach Wolken und Nebel, so ist Eros nach Ausbrüchen des Zorns und der Eifersucht süßer und heftiger, wenn der Geliebte versöhnt ist. Ferner, wie einige meinen, daß die Sonne sich entzünde und verlösche, ebenso stellen sie sich Eros als sterblich und unbeständig vor. Auch kann weder ein ungeübter Körper die Sonne noch eine ungebildete Seele den Eros ohne Leid ertragen; beide geraten in ähnlicher Weise außer sich und erkranken, legen dies aber der Macht des Gottes und nicht der eigenen Schwäche zur Last. Nur hierin allein sind sie anscheinend verschieden, daß die Sonne den Sehenden ebenso das Gute wie das Schlechte zeigt, Eros aber nur ein Licht des Schönen ist und hierauf allein die Liebenden zu schauen und zu achten, alle andern Dinge aber zu übersehen nötigt. Daß aber die Erde der Aphrodite gleicht, möchte ich durchaus nicht zugeben; eher rühren die, welche den Mond Aphro-

# Ἐρωτικός

ὥσπερ Ἀφροδίτη μὴ παρόντος Ἔρωτος. ἐοικέναι μὲν οὖν Ἀφροδίτη σελήνην ἥλιον δ' Ἔρωτι τῶν ἄλλων θεῶν μᾶλλον εἰκός ἐστιν, οὐ μὴν εἶναί γε παντάπασι τοὺς αὐτούς· οὐ γὰρ ψυχῇ σῶμα ταὐτὸν ἀλλ' ἕτερον, ὥσπερ ἥλιον μὲν ὁρατὸν Ἔρωτα δὲ νοητόν. εἰ δὲ μὴ δόξει πικρότερον λέγεσθαι, καὶ τἀναντία φαίη τις ἂν ἥλιον Ἔρωτι ποιεῖν· ἀποστρέφει γὰρ ἀπὸ τῶν νοητῶν ἐπὶ τὰ αἰσθητὰ τὴν διάνοιαν, χάριτι καὶ λαμπρότητι τῆς ὄψεως γοητεύων καὶ ἀναπείθων ἐν ἑαυτῷ καὶ περὶ αὐτὸν κεῖσθαι τά τ' ἄλλα καὶ τὴν ἀλήθειαν, ἑτέρωθι δὲ μηθέν·

'δυσέρωτες δὴ φαινόμεθ' ὄντες
τοῦδ', ὅ τι τοῦτο στίλβει κατὰ γῆν',
ὡς Εὐριπίδης φησί,
'δι' ἀπειροσύνην ἄλλου βιότου',

μᾶλλον δὲ λήθην ὧν ὁ Ἔρως ἀνάμνησίς ἐστιν. ὥσπερ γὰρ εἰς φῶς πολὺ καὶ λαμπρὸν ἀνεγρομένων ἐξοίχεται πάντα τῆς ψυχῆς τὰ καθ' ὕπνους φανέντα καὶ διαπέφευγεν, οὕτω τῶν γενομένων ἐνταῦθα καὶ μεταβαλόντων ἐκπλήττειν ἔοικε τὴν μνήμην καὶ φαρμάττειν τὴν διάνοιαν ὁ ἥλιος, ὑφ' ἡδονῆς καὶ θαύματος ἐκλανθανομένων ἐκείνων. καίτοι τό γ' ὕπαρ ὡς ἀληθῶς ἐκεῖ καὶ περὶ ἐκεῖνα τῆς ψυχῆς ἐστι, δευρὶ δ' ἀφικομένη τῶν ἐνυπνίων ἀσπάζεται καὶ τέθηπε τὸ κάλλιστον καὶ θειότατον.

dite nennen, an eine Ähnlichkeit, denn er ist irdisch und himmlisch zugleich und ein Ort der Mischung des Unsterblichen mit dem Sterblichen, an sich aber schwach und finster, wenn ihn die Sonne nicht bescheint, wie Aphrodite ohne Eros. Daß also Aphrodite dem Mond und Eros der Sonne mehr gleicht als die andern Götter, ist wahrscheinlich; nicht jedoch, daß sie ganz dasselbe sind, denn der Leib ist nicht dasselbe, sondern etwas anderes als die Seele, so wie die Sonne sichtbar, Eros aber nur geistig erkennbar ist. Wenn es aber nicht allzu verletzend gesagt erscheint, so könnte man behaupten, die Sonne handle dem Eros entgegengesetzt; denn sie wendet die Vernunft vom geistig Erschauten auf das sinnlich Wahrnehmbare, bezaubert durch Anmut und Glanz der Erscheinung und überzeugt, daß in ihr und um sie alles andere und auch die Wahrheit ruhe, anderswo aber nicht:

'So hegen wir Liebe unseliger Art
Zu dem, was auf Erden so schön erglänzt',

wie Euripides sagt,

'Da uns kein anderes Leben bekannt',

vielmehr, da wir das vergessen, woran uns Eros erinnert. Wer bei hellem und strahlendem Lichte erwacht, dem verflüchtigen und entfernen sich alle Erscheinungen, die seine Seele während des Schlummers hatte; so scheint die Sonne die Erinnerungskraft derer, die hier leben und sterbliche Gestalt angenommen haben, zu erschüttern und ihre Vernunft zu bezaubern, daß sie vor Freude und Staunen die jenseitige Welt vergessen. Trotzdem ist der wahre Zustand des Wachens dort im Jenseits der Seele, gelangt sie aber hierher, so begrüßt und bestaunt sie den schönsten, göttlichsten Traum:

## Ἐρωτικός

'ἀμφὶ δέ οἱ δολόεντα φιλόφρονα χεῦεν ὄνειρα',

πᾶν ἐνταῦθα πειθομένη τὸ καλὸν εἶναι καὶ τίμιον, ἂν μὴ
τύχῃ θείου καὶ σώφρονος Ἔρωτος ἰατροῦ καὶ σωτῆρος, ὃς ἐνταῦθα μὲν διὰ σωμάτων ἀφικόμενος ἀγωγὸς ἐπὶ τὴν ἀλήθειαν, ἐξ Ἅιδου δ' εἰς 'τὸ ἀληθείας πεδίον', οὗ τὸ πολὺ
καὶ καθαρὸν καὶ ἀψευδὲς ἵδρυται κάλλος, ἀσπάσασθαι καὶ
συγγενέσθαι διὰ χρόνου ποθοῦντας ἐξαναφέρων καὶ ἀνα-
πέμπων εὐμενὴς οἷον ἐν τελετῇ παρέστη μυσταγωγός. ἐνταῦθα δὲ πάλιν πεμπομένων αὐτῇ μὲν οὐ πλησιάζει ψυχῇ
καθ' ἑαυτήν, ἀλλὰ διὰ σώματος. ὡς δὲ γεωμέτραι παισὶν
οὔπω δυναμένοις ἐφ' ἑαυτῶν τὰ νοητὰ μυηθῆναι τῆς ἀσω-
μάτου καὶ ἀπαθοῦς οὐσίας εἴδη πλάττοντες ἁπτὰ καὶ ὁρατὰ
μιμήματα σφαιρῶν καὶ κύβων καὶ δωδεκαέδρων προτεί-
νουσιν, οὕτως ἡμῖν ὁ οὐράνιος Ἔρως ἔσοπτρα καλῶν καλά,
θνητὰ μέντοι θείων καὶ ἀπαθῶν παθητὰ καὶ νοητῶν αἰσθητὰ μηχανώμενος ἔν τε σχήμασι καὶ χρώμασι καὶ εἴδεσι
νέων ὥρᾳ στίλβοντα δείκνυσι καὶ κινεῖ τὴν μνήμην ἀτρέμα
διὰ τούτων ἀναφλεγομένην τὸ πρῶτον. ὅθεν διὰ σκαιότητας
ἔνιοι φίλων καὶ οἰκείων σβεννύναι πειρώμενοι βίᾳ καὶ ἀλό-
γως τὸ πάθος οὐδὲν ἀπέλαυσαν αὐτοῦ χρηστὸν ἀλλ' ἢ
καπνοῦ καὶ ταραχῆς ἐνέπλησαν ἑαυτοὺς ἢ πρὸς ἡδονὰς
σκοτίους καὶ παρανόμους ῥυέντες ἀκλεῶς ἐμαράνθησαν. ὅσοι
δὲ σώφρονι λογισμῷ μετ' αἰδοῦς οἷον ἀτεχνῶς πυρὸς ἀφεῖ-
λον τὸ μανικόν, αὐγὴν δὲ καὶ φῶς ἀπέλιπον τῇ ψυχῇ μετὰ
θερμότητος, οὐ σεισμόν, ὥς τις εἶπε, κινούσης ἐπὶ σπέρμα
καὶ ὄλισθον ἀτόμων ὑπὸ λειότητος καὶ γαργαλισμοῦ θλιβο-
μένων, διάχυσιν δὲ θαυμαστὴν καὶ γόνιμον ὥσπερ ἐν φυτῷ
βλαστάνοντι καὶ τρεφομένῳ καὶ πόρους ἀνοίγουσαν εὐπει-
θείας καὶ φιλοφροσύνης, οὐκ ἂν εἴη πολὺς χρόνος, ἐν ᾧ τό
τε σῶμα τὸ τῶν ἐρωμένων παρελθόντες ἔσω φέρονται καὶ

'Trügende, liebliche Träume ließ rings um sie er sich breiten';

denn sie glaubt, daß auf Erden alles Schöne und Gute vorhanden sei, wenn sie nicht den göttlichen und weisen Eros als Arzt und Retter erhält. Dieser gelangt hier durch Körper zu uns als Führer zur Wahrheit; aus dem Hades aber führt er diejenigen, die sich schon lange danach sehnen, ihn zu begrüßen und mit ihm zusammenzusein, heraus, geleitet sie empor in die Ebene der Wahrheit, wo die große, reine und untrügliche Schönheit wohnt, und tritt ihnen als ein gütiger Führer wie bei einer Mystenweihe zur Seite. Werden sie aber wieder auf diese Welt entsandt, so naht er nicht der Seele für sich allein, sondern nur vermittelst eines Körpers. Wie die Geometer den Knaben, die sie noch nicht unmittelbar in die Kenntnis der gedachten Formen des körper- und leidenschaftslosen Seins einweihen können, berührbare und sichtbare Nachahmungen von Kugeln, Würfeln und Dodekaedern herstellen und darreichen, so schafft uns der himmlische Eros schöne Spiegel des Schönen, jedoch sterbliche von göttlichen und leidenschaftliche von leidenschaftslosen und sinnlich wahrnehmbare von gedachten, zeigt sie im Jugendglanze an Gestalten, Farben und Erscheinungen junger Menschen und erregt die Erinnerung, die hierdurch zuerst ruhig sich entflammt. Darum haben auch einige, die wegen des Ungeschicks ihrer Freunde und Hausgenossen versucht haben, mit Gewalt und wider die Vernunft diese Leidenschaft zu löschen, nichts Gutes daraus gewonnen, sondern sich entweder mit Dunst und Verwirrung erfüllt oder von dunklen und der Satzung widerstreitenden Freuden hinreißen lassen und sind ruhmlos dahingegangen. Alle aber, die mit verständiger Über-

ἅπτονται τοῦ ἤθους, ὃ κλειόμενοι τὰς ὄψεις καθορῶσι, καὶ συγγίνονται διὰ λόγων πολλὰ καὶ πράξεων ἀλλήλοις, ἂν περίκομμα τοῦ καλοῦ καὶ εἴδωλον ἐν ταῖς διανοίαις ἔχωσιν· εἰ δὲ μή, χαίρειν ἐῶσι καὶ τρέπονται πρὸς ἑτέρους ὥσπερ αἱ μέλιτται πολλὰ τῶν χλωρῶν καὶ ἀνθηρῶν μέλι δ' οὐκ ἐχόντων ἀπολιπόντες· ὅπου δ' ἂν ἔχωσιν ἴχνος τι τοῦ θείου καὶ ἀπορροὴν καὶ ὁμοιότητα σαίνουσαν, ὑφ' ἡδονῆς καὶ θαύματος ἐνθουσιῶντες καὶ περιέποντες εὐπαθοῦσι τῇ μνήμῃ καὶ ἀναλάμπουσι πρὸς ἐκεῖνο τὸ ἐράσμιον ἀληθῶς καὶ μακάριον καὶ φίλιον ἅπασι καὶ ἀγαπητόν.'

'Τὰ μὲν οὖν πολλὰ ποιηταὶ προσπαίζοντες ἐοίκασι τῷ θεῷ γράφειν περὶ αὐτοῦ καὶ ᾄδειν ἐπικωμάζοντες, ὀλίγα δ' εἴρηται μετὰ σπουδῆς αὐτοῖς, εἴτε κατὰ νοῦν καὶ λογισμὸν εἴτε σὺν θεῷ τῆς ἀληθείας ἀψαμένοις· ὧν ἕν ἐστι καὶ τὸ περὶ τῆς γενέσεως· 'δεινότατον θεῶν τὸν γεννᾶτ' εὐπέδιλλος Ἶρις χρυσοκόμᾳ Ζεφύρῳ μίγεισα·' εἰ μή τι καὶ ὑμᾶς ἀναπεπείκασιν οἱ γραμματικοί, λέγοντες πρὸς τὸ ποικίλον τοῦ πάθους καὶ τὸ ἀνθηρὸν γεγονέναι τὴν εἰκασίαν.' καὶ ὁ

legung und ehrfürchtig der Leidenschaft geradezu wie
einem Feuer das Rasende nehmen, Glanz aber und Licht
der Seele erhalten, verbunden mit einer Wärme, die nicht,
wie man gesagt hat, Erschütterung erregt bis zur Samen-
bildung und zum Ausgleiten der durch Glätte und Kitzel
gedrängten Atome, sondern einen wunderbaren, zeugenden
Ausgleich wie bei einer wachsenden und sich nährenden
Pflanze, der Wege zum Gehorsam und zu freundlicher Gesinnung eröffnet — alle diese gelangen rasch über den
Körper des Geliebten hinaus, sie eilen ins Innere und
halten sich an den Charakter, den sie auch mit geschlossenen
Augen erkennen; sie sind in Rede und Tat viel beieinander,
wenn sie einen Umriß und ein Bild des Schönen in ihrer
Seele tragen; sonst geben sie dem Geliebten den Laufpaß
und wenden sich wieder andern zu wie die Bienen, die
viele frische und blütenreiche Gewächse, wenn sie keinen
Honig haben, verlassen; wo sie aber eine Spur des Göttlichen und eine Ausgeburt von ihm und ein verwandtes
Wesen, das sich einschmeichelt, finden, da werden sie vor
Freude und Staunen göttlicher Begeisterung voll, umhegen
sie, sind glücklich in ihrer Erinnerung und leuchten auf
vor dem wahrhaft Liebenswerten, Seligen, das allen wert
und teuer ist.

Offenbar schreiben die Dichter meist im Scherze über
den Gott und singen ihm in ausgelassener Feststimmung;
einiges haben sie aber auch mit Ernst ausgesprochen und
dabei entweder durch Verstand und Überlegung oder mit
Gottes Hilfe die Wahrheit berührt — hierzu gehört das
Wort über seine Zeugung: 'den furchtbarsten der Götter,
den Iris mit den schönen Sandalen dem goldgelockten Ze-
phyros gebar'. Aber vielleicht haltet auch ihr die Gramma-

# Ἐρωτικός

Δαφναῖος 'πρὸς τί γάρ' ἔφη 'ἕτερον'; 'ἀκούετ'' εἶπεν ὁ πατήρ· 'οὕτω γὰρ βιάζεται τὸ φαινόμενον λέγειν. ἀνάκλασις δή που τὸ περὶ τὴν Ἶριν ἐστι τῆς ὄψεως πάθος, ὅταν ἡσυχῇ νοτερῷ λείῳ δὲ καὶ μέτριον πάχος ἔχοντι προσπεσοῦσα νέφει τοῦ ἡλίου ψαύσῃ κατ' ἀνάκλασιν καὶ τὴν περὶ ἐκεῖνον αὐγὴν ὁρῶσα καὶ τὸ φῶς δόξαν ἡμῖν ἐνεργάσηται τοῦ φαντάσματος ὡς ἐν τῷ νέφει ὄντος. ταὐτὸ δὴ τὸ ἐρωτικὸν μηχάνημα καὶ σόφισμα περὶ τὰς εὐφυεῖς καὶ φιλοκάλους ψυχάς· ἀνάκλασιν ποιεῖ τῆς μνήμης ἀπὸ τῶν ἐνταῦθα φαινομένων καὶ προσαγορευομένων καλῶν εἰς τὸ θεῖον καὶ ἐράσμιον καὶ μακάριον ὡς ἀληθῶς ἐκεῖνο καὶ θαυμάσιον καλόν. ἀλλ' οἱ πολλοὶ μὲν ἐν παισὶ καὶ γυναιξὶν ὥσπερ ἐν κατόπτροις εἴδωλον αὐτοῦ φανταζόμενον διώκοντες καὶ ψηλαφῶντες οὐδὲν ἡδονῆς μεμιγμένης λύπῃ δύνανται λαβεῖν βεβαιότερον· ἀλλ' οὗτος ἔοικεν ὁ τοῦ Ἰξίονος ἴλιγγος εἶναι καὶ πλάνος, ἐν νέφεσι κενὸν ὥσπερ σκιαῖς θηρωμένου τὸ ποθούμενον· ὥσπερ οἱ παῖδες προθυμούμενοι τὴν Ἶριν ἑλεῖν τοῖν χεροῖν, ἑλκόμενοι πρὸς τὸ φαινόμενον. εὐφυοῦς δ' ἐραστοῦ καὶ σώφρονος ἄλλος τρόπος· ἐκεῖ γὰρ ἀνακλᾶται πρὸς τὸ θεῖον καὶ νοητὸν καλόν· ὁρατοῦ δὲ σώματος ἐντυχὼν κάλλει καὶ χρώμενος οἷον ὀργάνῳ τινὶ τῆς μνήμης ἀσπάζεται καὶ ἀγαπᾷ, καὶ συνὼν καὶ γεγηθὼς ἔτι μᾶλλον ἐκφλέγεται τὴν διάνοιαν. καὶ οὔτε μετὰ σωμάτων ὄντες ἐνταῦθα τουτὶ τὸ φῶς ἐπιποθοῦντες κάθηνται καὶ θαυμάζοντες, οὔτ' ἐκεῖ γενόμενοι μετὰ τὴν τελευτὴν δεῦρο πάλιν στρεφόμενοι καὶ δραπετεύοντες ἐν θύραις νεογάμων καὶ δωματίοις κυλινδοῦνται, δυσόνειρα φαντασμάτια φιληδόνων καὶ φιλοσωμάτων ἀνδρῶν καὶ γυναικῶν οὐ δικαίως ἐρωτικῶν προσαγορευομένων. ὁ γὰρ ὡς ἀληθῶς ἐρωτικὸς ἐκεῖ γενόμενος καὶ τοῖς καλοῖς ὁμιλήσας, ᾗ θέμις, ἐπτέρωται καὶ κατωργίασται καὶ διατελεῖ περὶ τὸν

tiker für überzeugend, wenn sie sagen, das sei ein Gleichnis, das auf die Vielfalt und Farbigkeit dieser Leidenschaft anspiele." Da sagte Daphnaios: „Auf was denn sonst?" „Hört zu", sagte mein Vater, „folgendes zu sagen, nötigt uns der Augenschein. Was unserem Auge bei der Iris, dem Regenbogen, widerfährt, ist ja eine Lichtbrechung, wenn es ruhig auf eine feuchte, aber glatte Wolke von geringer Dichte fällt und das Sonnenlicht in der Brechung berührt, wenn es dann den Glanz und das Licht der Sonne sieht und uns den Eindruck vermittelt, als wäre die Erscheinung auf der Wolke. Ebenso verhält es sich mit dem Kunstgriff und der List des Eros bei den wohlgewachsenen und schönheitliebenden Seelen; er bewirkt eine Brechung der Erinnerung von dem, was hier als schön erscheint und so heißt, auf das Göttliche und Geliebte und wahrhaft selige und wunderbare Schöne. Aber die meisten verfolgen und betasten an Knaben und Weibern wie an Spiegelbildern nur seine Erscheinung im Bilde und können nichts Gewisseres erreichen als eine mit Leid gemischte Freude. Gerade dies ist anscheinend der Schwindel und Irrtum des Ixion, das Erschaute in schattenhafter Erscheinung eines Wolkengebildes zu jagen, wie die Kinder, die den Regenbogen mit den Händen greifen wollen, verleitet durch den Augenschein. Ein edler und weiser Liebhaber verhält sich anders, denn sein Blick wird in die jenseitige Welt zurückgelenkt auf das göttliche und geistig erkennbare Schöne; begegnet er aber der Schönheit eines sichtbaren Körpers und bedient sich ihrer als eines Werkzeuges der Erinnerung, dann begrüßt er sie freudig und liebt sie, und in der Freude des Zusammenseins entzündet sich sein Denken immer mehr. Weder sitzt er hier in der körperlichen Welt ver-

αὐτοῦ θεὸν ἄνω χορεύων καὶ συμπεριπολῶν, ἄχρις οὗ πάλιν εἰς τοὺς Σελήνης καὶ ᾿Αφροδίτης λειμῶνας ἐλθὼν καὶ καταδαρθὼν ἑτέρας ἄρχηται γενέσεως.᾿

᾿᾿Αλλὰ ταῦτα μέν᾿ ἔφη ᾿μείζονας ἔχει τῶν παρόντων λόγων ὑποθέσεις. τῷ δ᾿ Ἔρωτι καὶ τοῦτο καθάπερ τοῖς ἄλλοις θεοῖς ᾿ἔνεστιν᾿ ὡς Εὐριπίδης φησί ᾿τιμωμένῳ χαίρειν ἀνθρώπων ὕπο᾿ καὶ τοὐναντίον· εὐμενέστατος γάρ ἐστι τοῖς δεχομένοις ἐμμελῶς αὐτὸν βαρὺς δὲ τοῖς ἀπαυθαδισαμένοις. οὔτε γὰρ ξένων καὶ ἱκετῶν ἀδικίας ὁ Ξένιος οὔτε γονέων ἀρὰς ὁ Γενέθλιος οὕτω διώκει καὶ μέτεισι ταχέως ὡς ἐρασταῖς ἀγνωμονηθεῖσιν ὁ Ἔρως ὀξὺς ὑπακούει, τῶν ἀπαιδεύτων καὶ ὑπερηφάνων κολαστής. τί γὰρ ἂν λέγοι τις Εὐξύνθετον καὶ Λευκοκόμαν; τί δὲ τὴν ἐν Κύπρῳ Παρακύπτουσαν ἔτι νῦν προσαγορευομένην; ἀλλὰ τὴν Γοργοῦς ἴσως ποινὴν οὐκ ἀκηκόατε τῆς Κρήσσης, παραπλήσια τῇ Παρακυπτούσῃ παθούσης· πλὴν ἐκείνη μὲν ἀπελιθώθη παρακύψασα τὸν ἐραστὴν ἰδεῖν ἐκκομιζόμενον· τῆς δὲ Γοργοῦς Ἄσανδρός τις ἡράσθη, νέος ἐπιεικὴς καὶ γένει λαμπρός· ἐκ δὲ λαμπρῶν εἰς ταπεινὰ πράγματα καὶ εὐτελῆ ἀφιγμένος ὅμως αὐτὸν οὐδενὸς ἀπηξιοῦτο, ἀλλὰ τὴν Γοργώ, διὰ πλοῦτον ὡς ἔοικε περιμάχητον οὖσαν καὶ πολυμνήστευτον, ᾔτει γυναῖκα συγ-

sunken in Sehnsucht und Bewunderung des jenseitigen
Lichtes, noch kehrt er, wenn er nach dem Tode ins Jenseits gelangt ist, verstohlen hierher zurück und treibt sich
vor den Türen und Kammern Neuvermählter herum als
böse Traumerscheinung eines Mannes oder Weibes, die an
der Lust und am Körper hängen, aber nicht mit Recht Liebende heißen. Denn der wahre Liebende, der ins Jenseits
gelangt und mit dem Schönen umgeht, wie es recht ist,
wird beflügelt und geweiht und ist dauernd beschäftigt, in
der Höhe um seinen Gott zu tanzen und zu schweben, bis
er wieder auf die Wiese der Selene und Aphrodite gelangt
und, nachdem er dort entschlummert ist, ein anderes Da-
sein beginnt."

„Aber diese Dinge", sagte er, „haben umfangreichere
Voraussetzungen als unser Thema. 'Eigenschaft' des Eros
aber ist nach einem Worte des Euripides, in Übereinstim-
mung mit den andern Göttern 'sich zu freuen, wenn ihn
die Menschen ehren' und das Gegenteil; denn er ist sehr
gnädig denen, die ihn gebührend empfangen, hart aber
gegen die Eigenwilligen. Denn weder der Gott der Gastfreunde verfolgt und ahndet so rasch das Gästen und
Schutzflehenden angetane Unrecht noch der Gott der
Sippe die Flüche der Eltern, wie Eros auf beleidigte Liebhaber scharf achtet, als Bestrafer der Ungebildeten und
Hoffärtigen. Wozu Euxynthetos und Leukokomas erwäh-
nen; wozu das Weib, die man heute noch in Cypern Parakyptusa (die verstohlen aus dem Fenster Schauende) nennt?
Aber vielleicht kennt ihr noch nicht die Bestrafung der
Kreterin Gorgo. Ihr widerfuhr etwas Ähnliches wie der
Parakyptusa; nur wurde diese gesteinigt, weil sie verstohlen
aus dem Fenster schaute, um das Begräbnis ihres Lieb-

## Ἐρωτικός

γενῆς ὤν, πολλοὺς ἔχων καὶ ἀγαθοὺς συνερῶντας αὐτῷ, πάντας δὲ τοὺς περὶ τὴν κόρην ἐπιτρόπους καὶ οἰκείους πεπεικὼς ...

(Der Text hat hier eine große Lücke. Über den Inhalt läßt sich folgendes erschließen: Nach Beendigung der Erzählung von der Gorgo bricht die Gesellschaft nach Thespiai auf. Während der Wanderung bestreitet Zeuxippos vom Standpunkt der Epikureer aus den segensreichen Einfluß des Eros der Ehe. Der Text beginnt mitten in der Antwort des Vaters (d. h. Plutarchs) an Zeuxippos.)

῾῾Ἔτι τοίνυν ἃς λέγουσιν αἰτίας καὶ γενέσεις Ἔρωτος, ἴδιαι μὲν οὐδετέρου γένους εἰσὶ κοιναὶ δ' ἀμφοτέρων. καὶ γὰρ εἴδωλα δήπουθεν ἐνδυόμενα τοῖς ἐρωτικοῖς καὶ διατρέχοντα κινεῖν καὶ γαργαλίζειν τὸν ὄγκον εἰς σπέρμα συνολισθαίνοντα τοῖς ἄλλοις σχηματισμοῖς οὐ δυνατὸν μὲν ἀπὸ παίδων, δυνατὸν δ' ἀπὸ γυναικῶν; καὶ τὰς καλὰς ταύτας καὶ ἱερὰς ἀναμνήσεις ἀνακλωμένας ἐπὶ τὸ θεῖον καὶ ἀληθινὸν καὶ Ὀλύμπιον ἐκεῖνο κάλλος, αἷς ψυχὴ πτεροῦται, τί δὴ κωλύει γίνεσθαι μὲν ἀπὸ παίδων καὶ ἀπὸ νεανίσκων, γίνεσθαι δ' ἀπὸ παρθένων καὶ γυναικῶν, ὅταν ἦθος ἁγνὸν καὶ κόσμιον ἐν ὥρᾳ καὶ χάριτι μορφῆς διαφανὲς γένηται, καθάπερ ὄρθιον ὑπόδημα δείκνυσι ποδὸς εὐφυΐαν, ὡς Ἀρίστων ἔλεγεν· ἢ ὅταν ἐν εἴδεσι καλοῖς καὶ καθαροῖς σώμασιν ἴχνη λαμπρᾶς κείμενα ψυχῆς ὀρθὰ καὶ ἄθρυπτα κατίδωσιν οἱ δεινοὶ τῶν τοιούτων αἰσθάνεσθαι; οὐ γὰρ ὁ μὲν φιλήδονος ἐρωτηθεὶς εἰ

'πρὸς θῆλυ νεύει μᾶλλον ἢ ἐπὶ τἄρρενα'

146

habers zu sehen, die Gorgo dagegen liebte Asandros, ein tüchtiger junger Mann aus edlem Geschlecht; obwohl er aber nach anfänglichem Reichtum in eine bescheidene und ärmliche Vermögenslage geraten war, hielt er sich dennoch für berechtigt zu jeder Auszeichnung und hielt als Verwandter um Gorgo an, die anscheinend ihres Reichtums wegen umkämpft und viel umworben war. Er hatte viele tüchtige Nebenbuhler, hatte aber schon alle Vormünder und Verwandte des Mädchens überredet . . .

Ferner sind die Ursachen und Ursprünge des Eros, von denen man spricht, keinem der beiden Geschlechter eigentümlich, sondern beiden gemeinsam. Denn daß Bilder, die in die Liebenden eindringen und sie durchlaufen, die Masse der Atome so bewegen und kitzeln, daß sie mit den Gestalten dieser Bilder zum Samen zusammengleiten, sollte das bei der Liebe zu Knaben nicht möglich sein, wohl aber bei der zu Weibern? Und die schönen geweihten Erinnerungen, die den Blick zurückwerfen auf die göttliche, wahrhafte und olympische Schönheit jener Welt, und durch die die Seele sich beflügelt — was hindert denn, daß sie einerseits zurückgehen auf Knaben und Jünglinge, anderseits aber auf Jungfrauen und Weiber, wenn ein reiner und klarer Charakter eine jugendliche, anmutige Gestalt durchleuchtet, so wie nach Aristons Ausspruch ein gerader Schuh den schönen Wuchs des Fußes zeigt? Oder wenn die in solchen Dingen Aufnahmefähigen bei schönen Gestalten und reinen Körpern deutliche und unverwischbare Spuren einer strahlenden Seele wahrnehmen? Anscheinend hat doch der Genießer, der auf die Frage, ob

ʽer mehr dem Weibe oder Männlichem geneigt,ʼ

# Ἐρωτικός

καὶ ἀποκρινάμενος

'ὅπου προσῇ τὸ κάλλος, ἀμφιδέξιος',

ἔδοξεν οἰκείως ἀποκρίνασθαι τῆς ἐπιθυμίας, ὁ δὲ φιλόκαλος καὶ γενναῖος οὐ πρὸς τὸ καλὸν οὐδὲ τὴν εὐφυΐαν ἀλλὰ μορίων διαφορὰς ποιεῖται τοὺς ἔρωτας· καὶ φίλιππος μὲν ἀνὴρ οὐδὲν ἧττον ἀσπάζεται τοῦ Ποδάργου τὴν εὐφυΐαν ἢ 'Αἴθην τὴν 'Αγαμεμνονέην', καὶ θηρατικὸς οὐ τοῖς ἄρρεσι χαίρει μόνον, ἀλλὰ καὶ Κρήσσας τρέφει καὶ Λακαίνας σκύλακας, ὁ δὲ φιλόκαλος καὶ φιλάνθρωπος οὐχ ὁμαλός ἐστιν οὐδ' ὅμοιος ἀμφοτέροις τοῖς γένεσιν, ἀλλ' ὥσπερ ἱματίων οἰόμενος εἶναι διαφορὰς ἐρώτων γυναικῶν καὶ ἀνδρῶν. καίτοι τὴν γ' ὥραν 'ἄνθος ἀρετῆς' εἶναι λέγουσι, μὴ φάναι δ' ἀνθεῖν τὸ θῆλυ μηδὲ ποιεῖν ἔμφασιν εὐφυΐας πρὸς ἀρετὴν ἄτοπόν ἐστι· καὶ γὰρ Αἰσχύλος ὀρθῶς ἐποίησε

'νέας γυναικὸς οὔ με μὴ λάθῃ φλέγων
ὀφθαλμός, ἥτις ἀνδρὸς ᾖ γεγευμένη'.

πότερον οὖν ἰταμοῦ μὲν ἤθους καὶ ἀκολάστου καὶ διεφθορότος σημεῖα τοῖς εἴδεσι τῶν γυναικῶν ἐπιτρέχει, κοσμίου δὲ καὶ σώφρονος οὐδὲν ἔπεστι τῇ μορφῇ φέγγος, ἢ πολλὰ μὲν ἔπεστι καὶ συνεπιφαίνεται, κινεῖ δ' οὐθὲν οὐδὲ προσκαλεῖται τὸν ἔρωτα; οὐδέτερον γὰρ εὔλογον οὐδ' ἀληθές.'

''Αλλὰ κοινῶς ὥσπερ δέδεικται τοῖς γένεσι πάντων ὑπαρχόντων, ὥσπερ κοινοῦ συστάντος αὐτοῖς τοῦ ἀγῶνος, ὦ Δαφναῖε, πρὸς ἐκείνους μαχώμεθα τοὺς λόγους, οὓς ὁ Ζεύξιππος ἀρτίως διῆλθεν, ἐπιθυμίᾳ τὸν Ἔρωτα ταὐτὸ ποιῶν

148

antwortete:

'Wo Schönheit weilt, da werd' ich beiden gleich gerecht', der Begierde entsprechend geantwortet; und da soll der Freund der Schönheit, der Edle, nicht nach Schönheit und Wohlgestalt, sondern nach den Unterschieden der Geschlechtsteile seine Liebe verteilen? Ein Freund der Reitkunst wird die Wohlgestalt des Podargos ebenso herzlich wie Agamemnons Stute Aithe begrüßen; ein Jäger hat nicht nur seine Lust an männlichen Tieren, sondern züchtet auch kretische und spartanische Hündinnen: und da sollte ein Freund der Schönheit und der Menschen nicht gleichmäßig und gerecht zu beiden Geschlechtern stehen, sondern glauben, es gäbe in der Liebe zu Weibern und Männern Unterschiede wie in der Kleidung? Und doch nennt man die Jugend 'die Blüte der Tugend'; aber zu bestreiten, daß das weibliche Geschlecht blühe und seine Wohlgestalt offenbare, ist ungereimt. Denn auch Aischylos hat recht gedichtet, wenn er sagt:

'Niemals verkenn ich jungen Weibes Flammenblick,
Das eines Mannes Liebe jüngst gekostet hat.'

Treten also die Zeichen eines kecken, zügellosen und verlorbenen Wesens im Aussehen der Weiber in Erscheinung, und das Licht einer klaren und weisen Art sollte sich nicht über die Gestalt verbreiten? Oder verbreitet sich zwar viel und offenbart sich zugleich, ohne indes die Liebe zu wecken und herbeizurufen? Beides ist widersinnig und unwahr.

Aber da, wie sich gezeigt hat, alles gemeinsam für die Geschlechter vorhanden ist, so wollen wir, Daphnaios, als gälte es einen gemeinsamen Kampf beider, gegen die eben von Zeuxippos vorgebrachten Worte angehen, der den

# Ἐρωτικός

ἀκαταστάτῳ καὶ πρὸς τὸ ἀκόλαστον ἐκφερούσῃ τὴν ψυχήν, οὐκ αὐτὸς οὕτω πεπεισμένος ἀκηκοὼς δὲ πολλάκις ἀνδρῶν δυσκόλων καὶ ἀνεράστων· ὧν οἱ μὲν ἄθλια γύναια προικιδίοις ἐφελκόμενοι μετὰ χρημάτων εἰς οἰκονομίαν καὶ λογισμοὺς ἐμβάλλοντες ἀνελευθέρους, ζυγομαχοῦντες ὁσημέραι διὰ χειρὸς ἔχουσιν· οἱ δὲ παίδων δεόμενοι μᾶλλον ἢ γυναικῶν, ὥσπερ οἱ τέττιγες εἰς σκίλλαν ἤ τι τοιοῦτο τὴν γονὴν ἀφιᾶσιν, οὕτω διὰ τάχους οἷς ἔτυχε σώμασιν ἐναπογεννήσαντες καὶ καρπὸν ἀράμενοι χαίρειν ἐῶσιν ἤδη τὸν γάμον, ἢ μένοντος οὐ φροντίζουσιν οὐδ' ἀξιοῦσιν ἐρᾶν οὐδ' ἐρᾶσθαι. στέργεσθαι δὲ καὶ στέργειν ἑνί μοι δοκεῖ γράμματι τοῦ στέγειν παραλλάττον εὐθὺς ἐμφαίνειν τὴν ὑπὸ χρόνου καὶ συνηθείας ἀνάγκῃ μεμιγμένην εὔνοιαν. ᾧ δ' ἂν Ἔρως ἐπισκήψῃ καὶ ἐπιπνεύσῃ, πρῶτον μὲν ἐκ τῆς Πλατωνικῆς πόλεως 'τὸ ἐμόν' ἕξει καὶ 'τὸ οὐκ ἐμόν'· οὐ γὰρ ἁπλῶς 'κοινὰ τὰ φίλων' οὐδὲ πάντων ἀλλ' οἱ τοῖς σώμασιν ὁριζόμενοι τὰς ψυχὰς βίᾳ συνάγουσι καὶ συντήκουσι, μήτε βουλόμενοι δύ' εἶναι μήτε νομίζοντες. ἔπειτα σωφροσύνη πρὸς ἀλλήλους, ἧς μάλιστα δεῖται γάμος, ἡ μὲν ἔξωθεν καὶ νόμων ἕνεκα πλέον ἔχουσα τοῦ ἑκουσίου τὸ βεβιασμένον ὑπ' αἰσχύνης καὶ φόβων,

'πολλῶν χαλινῶν ἔργον οἰάκων θ' ἅμα',

διὰ χειρός ἐστιν ἀεὶ τοῖς συνοῦσιν· Ἔρωτι δ' ἐγκρατείας

Eros einer ruhelosen, die Seele zur Zügellosigkeit verleitenden Begierde gleichsetzt. Er ist ja selbst gar nicht so sehr davon überzeugt, hat es aber oft von mürrischen und dem Eros abholden Männern gehört. Diese ziehen teils bedauernswerte Mädchen durch geringe Geldgeschenke an sich, verwickeln sie in Hauswirtschaft und untergeordnete Rechnungsführung und liegen täglich in Kampf und Streit mit ihnen; teils haben sie Kinder nötiger als Weiber; da zeugen sie, wie die Zikaden den Samen in eine Meerzwiebel oder etwas Ähnliches fahren lassen, rasch in einem beliebigen Körper, und wenn sie Nachkommenschaft erzielt haben, sagen sie sogleich der Ehe ab oder sind, wenn sie aushalten, gleichgültig und legen keinen Wert darauf zu lieben und geliebt zu werden. Geliebt werden aber und 'lieben', das sich im Griechischen nur durch einen Buchstaben von 'bewahren' unterscheidet, scheint mir dadurch sogleich auf die durch Zeit und Gewohnheit mit Zwang vermischte Zuneigung hinzuweisen. Auf wen aber Eros sich stürzt und wen er anhaucht, der wird erstens 'das Mein und das Nichtmein' nach Platons Staat beurteilen; denn nicht einfach 'gemeinsam ist der Besitz der Freunde', auch nicht aller, sondern nur derer, die, wenn auch körperlich getrennt, ihre Seelen gewaltsam zusammenführen und verschmelzen, da sie zwei nicht sein wollen und sich auch dafür nicht halten. Ferner hat das beherrschte Verhalten gegeneinander, dessen die Ehe vor allem bedarf, wo es nur von außen her und der Gesetze wegen auftritt, mehr Gezwungenes als Freiwilliges durch Scham und Furcht,

'ein Tun, das vieler Zügel, vieler Ruder auch bedarf,'

und steht den Zusammenlebenden immer zur Verfügung;

τοσοῦτον καὶ κόσμου καὶ πίστεως μέτεστιν, ὥστε, κἂν ἀκολάστου ποτὲ θίγῃ ψυχῆς, ἀπέστρεψε τῶν ἄλλων ἐραστῶν,
ἐκκόψας δὲ τὸ θράσος καὶ κατακλάσας τὸ σοβαρὸν καὶ
ἀνάγωγον, ἐμβαλὼν δ' αἰδῶ καὶ σιωπὴν καὶ ἡσυχίαν καὶ
σχῆμα περιθεὶς κόσμιον, ἑνὸς ἐπήκοον ἐποίησεν. ἴστε δήπουθεν ἀκοῇ Λαΐδα τὴν ἀοίδιμον ἐκείνην καὶ πολυήρατον,
ὡς ἐπέφλεγε πόθῳ τὴν Ἑλλάδα, μᾶλλον δὲ ταῖς δυσὶν ἦν
περιμάχητος θαλάσσαις· ἐπεὶ δ' Ἔρως ἔθιγεν αὐτῆς Ἱππο-
λόχου τοῦ Θεσσαλοῦ, τόν 'ὕδατι χλωρῷ κατακλυζόμενον
προλιποῦσ' Ἀκροκόρινθον' καὶ ἀποδρᾶσα τῶν ἄλλων ἐραστῶν κρύφα τὸν μέγαν στρατὸν ᾤχετο κοσμίως· ἐκεῖ δ'
αὐτὴν αἱ γυναῖκες ὑπὸ φθόνου καὶ ζήλου διὰ τὸ κάλλος εἰς
ἱερὸν Ἀφροδίτης προαγαγοῦσαι κατέλευσαν καὶ διέφθειραν·
ὅθεν ὡς ἔοικεν ἔτι νῦν τὸ ἱερὸν Ἀφροδίτης ἀνδροφόνου καλοῦσιν. ἴσμεν δὲ καὶ θεραπαινίδια δεσποτῶν φεύγοντα συνουσίας
καὶ βασιλίδων ὑπερορῶντας ἰδιώτας, ὅταν Ἔρωτα δεσπότην
ἐν ψυχῇ κτήσωνται· καθάπερ γὰρ ἐν Ῥώμῃ φασὶ τοῦ
καλουμένου δικτάτωρος ἀναγορευθέντος ἀποτίθεσθαι τὰς
ἄλλας ἀρχὰς τοὺς ἔχοντας, οὕτως, οἷς ἂν Ἔρως κύριος ἐγγένηται, τῶν ἄλλων δεσποτῶν καὶ ἀρχόντων ἐλεύθεροι καὶ ἄφετοι
καθάπερ ἱερόδουλοι διατελοῦσιν. Ἡ δὲ γενναία γυνὴ πρὸς ἄνδρα νόμιμον συγκραθεῖσα δι' Ἔρωτος ἄρκτων ἂν ὑπομείνειε
καὶ δρακόντων περιβολὰς μᾶλλον ἢ ψαῦσιν ἀνδρὸς ἀλλοτρίου
καὶ συγκατάκλισιν. ἀφθονίας δὲ παραδειγμάτων οὔσης πρός
γ' ὑμᾶς τοὺς ὁμοχώρους τοῦ θεοῦ καὶ θιασώτας, ὅμως τὸ
περὶ Κάμμαν οὐκ ἄξιόν ἐστι τὴν Γαλατικὴν παρελθεῖν.'

Eros dagegen ist von Beherrschung, Ordnung und Treue
so erfüllt, daß er auch eine zügellose Seele, wenn er sie anrührt, von den andern Liebhabern abwendet, ihr die Frechheit austreibt und die Hoffart und Unfreundlichkeit bricht,
dagegen Ehrfurcht, Schweigen und Ruhe beibringt, sie zu
ordentlicher Haltung veranlaßt und einem einzigen hörig
macht. Ihr wißt natürlich aus Erzählungen, wie die viel-
besungene und allgemein geliebte Lais Griechenland zur
Leidenschaft entflammte, vielmehr wie zwei Meere um sie
sich stritten; als aber die Liebe zum Thessalier Hippo-
lochos sie ergriff, 'verließ sie das von blauem Wasser um-
spülte Akrokorinth', entlief heimlich der Armee ihrer
übrigen Liebhaber und begab sich sittsam fort; in Thessa-
lien aber führten sie die Weiber aus Neid und Eifersucht
wegen ihrer Schönheit in den Tempel der Aphrodite und
steinigten sie dort zu Tode; darum heißt, wie es scheint,
dieser Tempel noch heute der der männermordenden
Aphrodite. Wir wissen aber auch, daß Mägde dem Verkehr mit ihrem Herren ausweichen und gewöhnliche Männer sich aus Königinnen nichts machen, wenn sie Eros als
Herrscher in ihrer Seele gewonnen haben; denn wie es
heißt, daß in Rom nach der Wahl des Diktators alle andern
Beamten ihre Ämter niederlegen, so leben diejenigen, in
denen Eros als Herrscher wohnt, frei und ledig anderer
Herren und Herrscher wie Tempelsklaven. Und ein edles
Weib, einem treuen Manne in Liebe verbunden, würde
lieber die Umarmung von Bären und Drachen ertragen
als die Berührung und das gemeinsame Lager mit einem
fremden Mann. Und obwohl ein Überfluß von Beispielen
zur Verfügung steht, wenigstens bei euch, den Lands-
leuten und Gefolgsmännern des Gottes, verdient dennoch

# *Ερωτικός*

'Ταύτης γὰρ ἐκπρεπεστάτης τὴν ὄψιν γενομένης, Σινάτῳ δὲ τῷ τετράρχῃ γαμηθείσης Σινόριξ ἐρασθεὶς δυνατώτατος Γαλατῶν ἀπέκτεινε τὸν Σινάτον, ὡς οὔτε βιάσασθαι δυνάμενος οὔτε πεῖσαι τὴν ἄνθρωπον ἐκείνου ζῶντος. ἦν δὲ τῇ Κάμμῃ καταφυγὴ καὶ παραμυθία τοῦ πάθους ἱερωσύνη πατρῷος Ἀρτέμιδος· καὶ τὰ πολλὰ παρὰ τῇ θεῷ διέτριβεν οὐδένα προσιεμένη, μνωμένων πολλῶν βασιλέων καὶ δυναστῶν αὐτήν. τοῦ μέντοι Σινόριγος τολμήσαντος ἐντυχεῖν περὶ γάμου, τὴν πεῖραν οὐκ ἔφυγεν οὐδ' ἐμέμψατο περὶ τῶν γεγονότων, ὡς δι' εὔνοιαν αὐτῆς καὶ πόθον οὐκ ἄλλῃ τινὶ μοχθηρίᾳ προαχθέντος τοῦ Σινόριγος. ἧκεν οὖν πιστεύσας ἐκεῖνος καὶ ᾔτει τὸν γάμον· ἡ δ' ἀπήντησε καὶ δεξιωσαμένη καὶ προσαγαγοῦσα τῷ βωμῷ τῆς θεᾶς ἔσπεισεν ἐκ φιάλης μελίκρατον, ὡς ἔοικε, πεφαρμακωμένον· εἶθ' ὅσον ἥμισυ μέρος αὐτὴ προεκπιοῦσα παρέδωκε τῷ Γαλάτῃ τὸ λοιπόν· ὡς δ' εἶδεν ἐκπεπωκότα, λαμπρὸν ἀνωλόλυξε καὶ φθεγξαμένη τοὔνομα τοῦ τεθνεῶτος 'ταύτην' εἶπεν 'ἐγὼ τὴν ἡμέραν, ὦ φίλτατ' ἄνερ, προσμένουσα σοῦ χωρὶς ἔζων ἀνιαρῶς· νῦν δὲ κόμισαί με χαίρων· ἠμυνάμην γὰρ ὑπὲρ σοῦ τὸν κάκιστον ἀνθρώπων, σοὶ μὲν βίου τούτῳ δὲ θανάτου κοινωνὸς ἡδέως γενομένη'. ὁ μὲν οὖν Σινόριξ ἐν φορείῳ κομιζόμενος μετὰ μικρὸν ἐτελεύτησεν, ἡ δὲ Κάμμα τὴν ἡμέραν ἐπιβιώσασα καὶ τὴν νύκτα λέγεται μάλ' εὐθαρσῶς καὶ ἱλαρῶς ἀποθανεῖν.'

die Geschichte der Galaterin Kamma wohl der Erwähnung.

Sie war eine herrliche Erscheinung, die Gemahlin des Vierfürsten Sinatos. Sinorix, der mächtigste Galater, verliebte sich in sie und tötete den Sinatos, da er zu dessen Lebzeiten die Frau weder durch Zwang noch durch Überredung gewinnen konnte. Eine Zuflucht und ein Trost im Leide war für Kamma das von den Vorfahren ererbte Priestertum der Artemis; die meiste Zeit verweilte sie bei der Göttin, ohne jemand zuzulassen, obwohl auch Könige und Machthaber um sie freiten. Jedoch als Sinorix es wagte, ihr einen Antrag zu machen, wich sie seinem Ansinnen nicht aus und machte ihm auch wegen des Geschehenen keine Vorwürfe, als ob Sinorix nur aus Zuneigung und Liebe zu ihr, nicht aber durch Bosheit dazu getrieben worden sei. Da kam er vertrauensvoll und hielt um sie an; sie ging ihm entgegen, begrüßte ihn, führte ihn an den Altar der Göttin und brachte, wie es heißt, aus einer Schale ein mit Honig versetztes giftiges Gemisch als Trankopfer dar; dann trank sie etwa die Hälfte des Restes selbst aus und gab das Übrige dem Galater; als sie aber sah, daß er es ausgetrunken hatte, jubelte sie hell auf, rief den Namen des Toten und sprach: 'In Erwartung dieses Tages, teuerster Mann, habe ich ohne dich ein trauriges Leben geführt; jetzt aber empfange mich froh, denn um deinetwillen habe ich mich des schlimmsten Menschen erwehrt; dir bin ich im Leben, ihm im Tode freudig Gefährtin gewesen.' Sinorix wurde auf einer Bahre fortgetragen und starb bald darauf; Kamma lebte noch einen Tag und eine Nacht und soll dann sehr gefaßt und heiter gestorben sein.

# Ἐρωτικός

'Πολλῶν δὲ τοιούτων γεγονότων καὶ παρ' ἡμῖν καὶ παρὰ τοῖς βαρβάροις, τίς ἂν ἀνάσχοιτο τῶν τὴν Ἀφροδίτην λοιδορούντων, ὡς Ἔρωτι προσθεμένη καὶ παροῦσα κωλύει φιλίαν γενέσθαι; τὴν μὲν πρὸς ἄρρεν' ἄρρενος ὁμιλίαν, μᾶλλον δ' ἀκρασίαν καὶ ἐπιπήδησιν, εἴποι τις ἂν ἐννοήσας

'ὕβρις τάδ' οὐχὶ Κύπρις ἐξεργάζεται'.

διὸ τοὺς μὲν ἡδομένους τῷ πάσχειν εἰς τὸ χείριστον τιθέμενοι γένος κακίας οὔτε πίστεως μοῖραν οὔτ' αἰδοῦς οὔτε φιλίας νέμομεν, ἀλλ' ὡς ἀληθῶς κατὰ τὸν Σοφοκλέα

'φίλων τοιούτων οἱ μὲν ἐστερημένοι
χαίρουσιν, οἱ δ' ἔχοντες εὔχονται φυγεῖν'.

ὅσοι δὲ μὴ κακοὶ πεφυκότες ἐξηπατήθησαν ἢ κατεβιάσθησαν ἐνδοῦναι καὶ παρασχεῖν ἑαυτούς, οὐδένα μᾶλλον ἀνθρώπων ἢ τοὺς διαθέντας ὑφορώμενοι καὶ μισοῦντες διατελοῦσι καὶ πικρῶς ἀμύνονται καιροῦ παραδόντος· Ἀρχέλαόν τε γὰρ ἀπέκτεινε Κρατέας ἐρώμενος γεγονώς, καὶ τὸν Φεραῖον Ἀλέξανδρον Πυθόλαος· Περίανδρος δ' ὁ Ἀμβρακιωτῶν τύραννος ἠρώτα τὸν ἐρώμενον εἰ μήπω κυεῖ, κἀκεῖνος παροξυνθεὶς ἀπέκτεινεν αὐτόν. ἀλλὰ γυναιξί γε καὶ γαμέταις ἀρχαὶ ταῦτα φιλίας, ὥσπερ ἱερῶν μεγάλων κοινωνήματα. καὶ τὸ τῆς ἡδονῆς μικρόν, ἡ δ' ἀπὸ ταύτης ἀναβλαστάνουσα καθ' ἡμέραν τιμὴ καὶ χάρις καὶ ἀγάπησις ἀλλήλων καὶ πίστις οὔτε Δελφοὺς ἐλέγχει ληροῦντας, ὅτι τὴν Ἀφροδίτην '"Αρμα' καλοῦσιν, οὔθ' Ὅμηρον 'φιλότητα' τὴν τοιαύτην προσαγορεύοντα συνουσίαν· τόν τε Σόλωνα μαρτυρεῖ γεγονέναι τῶν γαμικῶν ἐμπειρότατον νομοθέτην, κελεύσαντα

Viele ähnliche Geschichten haben sich bei uns und den Barbaren zugetragen. Wer will es da ertragen, daß man Aphrodite schilt, sie hindere, wenn sie Eros zur Seite trete und bei ihm verweile, das Entstehen einer Freundschaft? Den Verkehr, vielmehr die Ausschweifung und das Bespringen von Mann und Mann könnte man, wenn man es bedenkt, so bezeichnen:

'Die Hybris nur, nicht Kypris wirkt ein solches Werk.'

Deshalb zählen wir diejenigen, die am Leiden anderer ihre Lust haben, zu der schlimmsten Art von Bösewichten und gönnen ihnen weder Treue noch Ehrfurcht und Freundschaft, sondern mit Recht heißt es bei Sophokles:

'Wen je das Schicksal eines solchen Freunds beraubt,
Den freut's, und wer ihn hat, der wär ihn gerne los.'

Alle aber, die ohne schlecht zu sein, durch Täuschung oder Zwang schwach wurden und sich preisgaben, beargwöhnen und hassen immerdar keinen Menschen mehr als die, welche sie in diese Lage gebracht haben, und rächen sich bei Gelegenheit bitter. Den Archelaos tötete sein früherer Liebling Krateas, den Alexander von Pherai Pytholaos. Periandros, der Tyrann von Ambrakia, fragte seinen Geliebten, ob er noch nicht schwanger sei; da geriet dieser in Zorn und tötete ihn. Aber für Weiber und Gattinnen sind solche Dinge die Anfänge der Liebe, gleichsam gemeinsame Teilnahme an großen Weihen. Die Lust dauert nur kurze Zeit, aber die aus ihr hervortretende tägliche Ehrfurcht, Gunst, gegenseitige Liebe und Treue straft weder die Delpher Lügen, wenn sie Aphrodite 'Fügung' nennen, noch Homer, der ein solches Zusammensein 'Freundschaft'

*Ἐρωτικός*

μὴ ἔλαττον ἢ τρὶς κατὰ μῆνα τῇ γαμετῇ πλησιάζειν, οὐχ ἡδονῆς ἕνεκα δήπουθεν, ἀλλ' ὥσπερ αἱ πόλεις διὰ χρόνου σπονδὰς ἀνανεοῦνται πρὸς ἀλλήλας, οὕτως ἄρα βουλόμενον ἀνανεοῦσθαι τὸν γάμον ἐκ τῶν ἑκάστοτε συλλεγομένων ἐγκλημάτων ἐν τῇ τοιαύτῃ φιλοφροσύνῃ. ἀλλὰ πολλὰ φαῦλα καὶ μανικὰ τῶν γυναικείων ἐρώτων·· τί δ' οὐχὶ πλείονα τῶν παιδικῶν;

'οἰκειότητα δ' ἐμβλέπων ὠλίσθανον.'
'ἀγένειος ἁπαλὸς καὶ νεανίας καλός··
'ἐμφύντ' ἀποθανεῖν κἀπιγράμματος τυχεῖν'.

ἀλλ' ὥσπερ τοῦτο παιδομανία, οὕτως ἐκεῖνο γυναικομανία τὸ πάθος, οὐδέτερον δ' Ἔρως ἐστίν. ἄτοπον οὖν τὸ γυναιξὶν ἀρετῆς φάναι μηδαμῇ μετεῖναι· τί δὲ δεῖ λέγειν περὶ σωφροσύνης καὶ συνέσεως αὐτῶν, ἔτι δὲ πίστεως καὶ δικαιοσύνης, ὅπου καὶ τὸ ἀνδρεῖον καὶ τὸ θαρραλέον καὶ τὸ μεγαλόψυχον ἐν πολλαῖς ἐπιφανὲς γέγονε; πρὸς δὲ τὰ ἄλλα καλὴν τὴν φύσιν αὐτῶν μὴ ψέγοντας εἰς μόνην φιλίαν ἀνάρμοστον ἀποφαίνειν, παντάπασι δεινόν. καὶ γὰρ φιλότεκνοι καὶ φίλανδροι, καὶ τὸ στερκτικὸν ὅλως ἐν αὐταῖς, ὥσπερ εὐφυὴς χώρα καὶ δεκτικὴ φιλίας, οὔτε πειθοῦς οὔτε χαρίτων ἄμοιρον ὑπόκειται. καθάπερ δὲ λόγῳ ποίησις ἡδύσματα μέλη καὶ μέτρα καὶ ῥυθμοὺς ἐφαρμόσασα καὶ τὸ παιδεῦον αὐτοῦ κινητικώτερον ἐποίησε καὶ τὸ βλάπτον ἀφυλακτότερον, οὕτως ἡ φύσις γυναικὶ περιθεῖσα χάριν ὄψεως καὶ φωνῆς πιθανότητα καὶ μορφῆς ἐπαγωγὸν εἶδος, τῇ μὲν ἀκολάστῳ πρὸς ἡδονὴν καὶ ἀπάτην τῇ δὲ σώφρονι πρὸς εὔνοιαν ἀνδρὸς καὶ φιλίαν μεγάλα συνήργησεν. ὁ μὲν οὖν Πλάτων τὸν Ξενο-

nennt; sie beweist, daß Solon ein im Eheleben sehr er-
fahrener Gesetzgeber gewesen ist, wenn er befiehlt, sich
seiner Frau mindestens dreimal im Monat zu nähern, natürlich nicht der Lust wegen, sondern wie die Staaten nach
Verlauf einer gewissen Zeit ihre Verträge miteinander erneuern, so will er die Ehe nach den Vorwürfen, die sich
jedesmal angesammelt haben, in solcher Vertraulichkeit
erneuern. 'Aber die Liebe zum Weibe ist mit viel Schlechtigkeit und Raserei verbunden!' wirft man ein. Die zu Knaben
etwa nicht noch mehr?

'Als ich zur Freundschaft hingeblickt, kam ich zu Fall.'
'Bartlos und zart, ein Jüngling in der Schönheit Pracht.'
'Umarmt zu sterben und zur Grabschrift reif zu sein.'

Aber wie diese Leidenschaft männliche Raserei ist, so ist
jene Weibertollheit, beide aber sind nicht Liebe. Es ist
nun widersinnig zu behaupten, die Weiber hätten in keiner
Weise Anteil an der Tugend — wozu nämlich reden über
ihre Mäßigkeit und ihren Verstand, ferner über ihre Treue
und Gerechtigkeit, wo auch Mut, Beherztheit und Seelen-
größe bei vielen hervorgetreten ist? Ihre Natur aber als
edel in allem übrigen nicht zu tadeln, sondern nur als un-
geeignet zur Freundschaft hinzustellen, das ist völlig un-
geheuerlich. Denn sie lieben Kinder und Männer, und die
Liebesempfindung ist völlig in ihnen vorhanden, wie ein
fruchtbares und liebeempfängliches Land, reich begabt mit
Überredungskunst und Anmut. Wie aber die Dichtung der
Rede als Reizmittel Melodie, Maß und Rhythmus anpaßt
und dadurch sowohl ihre erziehende Kraft wirksamer wie
auch die schädigende gefährlicher macht, so schenkt die
Natur dem Weibe Anmut des Blickes, einschmeichelnde

# Ἐρωτικός

κράτη, τἆλλα γενναῖον ὄντα καὶ μέγαν αὐστηρότατον δὲ τῷ ἤθει, παρεκάλει θύειν ταῖς Χάρισι· χρηστῇ δ' ἄν τις γυναικὶ καὶ σώφρονι παραινέσειε τῷ Ἔρωτι θύειν, ὅπως εὐμενὴς συνοικουρῇ τῷ γάμῳ καὶ ἡδύσμασιν αὐτὴν ἐπικοσμήσῃ πᾶσι τοῖς γυναικείοις, καὶ μὴ πρὸς ἑτέραν ἀπορρυεὶς ὁ ἀνὴρ ἀναγκάζηται τὰς ἐκ τῆς κωμῳδίας λέγειν φωνάς

'οἵαν ἀδικῶ γυναῖχ' ὁ δυσδαίμων ἐγώ'.

τὸ γὰρ ἐρᾶν ἐν γάμῳ τοῦ ἐρᾶσθαι μεῖζον ἀγαθόν ἐστι· πολλῶν γὰρ ἁμαρτημάτων ἀπαλλάττει, μᾶλλον δὲ πάντων ὅσα διαφθείρει καὶ λυμαίνεται τὸν γάμον.'

'Τὸ δ' ἐμπαθὲς ἐν ἀρχῇ καὶ δάκνον, ὦ μακάριε Ζεύξιππε, μὴ φοβηθῇς ὡς ἕλκος ἢ ὀδαξησμόν· καίτοι καὶ μεθ' ἕλκους ἴσως οὐδὲν δεινὸν ὥσπερ τὰ δένδρα συμφυῆ γενέσθαι πρὸς γυναῖκα χρηστήν. ἕλκωσις δὲ καὶ κυήσεως ἀρχή· μῖξις γὰρ οὐκ ἔστι τῶν μὴ πρὸς ἄλληλα πεπονθότων. ταράττει δὲ καὶ μαθήματα παῖδας ἀρχομένους καὶ φιλοσοφία νέους· ἀλλ' οὔτε τούτοις ἀεὶ παραμένει τὸ δηκτικὸν οὔτε τοῖς ἐρῶσιν, ἀλλ' ὥσπερ ὑγρῶν πρὸς ἄλληλα συμπεσόντων ποιεῖν τινα δοκεῖ ζέσιν ἐν ἀρχῇ καὶ τάραξιν ὁ Ἔρως, εἶτα χρόνῳ καταστὰς καὶ καθαρθεὶς τὴν βεβαιοτάτην διάθεσιν παρέσχεν. αὕτη γάρ ἐστιν ὡς ἀληθῶς ἡ δι' ὅλων λεγομένη κρᾶσις, ἡ τῶν ἐρώντων· ἡ δὲ τῶν ἄλλως συμβιούντων ταῖς κατ' Ἐπίκουρον ἀφαῖς καὶ περιπλοκαῖς ἔοικε, συγκρούσεις λαμβάνουσα καὶ ἀποπηδήσεις, ἑνότητα δ' οὐ ποιοῦσα τοιαύτην, οἵαν Ἔρως ποιεῖ γαμικῆς κοινωνίας ἐπιλαβόμενος. οὔτε γὰρ ἡδοναὶ μείζονες ἀπ' ἄλλων οὔτε χρεῖαι συνεχέστεραι πρὸς

Stimme und gewinnende Schönheit der Gestalt und gibt damit dem zügellosen für Lust und Trug, dem verständigen für Zuneigung und Liebe des Mannes große Hilfen. Platon riet dem Xenokrates, der im übrigen edel und bedeutend, aber sehr finstern Wesens war, den Chariten zu opfern; einer tüchtigen und edlen Frau sollte man raten, dem Eros zu opfern, damit er freundlich der Ehe beisteht und sie mit allen Reizen des Weibes schmückt, und damit nicht der Mann auf Abwege gerät und dann sprechen muß, wie es in der Komödie heißt:

'Welch edles Weib hab ich Unseliger gekränkt!'

Denn Lieben ist in der Ehe ein noch größeres Glück als Geliebtwerden; befreit es doch von vielen Verfehlungen, ja von allen, die die Ehe zerstören und schädigen.

Aber die Leidenschaft des Anfangs und ihre erregende Wirkung, teurer Zeuxippos, fürchte nicht wie eine Wunde oder einen Biß; ist es doch vielleicht gar nicht furchtbar, auch mit einer Wunde, wie die Bäume, mit einer edlen Frau zusammenzuwachsen. Verwundung aber ist auch der Beginn der Schwangerschaft; denn eine Vereinigung findet nur statt nach gegenseitiger Einwirkung. Auch das Lernen verwirrt die Kinder am Anfang und die Philosophie die Jünglinge, aber ebensowenig wie sie fühlen die Liebenden den beißenden Schmerz auf die Dauer, sondern wie bei einer Vereinigung von Flüssigkeiten ruft Eros anfänglich offenbar Wallung und Verwirrung hervor, dann beruhigt und klärt er sich mit der Zeit und führt die allerbeständigste Stimmung herbei. Das ist wirklich die sogenannte völlige Vereinigung der Liebenden; die aber derer, die sonst zusammenleben, gleicht den Berührungen und Umschlingun-

## Ἐρωτικός

ἄλλους οὔτε φιλίας τὸ καλὸν ἑτέρας ἔνδοξον οὕτω καὶ
ζηλωτόν, ὡς


'ὅϑ' ὁμοφρονέοντε νοήμασιν οἶκον ἔχητον
ἀνὴρ ἠδὲ γυνή'.

καὶ γὰρ ὁ νόμος βοηϑεῖ καὶ γεννήσεως κοινῆς ἕνεκα καὶ τοὺς
ϑεοὺς Ἔρωτος ἡ φύσις ἀποδείκνυσι δεομένους. οὕτω γὰρ
'ἐρᾶν μὲν ὄμβρου γαῖαν' οἱ ποιηταὶ λέγουσι καὶ γῆς οὐ-
ρανόν, ἐρᾶν δ' ἡλίου σελήνην οἱ φυσικοὶ καὶ συγγίνεσϑαι
καὶ κυεῖσϑαι· καὶ γῆν δ' ἀνϑρώπων μητέρα καὶ ζῴων καὶ
φυτῶν ἁπάντων γένεσιν οὐκ ἀναγκαῖον ἀπολέσϑαι ποτὲ
καὶ σβεσϑῆναι παντάπασιν, ὅταν ὁ δεινὸς ἔρως καὶ ἵμερος
τοῦ ϑεοῦ τὴν ὕλην ἀπολίπῃ καὶ παύσηται ποϑοῦσα καὶ
διώκουσα τὴν ἐκεῖϑεν ἀρχὴν καὶ κίνησιν;'


''Ἀλλ' ἵνα μὴ μακρὰν ἀποπλανᾶσϑαι δοκῶμεν ἢ κομιδῇ
φλυαρεῖν, οἶσϑα τοὺς παιδικοὺς ἔρωτας ὡς εἰς ἀβεβαιότητα
πολλὰ λέγουσι καὶ σκώπτουσι, λέγοντες ὥσπερ ᾠὸν αὐτῶν
τριχὶ διαιρεῖσϑαι τὴν φιλίαν, αὐτοὺς δὲ νομάδων δίκην
ἐνεαρίζοντας τοῖς τεϑηλόσι καὶ ἀνϑηροῖς εὐϑὺς ὡς ἐκ γῆς
πολεμίας ἀναστρατοπεδεύειν· ἔτι δὲ φορτικώτερον ὁ σο-
φιστὴς Βίων τὰς τῶν καλῶν τρίχας Ἁρμοδίους ἐκάλει καὶ
Ἀριστογείτονας, ὡς ἅμα καλῆς τυραννίδος ἀπαλλαττο-
μένους ὑπ' αὐτῶν τοὺς ἐραστάς. ταῦτα μὲν οὖ δικαίως κατη-
γορεῖται τῶν γνησίων ἐραστῶν· τὰ δ' ὑπ' Εὐριπίδου ῥη-
ϑέντ' ἐστὶ κομψά· ἔφη γὰρ Ἀγάϑωνα τὸν καλὸν ἤδη

162

gen Epikurs, mit Zusammenstößen und Absprüngen, aber ohne Herstellung einer Einheit, wie Eros sie wirkt, wenn er sich einer ehelichen Gemeinschaft annimmt. Denn weder gibt es größere Freuden durch andere noch dauernderen Nutzen von anderen, noch ein so berühmtes und beneidenswertes Gut einer anderen Freundschaft, wie

'wenn einträchtigen Sinnes ihr Haus und die Habe be-
Mann und Weib'. [wahren

Das Gesetz hilft ihnen der gemeinsamen Erzeugung wegen, und auch die Götter bedürfen, wie die Natur zeigt, des Eros. So sagen die Dichter, 'die Erde liebe den Regen' und der Himmel die Erde; die Naturkundigen dagegen, der Mond liebe die Sonne und vereine sich mit ihr und werde von ihr geschwängert; und müsse nicht die Erde, die Mutter der Menschen und aller Tiere und Pflanzen Ursprung, einmal zugrunde gehen und gänzlich erlöschen, wenn die gewaltige Liebe und Sehnsucht des Gottes den Stoff verlasse und sie dann aufhöre, die von dort ausgehende Bewegung zu ersehnen und ihr nachzustreben? Aber wir wollen nicht den Eindruck machen, als schweiften wir weit ab oder schwatzten sehr. Du weißt, daß man über die Unbeständigkeit der Knabenliebe viel redet und spottet; man sagt, solche Liebe werde wie ein Ei durch ein Haar getrennt und die Liebhaber brächten den Frühling inmitten jugendlichen Blühens zu und zögen sich alsdann sogleich wie aus Feindesland zurück. Noch verletzender nennt der Sophist Bion die Haare der schönen Knaben Harmodios und Aristogeiton, weil sie die Liebhaber zugleich mit ihrem Abgang von einer Tyrannis der Schönheit befreien. Dies ist kein gerechter Vorwurf gegen die

# Ἐρωτικός

γενειῶντα περιβάλλων καὶ κατασπαζόμενος, ὅτι τῶν καλῶν καὶ τὸ μετόπωρον καλόν. ἐγὼ δέ φημι ὅτι ὁ τῶν γυναικῶν τῶν καλῶν καὶ σωφρόνων ἔρως οὐ μόνον ἐν γήρᾳ οὐδ' ἐν πολιαῖς ἀκμάζων καὶ ῥυτίσιν, ἀλλ' ἄχρι τάφων καὶ μνημάτων παραμένει. καὶ συζυγίας ὀλίγας ἔστι παιδικῶν, μυρίας δὲ γυναικείων ἐρώτων καταριθμήσασθαι, πάσης πίστεως κοινωνίαν πιστῶς ἅμα καὶ προθύμως συνδιαφερούσας· βούλομαι δ' ἕν τι τῶν καθ' ἡμᾶς ἐπὶ Καίσαρος Οὐεσπασιανοῦ γεγονότων διελθεῖν.'

Ἰουίλιος γάρ, ὁ τὴν ἐν Γαλατίᾳ κινήσας ἀπόστασιν, ἄλλους τε πολλοὺς ὡς εἰκὸς ἔσχε κοινωνοὺς καὶ Σαβῖνον ἄνδρα νέον οὐκ ἀγεννῆ, πλούτῳ δὲ καὶ δόξῃ Γαλατῶν πάντων ἐπιφανέστατον. ἁψάμενοι δὲ πραγμάτων μεγάλων ἐσφάλησαν καὶ δίκην δώσειν προσδοκῶντες οἱ μὲν αὐτοὺς ἀνῄρουν, οἱ δὲ φεύγοντες ἡλίσκοντο. τῷ δὲ Σαβίνῳ τὰ μὲν ἄλλα πράγματα ῥαδίως παρεῖχεν ἐκποδὼν γενέσθαι καὶ καταφυγεῖν εἰς τοὺς βαρβάρους· ἦν δὲ γυναῖκα πασῶν ἀρίστην ἠγμένος, ἣν ἐκεῖ μὲν Ἐμπονὴν ἐκάλουν, Ἑλληνιστὶ δ' ἄν τις Ἡρωΐδα προσαγορεύσειεν· ἣν οὔτ' ἀπολιπεῖν δυνατὸς ἦν οὔτε μεθ' ἑαυτοῦ κομίζειν. ἔχων οὖν κατ' ἀγρὸν ἀποθήκας χρημάτων ὀρυκτὰς ὑπογείους, ἃς δύο μόνοι τῶν ἀπελευθέρων συνῄδεσαν, τοὺς μὲν ἄλλους ἀπήλλαξεν οἰκέτας, ὡς μέλλων φαρμάκοις ἀναιρεῖν ἑαυτόν, δύο δὲ πιστοὺς παραλαβὼν εἰς τὰ ὑπόγεια κατέβη. πρὸς δὲ τὴν γυναῖκα Μαρτιάλιον ἔπεμψεν ἀπελεύθερον ἀπαγγελοῦντα τεθνάναι μὲν ὑπὸ φαρμάκων, συμπεφλέχθαι δὲ μετὰ τοῦ σώματος τὴν ἔπαυλιν· ἐβούλετο γὰρ τῷ πένθει χρῆσθαι τῆς γυναικὸς ἀληθινῷ πρὸς πίστιν τῆς λεγομένης τελευτῆς. ὃ καὶ συνέβη·

echten Liebhaber. Fein aber sind die Worte des Euripides; er sagte, während er den schönen Agathon, als dieser schon einen Bart hatte, beim Willkommen umarmte, daß auch der Herbst der Schönen noch schön sei. Ich aber sage, drß die Liebe zu schönen und verständigen Frauen nicht nur im Alter und im grauen Haar blüht, sondern bis zum Grab und Leichenstein bleibt. Nur wenige Bündnisse in der Knabenliebe, unzählige aber in der ehelichen Liebe kann man nennen, die in jeder Lage treu und mutig ihre Gemeinschaft bewahren; erzählen aber will ich nur ein einziges Ereignis, das sich zu meinen Lebzeiten unter Kaiser Vespasian zugetragen hat.

Civilis, der Anstifter eines Aufruhrs unter den Kelten, hatte neben vielen andern Genossen auch einen jungen Mann von edler Abkunft, Sabinus, der durch Reichtum und Ruhm der hervorragendste Mann in Gallien war. Sie unternahmen ein großes Werk, kamen aber dabei zu Fall. In der Erwartung einer Strafe nahmen sie sich entweder das Leben oder wurden auf der Flucht ergriffen. Dem Sabinus hätte sich im übrigen leicht die Möglichkeit geboten zu entweichen und zu den Barbaren zu entfliehen; er war aber Gatte der edelsten Frau, die man dortzulande Empone nannte, auf griechisch würde man sie Herois (Heldenweib) nennen. Er brachte es nicht fertig, sie zu verlassen, und konnte sie auch nicht mitnehmen. Auf dem Lande hatte er künstlich hergestellte, unterirdische Schatzkammern; sie waren nur zweien seiner Freigelassenen bekannt. Da entließ er alle übrigen unter dem Vorwand, er wolle Gift nehmen, und ging mit den beiden Getreuen unter die Erde. Seiner Frau aber schickte er seinen Freigelassenen Martialis, ihr zu melden, er sei an Gift gestorben und mit

# Ἐρωτικός

ρίψασα γάρ, ὅπως ἔτυχε, τὸ σῶμα μετ' οἴκτων καὶ ὀλοφυρμῶν ἡμέρας τρεῖς καὶ νύκτας ἄσιτος διεκαρτέρησε. ταῦτα
δ' ὁ Σαβῖνος πυνθανόμενος καὶ φοβηθείς, μὴ διαφθείρῃ
παντάπασιν ἑαυτήν, ἐκέλευσε φράσαι κρύφα τὸν Μαρτιάλιον πρὸς αὐτήν, ὅτι ζῇ καὶ κρύπτεται, δεῖται δ' αὐτῆς
ὀλίγον ἐμμεῖναι τῷ πένθει καὶ μηδὲν ὅλως παραλιπεῖν ὥστε
πιθανὴν ἐν τῇ προσποιήσει γενέσθαι. τὰ μὲν οὖν ἄλλα παρὰ
τῆς γυναικὸς ἐναγωνίως συνετραγῳδεῖτο τῇ δόξῃ τοῦ πά-
θους· ἐκεῖνον δ' ἰδεῖν ποθοῦσα νυκτὸς ᾤχετο καὶ πάλιν
ἐπανῆλθεν.'


''Εκ δὲ τούτου λανθάνουσα τοὺς ἄλλους ὀλίγον ἀπέδει
συζῆν ἐν ᾍδου τῷ ἀνδρὶ πλέον ἑξῆς ἑπτὰ μηνῶν· ἐν οἷς
κατασκευάσασα τὸν Σαβῖνον ἐσθῆτι καὶ κουρᾷ καὶ κατα-
δέσει τῆς κεφαλῆς ἄγνωστον εἰς Ῥώμην ἐκόμισε μεθ'
ἑαυτῆς ἐλπίδων τινῶν ἐνδεδομένων. πράξασα δ' οὐθὲν αὖθις
ἐπανῆλθε, καὶ τὰ μὲν πόλλ' ἐκείνῳ συνῆν ὑπὸ γῆς, διὰ
χρόνου δ' εἰς πόλιν ἐφοίτα ταῖς φίλαις ὁρωμένη καὶ οἰκείαις
γυναιξί. τὸ δὲ πάντων ἀπιστότατον, ἔλαθε κυοῦσα λουο-
μένη μετὰ τῶν γυναικῶν· τὸ γὰρ φάρμακον, ᾧ τὴν κόμην
αἱ γυναῖκες ἐναλειφόμεναι ποιοῦσι χρυσοειδῆ καὶ πυρράν,
ἔχει λίπασμα σαρκοποιὸν ἢ χαυνωτικὸν σαρκός, ὥσθ' οἷον
διάχυσίν τιν' ἢ διόγκωσιν ἐμποιεῖν· ἀφθόνῳ δὴ χρωμένη
τούτῳ πρὸς τὰ λοιπὰ μέρη τοῦ σώματος, αἱρόμενον καὶ
ἀναπιμπλάμενον ἀπέκρυπτε τὸν τῆς γαστρὸς ὄγκον. τὰς δ'
ὠδῖνας αὐτὴ καθ' ἑαυτὴν διήνεγκεν, ὥσπερ ἐν φωλεῷ λέαινα
καταδῦσα πρὸς τὸν ἄνδρα, καὶ τοὺς γενομένους ὑπεθρέψατο
σκύμνους ἄρρενας· δύο γὰρ ἔτεκε. τῶν δ' υἱῶν ὁ μὲν ἐν

seiner Leiche sei auch das Gehöft in Flammen aufgegangen;
denn er wollte die echte Trauer seiner Frau verwerten, um
die Erzählung von seinem Ende glaubwürdig zu gestalten.
Das glückte auch; sie warf sich, wie sie ging und stand,
unter Jammern und Klagen zu Boden und aß drei Tage
und drei Nächte nichts. Dies hörte Sabinus und fürchtete,
sie werde sich völlig zugrunde richten. Da befahl er Martialis, ihr heimlich zu sagen, daß er lebe und sich verberge;
er bitte sie aber, noch ein wenig in der Trauer zu beharren
und durchaus nichts zu unterlassen, was sie in der Täuschung glaubwürdig machen könnte. Alles übrige stellte
die Frau nun dem Schein des Verlustes entsprechend dar;
nur ging sie, aus Sehnsucht nach ihrem Mann, nachts weg
und kehrte dann wieder.

So lebte sie verborgen vor der Welt mehr als sieben
Monate hintereinander mit ihrem Manne nahezu im
Hades zusammen. In dieser Zeit machte sie den Sabinus
durch Kleidung, Haartracht und Kopfschmuck unkennt-
lich und nahm ihn mit nach Rom, da sich einige Hoffnungen eingestellt hatten. Als sie nichts erreichte,
kehrte sie wieder zurück und lebte die meiste Zeit bei
ihrem Manne unter der Erde; von Zeit zu Zeit ging sie
jedoch in die Stadt und ließ sich bei befreundeten oder
verwandten Weibern sehen. Das Unglaublichste aber ist,
daß sie trotz Badens mit diesen Weibern ihre Schwangerschaft verheimlichte: das Mittel nämlich, mit dem die
Weiber ihr Haar einreiben, um es goldig und rot zu machen,
enthält ein fleischvermehrendes oder auftreibendes Fett
und ruft so eine Art Verbreiterung oder Umfangsvermeh-
rung hervor; dies verwendete sie reichlich an allen übrigen
Körperteilen und verbarg dadurch, daß der Umfang ihres

# Ἐρωτικός

Αἰγύπτῳ πεσὼν ἐτελεύτησεν, ὁ δ᾽ ἕτερος ἄρτι καὶ πρώην γέγονεν ἐν Δελφοῖς παρ᾽ ἡμῖν ὄνομα Σαβῖνος. ἀποκτείνει μὲν οὖν αὐτὴν ὁ Καῖσαρ· ἀποκτείνας δὲ δίδωσι δίκην, ἐν ὀλίγῳ χρόνῳ τοῦ γένους παντὸς ἄρδην ἀναιρεθέντος· οὐδὲν γὰρ ἤνεγκεν ἡ τόθ᾽ ἡγεμονία σκυθρωπότερον οὐδὲ μᾶλλον ἑτέραν εἰκὸς ἦν καὶ θεοὺς καὶ δαίμονας ὄψιν ἀποστραφῆναι. καίτοι τὸν οἶκτον ἐξῄρει τῶν θεωμένων τὸ θαρραλέον αὐτῆς καὶ μεγαλήγορον, ᾧ καὶ μάλιστα παρώξυνε τὸν Οὐεσπασιανόν, ὡς ἀπέγνω τῆς σωτηρίας, τρεπομένη πρὸς αὐτὸν ἀλλαγὴν κελεύουσα· βεβιωκέναι γὰρ ὑπὸ σκότῳ καὶ κατὰ γῆς ἥδιον ἢ βασιλεύοντ᾽ ἐκεῖνον.

Ἐνταῦθα μὲν ὁ πατὴρ ἔφη τὸν περὶ Ἔρωτος αὐτοῖς τελευτῆσαι λόγον, τῶν Θεσπιῶν ἐγγὺς οὖσιν· ὀφθῆναι δὲ προσιόντα θᾶττον ἢ βάδην πρὸς αὐτοὺς ἕνα τῶν Πεισίου ἑταίρων Διογένη· τοῦ δὲ Σωκλάρου πρὸς αὐτὸν ἔτι πόρρωθεν εἰπόντος ᾽οὐ πόλεμόν γ᾽, ὦ Διόγενες, ἀπαγγέλλων᾽, ἐκεῖνον ᾽οὐκ εὐφημήσετε᾽ φάναι ᾽γάμων ὄντων καὶ προάξετε θᾶσσον, ὡς ὑμᾶς τῆς θυσίας περιμενούσης;᾽ πάντας μὲν οὖν ἡσθῆναι, τὸν δὲ Ζεύξιππον ἐρέσθαι, εἰ ἔτι χαλεπός ἐστι. ᾽πρῶτος μὲν οὖν᾽ φάναι τὸν Διογένη ᾽συνεχώρησε τῇ Ἰσμηνοδώρᾳ· καὶ νῦν ἑκὼν στέφανον καὶ λευκὸν ἱμάτιον λαβὼν οἷός ἐστιν ἡγεῖσθαι δι᾽ ἀγορᾶς πρὸς τὸν θεόν.᾽ ᾽ἀλλ᾽ ἴωμεν, ναὶ μὰ Δία᾽, τὸν πατέρ᾽ εἰπεῖν· ᾽ἴωμεν, ὅπως ἐπεγγελάσωμεν τῷ ἀνδρὶ καὶ τὸν θεὸν προσκυνήσωμεν· δῆλος γάρ ἐστι

Bauches sich hob und füllte. Ihre Wehen überstand sie selbständig, nachdem sie wie eine Löwin in ihre Höhle zu ihrem Manne hinabgestiegen war, und nährte auch die Kinder, die männlichen Geschlechts waren; zwei hatte sie geboren. Von ihren Söhnen fiel der eine im Kampfe in Ägypten, der andere, mit Namen Sabinus, ist noch gerade eben in Delphi bei uns gewesen. Dies Weib ließ der Kaiser töten, mußte aber dafür büßen, indem nach kurzer Zeit seine Familie völlig ausstarb, denn keinen traurigeren Anblick hatte das damalige Reich zu ertragen und vor keinem andern Eindruck hätten sich auch Götter und Dämonen lebhafter abwenden müssen. Trotzdem benahm sie den Zuschauern das Mitleid durch ihren Mut und ihre großartigen Worte, durch die sie besonders den Vespasian erbitterte. Als sie nämlich an der Rettung verzweifelte, wandte sie sich an ihn und forderte ihn auf, mit ihr zu tauschen, denn sie habe im Dunkel unter der Erde angenehmer gelebt als jener im Besitz der kaiserlichen Macht.‘‘

Hier, so sagte mein Vater, habe das Gespräch über den Eros aufgehört, als sie schon nahe bei Thespiai waren. Da sahen sie im Laufschritt Diogenes, einen der Freunde des Peisias, sich nähern. Soklaros rief ihm schon von weitem zu: „Du meldest doch keinen Krieg, Diogenes?‘‘, da sprach er: „Wollt ihr nicht den Mund halten, wo doch eine Hochzeit stattfindet, und euch beeilen, da das Opfer nur auf euch wartet!‘‘ Da freuten sich alle, Zeuxippos aber fragte, ob Peisias noch böse sei. „Als erster hat er der Ismenodora nachgegeben‘‘, sagte Diogenes, „und jetzt hat er freudig Kranz und weißes Gewand angelegt und ist bereit, den Festzug über den Markt zum Tempel zu führen.‘‘ „Dann wollen wir gehen, beim Zeus!‘‘ sagte mein Vater, „wir

χαίρων καὶ παρὼν εὐμενὴς τοῖς πραττομένοις".


## ΕΚ ΤΟΥ ΠΕΡΙ ΕΡΩΤΟΣ


Τῶν Μενάνδρου δραμάτων ὁμαλῶς ἁπάντων ἓν συνε-
κτικόν ἐστιν, ὁ ἔρως, οἷον πνεῦμα κοινὸν διαπεφυκώς. ὄντ'
οὖν μάλιστα θιασώτην τοῦ θεοῦ καὶ ὀργιαστὴν τὸν ἄνδρα
συμπεριλαμβάνωμεν εἰς τὴν ζήτησιν, ἐπεὶ καὶ λελάκηκε περὶ
τοῦ πάθους φιλοσοφώτερον. ἄξιον γὰρ εἶναι θαύματος
φήσας τὸ περὶ τοὺς ἐρῶντας, ὥσπερ ἔστιν, ἅμα λαλεῖ· εἶτ'
ἀπορεῖ καὶ ζητεῖ πρὸς ἑαυτόν·

> 'τίνι δεδούλωνταί ποτε;
> ὄψει; φλύαρος· τῆς γὰρ αὑτῆς πάντες ἂν
> ἤρων· κρίσιν γὰρ τὸ βλέπειν ἴσην ἔχει.
> ἀλλ' ἡδονή τις τοὺς ἐρῶντας ἐπάγεται
> συνουσίας; πῶς οὖν ἕτερος ταύτην ἔχων
> οὐδὲν πέπονθεν, ἀλλ' ἀπῆλθε καταγελῶν,
> ἕτερος δ' ἀπόλωλε; καιρός ἐστιν ἡ νόσος
> ψυχῆς· ὁ πληγεὶς δ' εἴσω δὴ τιτρώσκεται.'

ταῦτα τίν' ἐστὶ σκεψώμεθα· καὶ γὰρ ἔχει τι κρουστικὸν καὶ
κινητικὸν αἴτιον, εἰ μήτε τὴν ὄψιν μήτε τὴν συνουσίαν
αἰτίαν εἶναι πιθανόν ἐστι· ἀρχαὶ γὰρ αὐταί τινες ἴσως, ἡ
δ' ἰσχὺς καὶ ῥίζωσις τοῦ πάθους ἐν ἑτέροις. ἡ δ' ἀπόδειξις
ἐλαφρὰ καὶ οὐδ' ἀληθής· οὐ γὰρ ἔχει κρίσιν ἴσην τὸ βλέπειν, ὥσπερ οὐδὲ τὸ γεύεσθαι. καὶ γὰρ ὄψις ὄψεως καὶ

wollen gehen, den Mann auslachen und den Gott verehren;
denn offenbar freut er sich über dies Ereignis und stellt
sich gnädig dazu ein."

## ÜBER DIE LIEBE

### (Bruchstücke)

Alle Dramen Menanders verbindet in gleicher Weise ein
Element, die Liebe, die sie wie ein gemeinsamer Atem beherrscht. Darum wollen wir diesen Mann, der im höchsten
Grade geweihter Gefolgsmann des Gottes Eros ist, zu
unserer Unternehmung heranziehen; hat er doch auch über
diese Leidenschaft in ganz philosophischer Weise gesprochen. Denn er sagt, staunenswert sei das Schicksal der
Liebenden; dann erzählt er davon, so wie es ist, und gleich
darauf gerät er in Zweifel und überlegt bei sich:

'Wem ist ein solcher untertan?
Dem Auge? Unfug! alle liebten wir alsdann
Dieselbe Frau, denn gleich entscheidet jeder Blick.
Oder ist's Trieb der Wollust, der Verliebte zwingt?
Wie kommt es dann, daß einer, der ein Weib genießt,
Nichts fühlt und spottend scheidet, wo ein andrer sich
In Glut verzehrt? — Ein Wendepunkt der Seele ist
Die Krankheit, und im Herzen nur trifft uns ihr Schlag.'

Wir wollen untersuchen, was dies bedeutet. Die Liebe
muß ja eine andere anstoßende und bewegende Ursache
haben, wenn es glaubhaft ist, daß weder der Gesichtssinn
noch der Geschlechtsverkehr ihre Ursache bildet; denn
diese beiden geben vielleicht den Anlaß, Kraft und Wurzel-
boden der Leidenschaft jedoch sind anderswo zu suchen.

## ἐκ τοῦ περὶ ἔρωτος

ἀκοῆς ἀκοὴ φύσει τε μᾶλλον διήρθρωται καὶ τέχνῃ συγγεγύμνασται πρὸς τὴν τοῦ καλοῦ διάγνωσιν, ἐν μὲν ἀρμονίαις καὶ μέλεσιν αἱ τῶν μουσικῶν, ἐν δὲ μορφαῖς καὶ ἰδέαις αἱ τῶν ζωγράφων· ὥσπερ εἰπεῖν ποτε Νικόμαχον λέγουσι πρὸς ἄνθρωπον ἰδιώτην φήσαντα μὴ καλὴν αὐτῷ φανῆναι τὴν Ζεύξιδος Ἑλένην· 'λάβε γάρ' ἔφη 'τοὺς ἐμοὺς ὀφθαλμούς, καὶ θεός σοι φανήσεται'. πολὺ δὲ καὶ μυρεψοὶ περὶ τὰ ὀσφραντὰ καὶ νὴ Δί' ὀψοποιοὶ περὶ τὰ γευστὰ διατριβῇ καὶ συνηθείᾳ διαφέρουσαν ἡμῶν κρίσιν ἔχουσι. πάλιν δὲ τὸ συνουσίᾳ τὸν ἐρῶντα μὴ κρατεῖσθαι διὰ τὸ τῇ αὐτῇ συγγενόμενον ἄλλον μὲν δουλοῦσθαι, ἄλλον δ' ἀπαλλαγῆναι καὶ καταφρονῆσαι τοιοῦτόν ἐστιν, οἷον εἰ λέγοι τις μηδὲ χυμῶν ἡδονῇ δεδουλῶσθαι Φιλόξενον τὸν ὀψοφάγον, ὅτι τῶν αὐτῶν Ἀντισθένης γευσάμενος οὐδὲν ἔπαθε τοιοῦτον· μηδ' ὑπὸ οἴνου μεθύειν Ἀλκιβιάδην, ὅτι Σωκράτης πίνων τὸν ἴσον οἶνον ἔνηφεν. ἀλλὰ ταῦτα μὲν ἐάσωμεν, τὰ δ' ἐφεξῆς, ἐν οἷς ἤδη τὴν αὐτοῦ δόξαν ἀποφαίνεται, σκοπῶμεν. 'καιρός ἐστιν ἡ νόσος ψυχῆς.' εὖ καὶ ὀρθῶς. δεῖ γὰρ ἅμα τοῦ πάσχοντος εἰς ταὐτὸ καὶ τοῦ ποιοῦντος ἀπάντησιν γενέσθαι, πρὸς ἄλληλά πως ἐχόντων· ὡς ἄκυρον εἰς τὴν τοῦ τέλους ἀπεργασίαν ἡ δραστικὴ δύναμις, ἂν μὴ παθητικὴ διάθεσις ᾖ. τοῦτο δ' εὐστοχίας ἐστὶ καιροῦ τῷ παθεῖν ἑτοίμῳ συνάπτοντος ἐν ἀκμῇ τὸ ποιεῖν πεφυκός.

Aber Menanders Beweis ist leichtfertig und unrichtig; nicht
jeder Blick nämlich unterscheidet gleich, wie auch nicht
jeder Geschmack. Denn manches Gesicht und Gehör ist
von Natur feiner gegliedert und durch Kunst besser zur
Erkenntnis des Schönen geübt als ein anderes; das der
Musiker in Harmonie und Melodie, das der Maler in Gestalten und Bildern. So sagte auch einst, wie man erzählt,
Nikomachos zu einem Durchschnittsmenschen, der ge-
äußert hatte, er finde die Helena des Zeuxis nicht schön:
„Nimm nur meine Augen, und du wirst sie eine Göttin
finden." Aber auch Salbenbereiter haben über Wohl-
gerüche und Köche über Kost durch Arbeit und Gewohnheit ein weit besseres Urteil als wir. Ferner, zu behaupten,
daß der Liebende nicht durch den Geschlechtsverkehr beherrscht wird, weil von zweien, die mit derselben Frau
verkehren, der eine hörig wird, während der andere frei
und überlegen bleibt, das ist, als ob man sagen wollte, der
Schlemmer Philoxenos sei nicht der Lust seines Ge-
schmackes untertan, weil Antisthenes beim Kosten derselben Speisen nichts Ähnliches empfinde, und Alkibiades
sei nicht vom Wein berauscht, weil Sokrates, wenn er den
gleichen Wein trinke, nüchtern bleibe. Aber diese Dinge
wollen wir lassen; das folgende jedoch, worin er nun seine
eigene Meinung offenbart, wollen wir betrachten. „Ein
Wendepunkt der Seele ist die Krankheit." Gut und richtig.
Notwendig ist nämlich eine zeitlich und örtlich überein-
stimmende Begegnung des Leidenden und des Handelnden,
während sie in irgendeinem Verhältnis zueinander stehen;
denn die handelnde Kraft kann die Vollendung ihres Tuns
nicht erreichen, wenn nicht der leidende Teil entsprechend
gestimmt ist. Dies ist aber eine Frage glücklichen Zu-

*ἐκ τοῦ περὶ ἔρωτος*

Οἱ μὲν γὰρ νόσον τὸν ἔρωτα οἱ δ' ἐπιθυμίαν οἱ δὲ μανίαν οἱ δὲ θεῖόν τι κίνημα τῆς ψυχῆς καὶ δαιμόνιον, οἱ δ' ἀντικρυς θεὸν ἀναγορεύουσιν. ὅθεν ὀρθῶς ἐνίοις ἔδοξε τὸ μὲν ἀρχόμενον ἐπιθυμίαν εἶναι τὸ δ' ὑπερβάλλον μανίαν τὸ δ' ἀντίστροφον φιλίαν τὸ δὲ ταπεινότερον ἀρρωστίαν τὸ δ' εὐημεροῦν ἐνθουσιασμόν. διὸ καὶ πυρφόρον αὐτὸν οἵ τε ποιηταὶ λέγουσιν οἵ τε πλάσται καὶ γραφεῖς δημιουργοῦσιν, ὅτι καὶ τοῦ πυρὸς τὸ μὲν λαμπρὸν ἥδιστόν ἐστιν, τὸ δὲ καυστικὸν ἀλγεινότατον.

Ὥσπερ γὰρ τοὺς φίλους ὑγιαίνοντας μέν, ἂν πλημμελῶσιν, ἐξελέγχειν καὶ νουθετεῖν κράτιστόν ἐστιν, ἐν δὲ ταῖς παρακοπαῖς καὶ τοῖς φρενετισμοῖς εἰώθαμεν μὴ διαμάχεσθαι μηδ' ἀντιτείνειν, ἀλλὰ καὶ συμπεριφέρεσθαι καὶ συνεπινεύειν, οὕτω τοὺς δι' ὀργὴν ἢ πλεονεξίαν ἁμαρτάνοντας ἀνακόπτειν τῇ παρρησίᾳ δεῖ καὶ κωλύειν, τοῖς δ' ἐρῶσιν ὥσπερ νοσοῦσι συγγνώμην ἔχειν. διὸ κράτιστον μὲν ἐξ ἀρχῆς τοιούτου πάθους σπέρμα μὴ παραδέχεσθαι μηδ' ἀρχήν· ἂν δ' ἐγγένηται, ἴθι ἐπὶ ἀποτροπαίων βωμοὺς θεῶν κατὰ τὸν Πλάτωνα, ἴθι ἐπὶ τὰς τῶν σοφῶν ἀνδρῶν συνουσίας, ἐξέλασον αὐτοῦ τὸ θηρίον πρὶν ὄνυχας φῦσαι καὶ ὀδόντας· εἰ δὲ μή, μαχέσῃ τελείῳ κακῷ, τὸ παιδίον τοῦτο καὶ νήπιον ἐναγκαλιζόμενος. τίνες δ' εἰσὶν οἱ τοῦ ἔρωτος ὄνυχες καὶ ὀδόντες; ὑποψία, ζηλοτυπία. ἀλλ' ἔχει τι πιθανὸν καὶ ἀνθηρόν. ἀμέλει καὶ ἡ Σφὶγξ εἶχεν ἐπαγωγὸν τὸ ποί-

sammentreffens, wenn ein Wendepunkt das zum Leiden
Bereite im entscheidenden Augenblick mit dem kraft seiner
Natur Handelnden in Beziehung bringt.

Einige heißen die Liebe eine Krankheit, andere eine Begierde, andere einen Wahnsinn, andere eine göttliche und
dämonische Bewegung der Seele, andere geradezu einen
Gott. Daher waren manche mit Recht der Meinung, ihr
Anfang sei Begierde, ihr Übermaß Wahnsinn, ihr Gegen-
stück Freundschaft, ihre Verkümmerung Krankheit, ihr
Ruhezustand Gotterfülltheit. Deshalb nennen auch die
Dichter den Eros einen Feuerträger; und Bildhauer und
Maler stellen ihn entsprechend dar, weil die Leuchtkraft
des Feuers sehr angenehm ist, sein Brennen aber sehr
schmerzhaft.

Wenn Freunde in gesundem Zustande sich vergehen, so
ist es am besten, ihnen das vorzustellen und sie zur Vernunft zu bringen; aber bei Wahn- und Irrsinn pflegen wir
nicht mit ihnen zu rechten und gegen sie anzugehen, sondern bequemen uns ihnen an und lassen sie gewähren. So
muß man auch Leute, die aus Zorn oder Habgier verkehrt handeln, freimütig hemmen und hindern, gegen Liebende jedoch wie gegen Kranke Nachsicht üben. Deshalb
ist es das Beste, von Anfang an Samen und Beginn einer
solchen Leidenschaft nicht aufzunehmen; dringt sie aber
ein, dann gehe nach Platons Rat zum Altar der abwehren-
den Göttin, gehe in die Gesellschaft weiser Männer, treibe
das Tier aus, ehe ihm Krallen und Zähne wachsen; sonst
wirst du, wo du erst ein unmündiges Würmchen auf deinen
Armen wiegtest, mit einem ausgewachsenen Ungeheuer zu

κιλμα τοῦ πτεροῦ, καί

'εἰ μὲν πρὸς αὐγὰς ἡλίου, χρυσωπὸν ἦν
νώτισμα θηρός· εἰ δὲ πρὸς νέφη βάλοι,
κυανωπὸν ὥς τις Ἶρις ἀντηύγει σέλας.'

οὕτω δὴ καὶ ὁ ἔρως ἔχει τι χάριεν καὶ οὐκ ἄμουσον, ἀλλ'
αἱμύλον καὶ ἐπιτερπές· ἁρπάζει δὲ καὶ βίους καὶ οἴκους καὶ
γάμους καὶ ἡγεμονίας, οὐκ αἰνίγματα προβάλλων, ἀλλ'
αὐτὸς αἴνιγμα δυσεύρετον ὢν καὶ δύσλυτον, εἰ βούλοιτό
τις προτείνειν, τί μισεῖ καὶ φιλεῖ, τί φεύγει καὶ διώκει, τί
ἀπειλεῖ καὶ ἱκετεύει, τί ὀργίζεται καὶ ἐλεεῖ, τί βούλεται
παύσασθαι καὶ οὐ βούλεται, τί χαίρει τῷ αὐτῷ μάλιστα
καὶ ἀνιᾶται, τοῦτο λῦσαι καὶ θεραπεῦσαι. τῆς μὲν γὰρ
Σφιγγὸς τὸ αἴνιγμα τὰ πλεῖστα ἄπιστα καὶ πεπλασμένα
ἔχει· οὔτε γὰρ τρίπους ὁ γέρων ἀληθῶς, εἴ τι προσείληφε
τοῖς ποσὶ βοηθεῖν, οὔτε τετράπους ὁ νήπιος, ἐπεὶ ταῖς
χερσὶν ὑπερείδει τὴν τῶν βάσεων ὑγρότητα καὶ ἀσθένειαν.
τὰ δὲ τῶν ἐρώντων πάθη ἀληθῆ· στέργουσιν, ἐχθραίνουσι·
τὸν αὐτὸν ποθοῦσιν ἀπόντα, τρέμουσι παρόντος· κολα-
κεύουσι, λοιδοροῦσι· προαποθνήσκουσι, φονεύουσιν· εὔχονται μὴ φιλεῖν καὶ παύσασθαι φιλοῦντες οὐ θέλουσι· σω-
φρονίζουσι καὶ πειρῶσι· παιδεύουσι καὶ διαφθείρουσιν·
ἄρχειν θέλουσι καὶ δουλεύειν ὑπομένουσι. τοῦτ' αἴτιον
γέγονε μάλιστα τοῦ μανίαν ὑποληφθῆναι τὸ πάθος·

kämpfen haben. Was aber sind die Krallen und Zähne des Eros? Argwohn, Eifersucht. Aber, wirft man ein, er hat doch etwas Gewinnendes und Anmutiges. Gewiß, auch die Sphinx hatte ein verlockend buntes Gefieder und

'Ihr Flügelpaar erstrahlte golden, wenn es sich
Den Sonnenstrahlen öffnete; doch bei Gewölk
Schien wie ein Regenbogen stählern sein Geleucht.'

Ebenso hat gewiß auch der Eros etwas Reizendes und nichts Ungebildetes, sondern Einschmeichelndes und Er- freuliches; aber er vernichtet Leben, Vermögen, Ehen und Vormachtstellungen. Er legt zwar keine Rätsel vor, aber er ist selbst ein dunkles und schwer lösbares Rätsel, wenn man die Frage vorlegen wollte, was haßt und liebt, was flieht und verfolgt, was droht und fleht, was zürnt und bemitleidet, was aufhören will und nicht will, was über dasselbe am meisten froh und betrübt ist — dies alles zu lösen und auszulegen. Das Rätsel der Sphinx ist ja größten- teils trügerisch und verfälscht; weder ist der Greis wirk- lich dreifüßig, wenn er für seine Füße eine Hilfe nimmt, noch ist das kleine Kind vierfüßig, wenn es mit den Hän- den die Zartheit und Schwäche seiner Füße stützt. Aber die Leidenschaften der Liebenden sind echt; sie lieben und hassen; wen sie abwesend ersehnen, in dessen Gegenwart erzittern sie; sie schmeicheln und schmähen; geben ihr Leben hin und töten; sie beten darum, nicht lieben zu müssen und wollen doch nicht aufhören zu lieben; sie sind beherrscht und führen in Versuchung; sie erziehen und verderben; sie wollen herrschen und ertragen Knecht- schaft. Dies alles ist hauptsächlich die Ursache, warum man diese Leidenschaft für einen Wahnsinn hält:

## ἐκ τοῦ περὶ ἔρωτος

'ἥρων· τὸ μαίνεσθαι δ' ἄρ' ἦν ἔρως βροτοῖς'
ἐρωτικὸς ἀνὴρ Εὐριπίδης φησίν.

Ὁ ἔρως οὔτε τὴν γένεσιν ἐξαίφνης λαμβάνει καὶ ἀθρόαν
ὡς ὁ θυμὸς οὔτε παρέρχεται ταχέως καίπερ εἶναι πτηνὸς
λεγόμενος, ἀλλ' ἐξάπτεται μαλακῶς καὶ σχεδὸν οἷον ἐντή-
κων ἑαυτὸν ἁψάμενός τε τῆς ψυχῆς παραμένει πολὺν χρόνον, οὐδ' ἐν γηρῶσιν ἐνίοις ἀναπαυόμενος, ἀλλ' ἐν πολιαῖς
ἀκμάζων ἔτι πρόσφατος καὶ νεαρός· ἂν δὲ καὶ λήξῃ καὶ
διαλυθῇ, χρόνῳ μαρανθεὶς ἢ λόγῳ τινὶ κατασβεσθείς, οὔπω
παντάπασιν ἐξαπήλλακται τῆς ψυχῆς, ἀλλ' ἐναπολείπει
πυρίκαυτον ὕλην καὶ σημεῖα θερμά, καθάπερ οἱ κεραυνοὶ
τυφόμενοι. λύπης μὲν γὰρ οὐδὲν ἀπαλλαγείσης ἴχνος ἐν τῇ
ψυχῇ παραμένει συνοικοῦν οὐδ' ὀργῆς τραχείας πεσούσης,
συστέλλεται δὲ καὶ φλεγμονὴ ἐπιθυμίας παρεχούσης τραχὺ
κίνημα. τὰ δ' ἐρωτικὰ δήγματα, κἂν ἀποστῇ τὸ θηρίον,
οὐκ ἐξανίησι τὸν ἰόν, ἀλλ' ἐνοιδεῖ τὰ ἐντὸς σπαράγματα,
καὶ ἀγνοεῖται τί ἦν, πῶς συνέστη, πόθεν εἰς τὴν ψυχὴν
ἐνέπεσεν.

Καὶ τοὺς καλοὺς ὁρᾶν μὲν ἐπιτερπέστατον, ἅψασθαι δὲ
καὶ λαβεῖν οὐκ ἀκίνδυνον· μᾶλλον δέ, ὡς φησιν ὁ Ξενοφῶν,
τὸ μὲν πῦρ τοὺς ἁψαμένους κάει μόνον, οἱ δὲ καλοὶ καὶ
τοὺς μακρὰν ἑστῶτας ὑφάπτουσιν. ἡ γὰρ ὄψις λαβὴ τοῦ
πάθους ἐστί.

'Ich liebte. Liebe nennt's der Mensch, und Rasen ist's',
sagt Euripides, der große Liebende.

Die Liebe entsteht nicht plötzlich und mit gesammelter
Gewalt wie der Zorn, auch geht sie nicht rasch vorüber,
obwohl sie geflügelt heißt, sondern sie entzündet sich
sanft und geradezu, als wollte sie sich dem Innersten un-
löslich einverleiben; und wenn sie die Seele ergriffen hat,
dann verweilt sie lange Zeit und läßt sogar bei einigen
alten Leuten nicht nach, sondern ist auch noch bei grauem
Haar frisch und jugendlich auf der Höhe; wenn sie aber
auch aufhört und sich verflüchtigt, von der Zeit vernichtet
oder durch ein Wort erloschen, so löst sie sich noch nicht
völlig von der Seele, sondern läßt in ihr eine angesengte
Materie und heiße Spuren zurück wie die schwelenden
Blitze. Denn von vergangenem Leid bleibt keine Spur in
der Seele wohnen, noch von erbittertem Zorn, wenn er
verraucht ist; sogar die Wunde der Begierde, so grimmige
Erregung sie auch verursacht, zieht sich zusammen. Aber
die Bisse der Liebe geben ihr Gift nicht her, auch wenn
das Tier, das sie beibringt, sich entfernt; sondern die Wun-
den im Innern schwellen, und keiner weiß, was gewesen, wie es geschehen, von wo es in die Seele eingedrun-
gen ist.
Zwar ist es hocherfreulich, schöne Menschen zu sehen, sie
zu berühren aber und zu ergreifen ist nicht ungefährlich.
Besser noch sagt es Xenophon: das Feuer brennt nur den,
der es berührt, schöne Menschen aber entzünden auch
Leute, die weit entfernt stehen; denn das Sehen vermittelt
die Leidenschaft.

# ANHANG

Plutarch ist um die Mitte des 1. Jahrhunderts n. Chr. geboren und etwa um 120 gestorben; so fällt seine Lebenszeit fast genau mit der des Tacitus zusammen. Gebürtig aus Chaironeia, der kleinen Stadt Boiotiens, vor deren Toren 338 v. Chr. die Thebaner und Athener dem Heere Philipps von Makedonien erlagen, hat er als junger Mensch Rom kennengelernt und später in seinen berühmten Lebensbeschreibungen die großen Männer der griechischen und römischen Geschichte vergleichend dargestellt. Weniger bekannt, aber ebenso umfangreich ist die zweite Gruppe seiner Schriften, die sogenannten Moralia. Ihren Namen hat sie von ihrer ersten Abteilung erhalten, die aus Schriften moralphilosophischen Inhalts besteht. Alle in unserem Bande enthaltenen Werke sind den Moralia entnommen, mit Ausnahme der an letzter Stelle abgedruckten Bruchstücke, die uns Joannes Stobaios (5. Jh. n. Chr.) in seiner Anthologie berühmter Schriftsteller erhalten hat.

Plutarch ist uns heute aus verschiedenen Gründen anziehend. Er hat eine Fülle wertvoller Nachrichten aus den großen Zeiten der Antike erhalten und weiß fesselnd zu erzählen. Besonders gut aber verstehen wir ihn, weil er einer der ersten ist, die Griechen und Römer in ihrer Gegensätzlichkeit und auch in ihrer Verwandtschaft mit unseren Augen gesehen haben. Sein ganzes Wesen ist von Liebe zu dieser großen Vergangenheit durchdrungen, und unablässig ist er bemüht, ihren Gehalt für sein Leben und das der Seinen fruchtbar zu machen. Alle seine Schriften sind von Zitaten erfüllt, und wir fühlen, gerade auch in den Schriften unseres Bandes, wie er uns diese ehrwürdigen Trümmer mit der echten Freude des verständnisvollen Sammlers vorweist. Im Gedankeninhalt fehlt zwar seinen Schriften das eigentlich Originale; er kommt ohne Anlehnung nicht aus. Um so klarer tritt aber aus seinen Worten die natürlich empfindende, gütige Persönlichkeit hervor. Sein Familienleben in Chaironeia entsprach offenbar weitgehend dem, was auch wir unter einer fröhlichen,

geistig angeregten Häuslichkeit verstehen. So kann Plutarch dem heutigen Leser auf mancherlei Weise lieb werden.

Zitate sind zwar in unserem Text immer durch Anführungsstriche bezeichnet; auf ihren Urheber ist aber in den Anmerkungen nur in wichtigen Fällen verwiesen. Sehr oft ist auch die Herkunft der Zitate nicht mehr festzustellen.

Plutarch liebt lange Sätze, die er im allgemeinen geschickt aufbaut; hin und wieder sind sie allerdings bis zur Schwerfälligkeit gedehnt. Die Übersetzung hat absichtlich diesen charakteristischen Zug nicht überall verwischt, wenn sie sich auch da, wo es mit der Treue gegen das Original zu vereinen ist, kürzere Abschnitte erlaubt.

Das Gespräch über die Liebe, der ᾿Ερωτικός, bedarf eines kurzen Hinweises. Es lehnt sich hauptsächlich an Platon, den Schöpfer des Dialoges als literarischer Form, an. So viele andere Autoren auch zitiert werden, immer wieder kehren Plutarchs Gedanken zu Platon zurück. Ohne eine Beschäftigung mit Platon, vor allem mit seinen Werken „Das Gastmahl" und „Phaidros", ist daher ein tieferes Verständnis des ᾿Ερωτικός nicht zu erreichen.

# ANMERKUNGEN

(Die Zahlen verweisen auf Seiten und Zeilen)

## Ehevorschriften

9, 1 Peitho, die Göttin der Überredung. Die Chariten, die Grazien der Römer, göttliche Schützerinnen der Anmut.

11, 19 Pasiphae, der Sage nach die Gattin des Minos von Kreta.

19, 2 Vgl. Anm. 151, 20.

21, 13 ff. Philipp und Olympias, die Eltern Alexanders des Großen.

23, 12 Lysander, spartanischer Feldherr, nahm im Jahre 404 v. Chr. Athen ein.

23, 19 Krates aus Theben, bekannter Kyniker, Schüler des Diogenes.

25, 1 Xenokrates, zweiter Nachfolger Platons in der Leitung der Akademie.

25, 5 Metrodoros, Freund und Schüler Epikurs.

25, 28 Phokion, athenischer Feldherr und Staatsmann des 4. Jahrhunderts v. Chr. Plutarch hat sein Leben in einer uns erhaltenen Biographie beschrieben. Antipatros, Reichsverweser in Makedonien während der Feldzüge Alexanders des Großen.

27, 8 Theano, nach der Legende die Frau des Pythagoras und Philosophin.

31, 15 Gemeint ist Kyros der Jüngere, der im Jahre 401 v. Chr. im Aufstand gegen seinen Bruder, König Artaxerxes II. von Persien, bei Kunaxa fiel.

33, 12 Hermione, Tochter des Menelaos und der Helena.

35, 1 Mühlenarbeit war Strafdienst für aufsässige Sklaven.

35, 20 Diesen Gorgias hat Platon in seinem gleichnamigen Dialog geschildert.

35, 21 Melanthios, Dichter aus Athen, um 400 v. Chr.

39, 15 Timoxena ist Plutarchs Frau.

41, 1 f. Die zitierten Worte sind der Rede der Andromache im 6. Buch der Ilias entnommen.

43, 3 Theano, vgl. 27, 8 mit Anm. — Kleobulina, die gelehrte Tochter des Kleobulos, eines der Sieben Weisen.

43, 4 Timokleia, Thebanerin, die nach der Schlacht bei Chaironeia einen Makedonier tötete, der sie entehrt hatte.

43, 12 Pierien, die Heimat der Musen.

## Trostschrift an die Gattin

43, 23 Wessen Enkelin gemeint ist, wissen wir nicht; vielleicht hat man „Nichte" zu verstehen. Nach allem, was wir von Plutarchs Leben wissen, können wir nicht annehmen, daß er eine Enkelin hatte, die älter als seine Tochter war.

45, 12 Ein Homerzitat, dem eine uralte, volkstümliche Wendung zugrunde zu liegen scheint.

47, 5 Klymene, die Mutter Phaethons, der den Wagen seines Vaters, des Sonnengottes, lenken wollte und dabei umkam.

53, 22 Besuche fremder Weiber, vgl. 33, 12 f. mit Anm.

53, 27 Theon, ein Freund Plutarchs, den er oft in seinen Schriften erwähnt.

## Anmerkungen

### Das Gespräch über die Liebe

| | |
|---|---|
| 63, 6 | Helikon, ein den Musen geweihter Berg in Boiotien. |
| 63, 22 | Ilissos, ein Fluß in Attika. Plutarch spielt auf Platons Dialog Phaidros an. |
| 63, 28 | Die Mutter der Musen ist Mnemosyne, zu deutsch Erinnerung. Plutarch wünscht möglichst getreu zu berichten. |
| 69, 9 | Laïos, Oidipus' Vater, wurde in einem Drama des Euripides, aus dem wohl auch der hier zitierte Vers stammt, als erster Knabenliebhaber behandelt. |
| 71, 12 | Aristipp, aus Kyrene, bekannt mit Sokrates, Gründer der kyrenaischen Philosophenschule. Lais, aus Korinth, berühmte Hetäre, mit der Aristipp alljählich zusammentraf. |
| 71, 27 f. | Stratokles und Philippides, politische Gegner in Athen um 300 v. Chr. |
| 73, 3 | Kynosarges, Gymnasium in Athen für die nicht vollbürtigen Bürgersöhne, s. Plutarch, Leben des Themistokles, Kap. 1. |
| 73, 20 | Den trockenen Körper salbten die Ringer in den Ringschulen. |
| 81, 30 | Herodot erzählt, daß bei den Äthiopen die Gefangenen wegen Mangels an Erz in goldenen Fesseln liegen. |
| 83, 9 | Man hing fruchttragende Zweige des wilden Feigenbaums neben die zahme Feige, damit die in der wilden Frucht lebende Gallwespe der zahmen Blütenstaub zutrage. |
| 85, 11 f. | Abrotonon und Bakchis, aus der Komödie bekannte Hetärennamen. |
| 85, 13 | Nüsse und Süßigkeiten wurden als Begrüßung über ein Brautpaar oder einen neugekauften Sklaven ausgeschüttet. |
| 87, 4 | Gemeint ist die berühmte Hetäre Phryne aus Thespiai, deren von Praxiteles geschaffenes Standbild neben dem der Aphrodite in einem Tempel von Thespiai stand. |
| 93, 10 | Der Sage nach brachten die Frauen von Lemnos ihre untreuen Männer um. |
| 95, 8 | „Heilige Krankheit" nannten die Griechen die Epilepsie. |
| 97, 15 | Dieses Drama des Euripides ist wie so manches andere nicht mehr erhalten. |
| 97, 26 | Attis, Liebling der Göttin Kybele, wie Adonis der Aphrodite. |
| 99, 13 | Verse des Euripides. |
| 101, 11 | Verse des Sophokles. Kypris, ein Name für Aphrodite. |
| 101, 18 | Wahrscheinlich ist bei dieser Tafel an astronomische Darstellungen gedacht. |
| 101, 24 | Chrysipp, bekannter Stoiker des 3. Jahrhunderts v. Chr. |
| 107, 23 | Melanippides, Dithyrambendichter des 5. Jahrhunderts v. Chr. |
| 109, 25 | Zitat aus Platons Phaidros. |
| 113, 2 ff. | Das Gleichnis spielt an auf den Unterschied der Freskomalerei und der Enkaustik, bei der Wachsfarben der größeren Haltbarkeit wegen in den Untergrund des Gemäldes eingebrannt wurden. |
| 117, 30 | Zitat aus Sophokles' Antigone. |
| 127, 8 | Anytos, einer der Ankläger im Prozeß des Sokrates. |
| 129, 17 | Philoxenos, Dithyrambendichter um 400 v. Chr. |
| 129, 20 | Von dem Liede der Sappho, auf das hier angespielt wird, ist der Anfang bei einem anderen Schriftsteller erhalten. Er lautet in Prosaübersetzung:<br>„Mir scheint den Göttern gleich zu sein der Mann, der dir gegenüber sitzt und nahe lauscht, wie du süß redest und reizend lachst. Das hat mir wahrlich das Herz im Busen verstört. Denn wenn ich dich nur kurz sehe, dann bringe ich |

# Anmerkungen

keinen Laut mehr hervor, sondern die Zunge ist mir gebrochen, zartes Feuer rinnt mir sogleich unter der Haut hin, mit den Augen sehe ich nichts mehr, es erdröhnen die Ohren, Schweiß rieselt an mir hernieder, Zittern ergreift mich ganz, fahler bin ich als Gras, dem Tode scheine ich ganz nahe. Aber alles muß gewagt sein ...."

Einen Teil dieser Verse wird Daphnaios angeführt haben, sie sind aber in unserer Überlieferung ausgefallen. Das Original ist in der sapphischen Strophe abgefaßt, die auch Horaz und viele deutsche Dichter angewendet haben.

129, 28     Große Mutter, Bezeichnung der Göttin Kybele.

131, 3 f.     Das Menanderzitat ist hier nur verstümmelt überliefert. Zusammen mit einigen vorangehenden Versen hat Plutarch es in der nur bruchstückweise erhaltenen Schrift „Über die Liebe" zitiert, vgl. 171, 15 ff.

131, 22 f.     Eris ist die Göttin der Zwietracht, die Litai Verkörperungen des Gebetes, Deimos und Phobos Furcht und Schrecken.

133, 3     Paraler, Epakrier, Pediaier: Küsten-, Berg-, Flachlandbewohner.

133, 31     Die Musen, auf deren Berg das Gespräch stattfindet, sind gemeint.

143, 21     Ixion begehrte die Liebe der Hera. Zeus täuschte ihn durch das Trugbild einer Wolke in Heras Gestalt.

145, 25     Über diese Geschichten findet man Näheres bei E. Rohde, Der griechische Roman und seine Vorläufer, 1. Aufl., S. 79—81.

147, 24     Ariston von Chios, ein Stoiker, dem Plutarch auch sonst in dieser Schrift wichtige Gedanken entlehnt hat.

149, 7     Podargos, das Pferd des Menelaos in der Ilias.

151, 20     Nach Platon (Staat, Buch V 462 c) ist der Staat am besten eingerichtet, in dem möglichst viele Menschen die Begriffe Mein und Nichtmein in gleichem Sinne anwenden. Vgl. 19, 1 ff.

157, 8     Hybris bedeutet Übermut, Frevel.

161, 4     Xenokrates, vgl. 25, 1 mit Anm.

163, 1     Eine Anspielung auf Epikurs Atomlehre.

163, 28     Harmodios und Aristogeiton erschlugen im Jahre 514 v. Chr. in Athen den Tyrannen Hipparch.

169, 15 ff.     Dieser Satz ist im Urtext verstümmelt; daher beruht die Wiedergabe des letzten Wortes der Frau auf bloßer Vermutung.

## Über die Liebe (Bruchstücke)

171, 21 f.     Vgl. 131, 3 f.

173, 8 f.     Nikomachos und Zeuxis, berühmte Maler des 4. Jahrhunderts v. Chr.

177, 5 ff.     Als Dichter dieser schönen Verse hat man Euripides vermutet.

177, 17     Das Rätsel der Sphinx lautet: Was geht am Morgen auf vier, am Mittag auf zwei und am Abend auf drei Beinen? Auflösung: Der Mensch; als Kind läuft er auf allen Vieren, im Alter am Stock.

Druck von H. Laupp jr in Tübingen.